省级特色专业规划教材
省级精品课程教材

# 行政管理学概论

赵宏斌　叶常林　编著

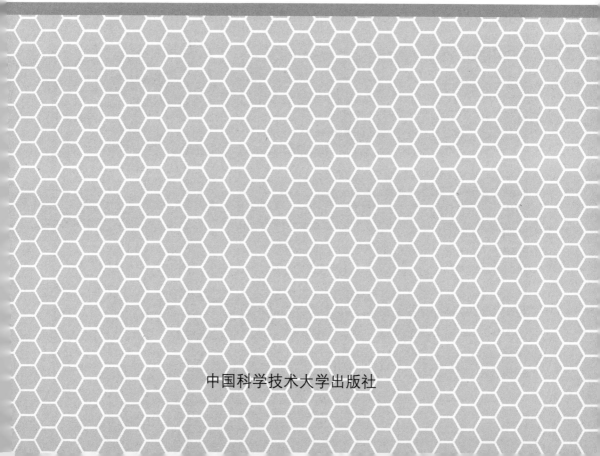

中国科学技术大学出版社

## 内容简介

行政管理学是研究国家行政机关依法管理国家事务、社会公共事务以及行政机关内部事务的管理活动及其规律的科学。

本书在充分参考国内外相关研究成果和我国改革实践的基础上,按照"行政管理的职能与组织——行政管理的过程与内容——行政管理的绩效与改革"的基本思路,研究了行政管理的基本范畴、基本理论和基本方法,内容包括绪论、行政职能、行政组织、人事行政、行政领导、行政决策、行政执行、财务行政、行政机关管理、行政法治与行政伦理、行政监督、行政绩效、行政改革与发展等。

本书是安徽省精品课程建设教材和安徽省网络课程资源建设教材,配有重点讲解视频、网上教学辅导文本、综合练习题及参考答案等完善的教学支持体系。

本书主要供高等院校行政管理专业及相关专业本科生、专科生使用,也可作为MPA学员及其他人员的参考用书。

### 图书在版编目(CIP)数据

行政管理学概论/赵宏斌,叶常林编著.—合肥:中国科学技术大学出版社,2016.2(2022.1重印)

ISBN 978-7-312-03913-3

Ⅰ.行… Ⅱ.① 赵… ② 叶… Ⅲ.行政管理—管理学 Ⅳ.D035

中国版本图书馆 CIP 数据核字(2016)第 005176 号

| | |
|---|---|
| 出版 | 中国科学技术大学出版社 |
| | 安徽省合肥市金寨路 96 号,230026 |
| | http://press.ustc.edu.cn |
| | https://zgkxjsdxcbs.tmall.com |
| 印刷 | 安徽国文彩印有限公司 |
| 发行 | 中国科学技术大学出版社 |
| 经销 | 全国新华书店 |
| 开本 | 710 mm×1000 mm  1/16 |
| 印张 | 17.25 |
| 字数 | 328 千 |
| 版次 | 2016 年 2 月第 1 版 |
| 印次 | 2022 年 1 月第 4 次印刷 |
| 印数 | 10001—11500 |
| 定价 | 34.00 元 |

# 前　言

　　行政管理学作为高等学校行政管理、公共事业管理、电子政务等公共管理类专业必修课程,在专业教学中起着基础性和引导性的作用。它为后续课程的学习进行知识和体系的铺垫。随着国家对行政管理、公共事业管理、电子政务等公共管理类专业建设的进一步重视,近十几年关于行政管理学、公共行政学方面的教材也呈现出发展的态势,一大批相关的教材相继出版。在这些教材中,有的融合了国内外最新的研究成果,有的结合了国内行政改革实践的最新进展,所及内容越来越丰富,教材的体系也越来越庞大。然而,这些教材在多年实际教学使用后,其中的一些问题也不断地引发我们反问:作为专业的基础课,什么是基础性的知识?作为面对刚开始学习专业知识的大学生,什么是专业入门所应掌握的必备知识?作为专业基础课的行政管理学,其基本的逻辑体系应该是怎样的?此时,恰逢安徽省精品课程建设和安徽省网络资源课程建设项目出现,我们带着这些思考,研读了国内外流行的教材,在学习和借鉴的基础上,试图回答这些问题。夏书章先生一直倡导要建设中国自己的行政管理学,要结合中国政府管理及改革的实践进行研究。同时,大家也都意识到,中国的行政管理在改革实践中虽有些提法与国外的一样,但都是有中国自己特色的。究其原因,一是政府管理和改革的历史背景和逻辑起点不同,二是制度基础和环境条件不同。因此,本书试图从以下几个方面进行努力。

　　(1) 作为专业的基础课程,其内容应该有共性,即教材应反映行政管理的基本范畴、基本理论和基本方法。本书在充分参考国内外相关研究成果和我国改革实践的基础上,按照"行政管理的职能与组织——行政管理的过程与内容——行政管理的绩效与改革"的基本思路,对行政管理的基本范畴、基本理论和基本方法展开讨论,内容包括绪论、行政职能、行政组织、人事行政、行政领导、行政决策、行政执行、财务行政、行政机关管理、行政法治与行政伦理、行政监督、行政绩效、行政改革与发展等。

(2) 作为理论与实践结合非常紧密的课程,我们应把中国的行政管理改革实践融汇到教材中。但如何融汇才能恰到好处也是一个问题。介绍得多了,篇幅就大;介绍得少了,又难以一矢中的。我们认为作为基础课程,点到即可,更多的理论前沿和实践探索将在后续的专业课程中深入展开。这样,一方面可以引导学生在学习中理论联系实际,另一方面也为学生的后续学习和未来工作做一些知识准备。如国家近期提出全面深化改革的目标之一是国家治理现代化。这一全新的命题贯穿了行政管理学的各个部分,诸如行政职能的转变、财务行政的地位和作用、行政监督的作用、行政法治、行政绩效管理、行政改革与发展等。这些既是理论的新发展,也是学生未来将要面对的现实。

(3) 作为专业的基础课程,应为后续课程做好铺垫、留出空间。因此,我们在编写中注意与后续课程的衔接,把更多的空间留给它们,希望把更多的现实背景、理论争鸣留给教师在教学过程中加以拓展,也希望这样的安排能更有利于教师和学生的教与学,这也是我们长期从事教学工作的体会。

作者深知,教材的普适性和集约性决定了教材内容上的大众化特征。我们在编写本书的过程中参阅了国内外学者的大量优秀论著和研究成果,并尽力对参阅的文献在每页的脚注中进行标注,对参阅的相关论著在参考文献中注明,以此表示我们对各位论著作者和相关媒体的尊重。同时,作者在此真诚地向各位论著作者和相关媒体表示感谢。书中如有参考文献标注遗漏之处,敬请原作者原谅,并请与我们联系,我们将及时更正。

我们在编写本书的过程中得到了许多同志的关心和支持,特别是朱尚玉、柴方松及安徽工程大学行政管理专业团队的同事,正是他们给了我们编写本书的机会,也正是他们的不断敦促,才使得本书得以如期完稿,在此一并表示深切的感谢!

为了便于教学,作者制作了与教材配套的课件,配有重点讲解PPT、思考练习题及参考答案等,欢迎使用本书的教师与我们联系。

由于编者水平有限,加之时间紧迫,书中一定还存在不足之处,希望使用本书的老师和同学批评指正,以便再版时修订。

赵宏斌 zhaohongbin@ahpu.edu.cn

2015年10月于安徽工程大学

前言 ········································································· ( ⅰ )

## 第一章 绪论 ································································ ( 1 )
第一节 行政管理学的基本问题 ········································· ( 1 )
第二节 行政管理学的产生和发展 ······································ ( 9 )
第三节 学习行政管理学的意义和方法 ······························· (18)

## 第二章 行政职能 ···························································· (21)
第一节 行政职能概述 ······················································ (21)
第二节 行政职能体系与实现方式 ······································ (24)
第三节 行政职能的转变 ··················································· (32)

## 第三章 行政组织 ···························································· (40)
第一节 行政组织概述 ······················································ (40)
第二节 行政组织的结构 ··················································· (47)
第三节 行政组织的过程 ··················································· (52)
第四节 行政组织的环境 ··················································· (57)

## 第四章 人事行政 ···························································· (63)
第一节 人事行政概述 ······················································ (63)
第二节 国家公务员制度 ··················································· (67)
第三节 我国国家公务员制度的基本内容 ···························· (74)

## 第五章 行政领导 ···························································· (84)
第一节 行政领导概述 ······················································ (84)
第二节 行政领导制度 ······················································ (89)
第三节 行政领导素质 ······················································ (93)
第四节 行政领导者的方法和艺术 ······································ (97)

## 第六章　行政决策 (104)
### 第一节　行政决策概述 (104)
### 第二节　行政决策体制 (109)
### 第三节　行政决策的基本程序与理论模型 (114)

## 第七章　行政执行 (120)
### 第一节　行政执行概述 (120)
### 第二节　行政执行的过程 (126)
### 第三节　行政执行的完善 (131)

## 第八章　财务行政 (136)
### 第一节　财务行政概述 (136)
### 第二节　财政收入管理 (145)
### 第三节　财政支出管理 (149)

## 第九章　行政机关管理 (155)
### 第一节　行政机关管理概述 (155)
### 第二节　行政机关管理的主要内容 (160)
### 第三节　行政机关管理制度 (169)

## 第十章　行政法治与行政伦理 (174)
### 第一节　行政法治概述 (174)
### 第二节　行政法治建设 (181)
### 第三节　行政伦理 (189)

## 第十一章　行政监督 (196)
### 第一节　行政监督概述 (196)
### 第二节　我国行政监督的体系 (202)
### 第三节　我国行政监督机制的完善 (210)

## 第十二章　行政绩效 (219)
### 第一节　行政绩效概述 (219)
### 第二节　行政绩效评估 (224)
### 第三节　我国政府绩效管理 (229)

## 第十三章　行政改革与发展 (239)
### 第一节　行政改革与发展概述 (239)
### 第二节　我国行政改革的实践 (247)
### 第三节　迈向国家治理现代化 (255)

## 参考文献 (266)

# 第一章　绪　论

**本章要点**

行政管理学作为一门研究国家行政管理活动及其规律的学科,在其百余年的发展历程中,已形成以政治学、管理学、法学为基础的与社会学、心理学、统计学等多种学科相互交叉、相互渗透的综合性学科。本章重点掌握:行政管理的含义与特点,行政管理学的含义、主要内容和特点,行政管理学的发展历程以及我国行政管理学的发展现状等。

## 第一节　行政管理学的基本问题

### 一、行政管理的含义与特点

#### (一)行政管理的含义

自国家产生以来,行政管理活动应运而生,研究行政管理现象及其活动规律成为行政管理学的主旨。但行政管理学作为一门独立的学科,仍是一门年轻的学科。因此,要明确行政管理学是一门什么样的学科,首先需要弄清楚行政管理的基本内涵。

行政管理是由"行政"和"管理"两个概念组合而成的。"行政"一词早在2000多年前的中国就已出现。古人认为,"行"指行为、行使;"政"指政事。顾名思义,行政即执掌政务、推行政令之意。《左传》中就有"行其政事""行其政令"的记载。在西方,现代英语中"行政"一词的拼写为"administration",是从拉丁文

"administrare"演化而来的,其主要含义是"执行事务"。国际上通用的《社会科学大辞典》对于"administration"这一词条的解释是:国家事务的管理,即政府的管理。"管理"是指管辖和治理。管辖是一个空间范畴,指在一定的工作范围或地域;治理则是处理人与人、人与组织之间的各种关系。因此,管理一般是指由管理者在一定的管理环境中依据一定的管理目标,运用一定的管理方法对管理对象(机构、人和事)进行管理的过程。行政管理将"行政"与"管理"叠加,意在强调行政的管理内涵,即突显的是行政组织从事的管理活动。一般认为,行政管理是指行政机关及其行政人员对国家事务、社会事务和行政机关内部事务的管理活动[①]。

到了近现代,由于政治学、管理学、社会学的发展及其相互交叉,学者们从自己的研究视域提出了对行政管理的不同认识。例如,从政府的角度看,行政是国家行政机关依法推行公务的活动;从政治学的角度看,行政是国家政策、国家意志的执行;从管理学的角度看,行政是以集体的努力与合作完成共同任务的活动和艺术。因此,要完整、准确地理解行政管理这个概念,首先要对行政与管理、行政与政治以及行政与立法、司法进行区分。

**1. 行政与管理**

行政与管理是两个相近但又不同的概念。有学者认为凡是管理活动都是行政,不论是什么样的组织(政府组织、非政府组织、企业组织),都存在着行政事务的管理和处理活动。这种观点实际上是从广义上讨论行政管理,指出了行政与管理的共性。管理的概念更具一般性,而行政是特指国家行政机关——政府的管理。两者的区别在于:从两者产生的时间看,管理活动产生的时间远早于行政活动产生的时间。自从有了人类并且出现了人类的群体活动,就有了管理。而行政是在国家和政府出现之后才产生的,可以说,行政是与国家和政府联系在一起的。从活动的外延看,管理的外延要比行政更宽,行政是管理的子系统。从活动的性质看,管理活动不具有政治性质,是对具体的、一般的事务进行统筹规划;行政活动则是政治性与社会性的统一,具有一定的政治性和阶级性。从组织实体或管理主体的角度来区分,行政一般被认为是国家或政府的活动;而管理则一般被认为是与工商企业组织相关的活动,即与计划、决策、指挥、协调、控制等相关的功能活动。

基于管理功能的行政观在提升行政管理的科学性、专业性方面起到了极大的促进作用,同时也拓展了行政管理学研究的领域。但管理中的效率优先思想也会影响到行政中特有的政治性、公共性,易导致过于追求效率而忽视公共性,也就不

---

① [美]怀特 L D.行政学导论[M].4版.纽约:麦克米伦出版公司,1955:3.

能真实反映行政管理的规律。

**2. 行政与政治**

早期的行政与政治是不分的,后来的一些政治学家和行政学家从政治与行政的不同功能出发把政治与行政分离开来。他们认为政治是国家意志的表达,主要指国家政策的制定;行政是指国家意志的执行,主要是指国家政策的执行。美国学者 F. J. 古德诺在他 1900 年所著的《政治与行政》一书中,明确提出了国家功能两分法。他认为,"在所有的政府体制中都存在着两种主要的或基本的政府功能,即国家意志的表达功能和国家意志的执行功能"[1],前者谓之政治,后者称之行政。这种把"政治与行政"二分的说法,是为了避免两党制或多党制中"政党分肥"而提出的,要求把"政务"和"行政事务"分开,政府在行政事务中更多地关注管理技术,以提高政府的效率。美国学者怀特(Leonard D. White)在其 1926 年所著的《行政学导论》一书中说:"行政是实现或执行公共政策时的一切运作""行政乃是为完成特定的目标而对许多人所做的指挥、协调和控制"[2]。这客观上也促成了行政管理学从政治学中独立出来而成为一门新学科。但在实际中,政治与行政之间存在着内在的不可分割的联系,任何行政活动都不能脱离政治,与政治不相联系的纯粹的行政现象是不存在的。

**3. 行政与立法、司法**

行政与立法、司法都是管理国家的活动,是国家权力的组成部分。受亚里士多德、约翰·洛克立法权与行政权分立思想的影响,法国启蒙思想家孟德斯鸠根据政府分工及其组织结构的状况把管理国家的活动分为立法、行政、司法三类,并主张这三种权力由三个独立的部门掌握,以使其互相制约和平衡。后来的学者以此理论为基础,认为"行政乃是政府行政机关所管辖的事务",行政是与立法、司法并立的"三权"之一,倡导三权分立,立法是制定法律,行政是执行法律,司法是维护法律。这种狭义的解释,基本上把行政限定在国家行政机关,比较清楚地界定了行政的主体、客体,从而区分了行政权与其他权力的关系。但仅限于行政权的行政管理,范畴过于狭隘,有一定的局限性。事实上,在现代国家政治生活中,行政机关也有部分立法提案权和制定部门法规的权力,而立法机关、司法机关同样也存在人事、财务等方面的行政事务。

由此可见,学界对"行政管理"的理解现在还存在一些分歧,这些分歧主要表现

---

[1] [美]古德诺 F J. 政治与行政[M]. 北京:华夏出版社,1987:21.
[2] [美]怀特 L D. 行政学导论[M]. 4 版. 纽约:麦克米伦出版公司,1955:3.

在以下三个方面:一是微观的行政管理。有些学者认为行政管理是政府依法对国家事务和社会公共事务进行的管理。持这种狭义行政管理观点的人认为行政管理是从社会管理中演化出来的一种管理活动,行政管理即政府部门的行政管理。二是中观的行政管理。有些学者认为行政管理不仅包括政府部门的管理活动,还包括立法机关、司法机关以及政府所属的非营利性机构的管理。三是宏观的行政管理。有些学者认为行政管理不仅指一切国家机关的管理活动,而且包括企事业单位和群众团体的管理活动。但关键问题还是马克思所说的"行政是国家的组织活动",行政是国家的行政、阶级的行政,它总是为实现国家的社会目标和统治阶级的利益而进行活动的,是阶级统治的一种工具。因此,行政管理的外延不宜扩大到国家行政机关以外,那样不利于行政管理学本身的发展。同时,我们既不同意行政与政治分离的观点,也不同意行政权与立法权、司法权相对立的"分权"的观点,因为脱离现实的观点都是站不住脚的。

本书研究的行政管理范畴是指国家行政机关即政府的管理活动和管理规律。因此,结合前面的分析,我们认为行政管理是指作为行政管理主体的国家行政机关通过行使国家行政权力依法从事国家事务、社会公共事务和行政机关内部事务的管理活动。这一概念说明:行政管理的主体是政府,即国家行政机关及其工作人员;行政管理的对象是国家事务、社会公共事务和行政机关内部事务;行政管理是依法行政;行政管理也是一种管理活动,它是行使国家权力、实现行政目标的管理活动。

在现实中,除了"行政管理"概念外,还有"公共行政""公共行政管理",以及近些年提出的"公共管理"等概念。这些近似的概念对应的英文是"public administration"。夏书章先生认为这些概念是同源异译[①]。说它们近似,是因为这些不同的概念都指向共同的主体——国家行政机关,只不过不同的概念强调的重点各不相同,内涵和外延也不同,所以也不能简单地画等号。

(二)行政管理的特点

行政管理作为政府的活动,有其自身的特点。

**1. 鲜明的政治性**

行政管理活动是行政管理的主体——政府对国家事务和社会公共事务等进行的管理。同一般的管理不同,政府的管理行为必然要代表统治阶级的利益,具有政治色彩。这是因为在阶级国家里,政府是统治阶级进行管理的工具,政府的行为必

---

① 夏书章.行政管理学[M].4版.北京:高等教育出版社,2008:4.

然反映统治阶级的意志。

**2. 较高的权威性**

行政管理活动是国家行政机关行使国家权力进行管理的过程。这种管理以法律为依据,具有明显的强制性。当任何组织或个人违背了各级国家机关发布的法规、命令、政策时,就会依法受到国家的制裁。

**3. 特定的客体性**

行政管理的客体是国家事务和社会公共事务。行政管理就是通过处理国家事务以及公共事务从而实现其政治职能的,这与公民的切身利益密切相关。

**4. 活动的法律性**

行政管理活动以法律为准则。行政管理属于国家的职责之一,必须以宪法为基础,遵循相关的法律。这在当代民主、法制的社会中是十分重要的。只有依法办事,才能实现公平、公正,才能保证政府的权威性。

## 二、行政管理学的研究对象及主要内容

### (一) 行政管理学的研究对象

行政管理学作为一门独立的学科,其产生和发展有其自身的规律,它因实际的需要而产生,又要为实际的政府工作服务,具有很强的实践性。行政管理学的研究对象不是一般的管理活动,而是通过国家行政机关对整个国家社会事务所实施的管理活动。这种管理的范围极为广泛,它不仅包括以政府机构协调运转和提高行政效率为目的的政府内部事务管理,而且包括以巩固和完善国家组织、维护国家利益为目的的国家重大事务管理,还包括发展社会政治、经济、文化、社会服务和生态环境等各方面的社会事务管理。此外,行政管理范围的广泛性,又涉及行政管理构成要素的多元性和复杂性。

基于上述认识,我们认为行政管理学就是研究行政现象及行政管理活动规律的科学。行政管理学所要研究的是行政组织的建立和运转、政府的管理和领导方式、指挥和监督,以及不同行政活动的作用和相互联系,从而探究行政管理的科学性、先进性和技术性,以提高行政效率、改进行政方法、实现行政目标。

### (二) 行政管理学研究的主要内容

一般来说,行政管理学的研究内容应是从静态组织结构到动态运行过程、从行政管理职能到具体行政实施方法和技术、从一般行政到专业行政的一个完整的体系。行政管理学的主要任务是通过对行政系统、行政过程的抽象、综合研究,揭示

行政管理的一般规律。基于此,本书将行政管理的研究内容分为行政管理的职能与组织、行政管理的过程与内容、行政管理的绩效与行政改革三大部分。

**1. 行政管理的职能与组织**

这是行政管理学的核心部分。行政机关是行政管理的主体,行政职能是行政管理活动的基础和逻辑起点,行政职能的抽象性决定了它必须以行政组织为载体,而行政组织的建立又与行政环境相关,其运行过程就是行政权力的行使过程。这是一个以行政职能为基础、以行政组织为载体的涉及外部环境和内部权力运行的有机系统。

**2. 行政管理的过程与内容**

行政管理的过程与内容包括人事行政、行政领导、行政决策、行政执行、财务行政、机关行政、行政法制与行政伦理、行政监督等主要环节。这是一个从决策到用人、管财、内部管理,再到实施监控的完整过程。

**3. 行政管理的绩效与行政改革**

提高行政绩效是行政管理的出发点和归宿,不断推进行政改革和行政发展是保持行政管理活力和提高行政管理效率的根本途径。

(三) 行政管理学的特点

行政管理学作为一门理论与实践相结合的系统科学,由政府这一特殊的研究对象和行政管理学与其他学科的关系所决定,其学科特点是比较突出的,表现在以下几个方面:

**1. 政治性**

行政管理学是研究政府的管理活动及其规律的科学,而政府的管理活动就是国家政权的行使过程,其必然体现国家意志,是政治学的一个分支,具有鲜明的政治性。马克思主义者认为,一切政治行为和政治活动归根结底都是为了夺取政权和巩固政权,而行政管理正是以维护和巩固国家政权为根本任务的,是维护统治阶级意志、对整个社会公共事务进行的管理。因此,在研究行政管理的目标、职能、组织、行为及规律时,行政管理学必然会不同程度、直接或间接地表现出政治性。

**2. 实践性**

政府行政管理是对政治的执行和推动的过程。行政管理学就是要使这一过程合法、合情、合理且行之有效。因此,行政管理学就必须从这一过程中寻找、洞察和发现问题,经过客观的分析和周详的论证,系统地总结、归纳科学的行政管理原理、模式和方法,进而提出有助于解决问题的对策,提高行政管理水平,具有很强的实践性。

**3. 综合性**

行政管理学的综合性主要体现在两个方面：一是行政管理学是一门综合性、交叉性的学科，它融合了政治学、法学、社会学、管理学及信息论等多门学科理论，其理论知识具有综合性。二是行政管理的对象、范围非常复杂、广泛，呈现综合的特点。政府行政管理涉及的对象和事务几乎无所不包，与此相对应，行政管理学的研究也就涉及政治、经济、文化、社会服务和生态等各个方面的管理问题。综合性是行政管理学最大的学科优势和最突出的特点。

**4. 系统性**

政府的行政管理系统是一个封闭的、完整的系统，是依法建立的、有着一定结构和序列的组织系统。其管理功能和行政活动是按照一定的法律、法规和程序开展的。行政组织系统的各个部分通过相互联系、密切合作，产生整体的行政合力效应。因此，行政管理学要用整体的、系统的观点和方法看待、研究各种行政现象及其相互关系，这样才能提出和解决各种复杂的行政问题，整体的行政管理效力才能得到体现。

**5. 发展性**

时代的进步，社会的发展，行政环境、行政职能的不断变化，要求行政管理也要不断地改革和发展，以适应这些进步、发展和变化的要求。因此，研究行政现象的行政管理学也必须不断地更新和发展。其间的理论和方法只有适应了政府在新的社会历史条件下行政管理的需要，行政管理学才能得以发展。

## 三、行政管理学与相关学科的关系

作为公共管理学下设的一个二级学科，行政管理学应该突出它的管理性，但行政管理主体的管理权力来自国家权力，所以与政治学、法学、管理学等又有密切的关系。行政管理学是一门交叉性、边缘性的社会科学。

**1. 行政管理学与政治学**

一般认为，行政管理学起始于政治学，是政治学的分支学科。但是随着两个学科的发展演变，两者已经具有明显的差别。

政治学的主要研究对象是与国家及其活动有关的现象，诸如国家的起源、本质、形式、机构、政党、民主等范畴，是围绕国家政治权力展开的。而行政管理学则主要研究与政府组织的行政活动有关的现象，探讨先进的行政管理技术、方法，目的是增强行政能力,提高行政效率。就相互关系而言,政治学指导行政管理学,行政管理学从属于政治学。如果说政治学更具有理论性的话,那么行政管理学则更具有实用性。

**2. 行政管理学与管理学**

现代管理学是以各种管理工作中普遍适用的原理和方法作为研究对象的,其研究重点至今仍放在企业管理上。它兴起后,与行政管理学在内容上交叉、在理论和方法论上互鉴、在学科发展上互相促进。

但是两者又具有明显的差别,研究领域各异。管理学研究一切管理工作的共性,范围更广,幅度更大;而行政管理学则研究具体的行政管理规律,范围较窄,幅度较小,更加专业化、具体化。因此也可以说,行政管理学是管理学门类之下的分支学科,管理学的有关原理、方法对于行政管理学来说普遍适用,具有指导性的作用。

**3. 行政管理学与法学**

法学是以法律这个社会现象为研究对象的,它主要研究法律的原理和发展规律,法律的本质、特征、形式和作用,法律的制定和实施,以及各种法律现象、法律规范和法律思想。行政管理过程中的基本原则是依法行政,一切行政行为必须以法律为根本依据,在法律允许的范围内对社会事务进行管理,同时行政法的产生和发展也丰富了法学的内容。因而,行政管理学与法学是相互渗透、相互促进的关系。

**4. 行政管理学与社会学**

社会学是研究社会整体与各个组成部分之间相互关系及其管理协调机制的一门社会科学,其研究目的是达到社会良性运行和协调发展;而行政管理学只涉及社会关系中政府行政管理这一部分及其发展规律。因此,行政管理学吸收社会学的有关原理和方法来指导具体的行政管理活动;社会学的有关理论和方法也有赖于在行政管理中得以应用及验证。两者相互借鉴、关系密切。

除了上述学科外,行政管理学与财政学、统计学、心理学、数学、经济学、运筹学等学科也有着比较密切的联系。作为社会科学,各门学科之间的区别只是相对的,随着社会的发展,一些交叉的边缘学科将不断出现,学科间的渗透与交叉会更加频繁。在现代社会,纯粹的、单一学科的研究难以说明事物发展的全貌。行政管理学的发展必须要通过借鉴其他相关社会学科的知识来不断丰富、完善自身。反之,其他社会学科的发展也会因得益于行政管理学的发展而不断前进。

## 第二节　行政管理学的产生与发展

### 一、行政管理学产生的历史背景

行政管理学产生于19世纪末20世纪初,起源于美国,而后扩展到西欧和世界各国。行政管理理论之所以在这个时期产生,是由当时的政治、经济、社会等历史状况决定的。一般认为,1887年美国学者威尔逊发表的《行政学研究》是行政学①领域的开山之作,因为这篇论文第一次提出并论述了行政学独立于政治学成为专门学科的必要性。1900年,美国学者古德诺出版了著作《政治与行政》,使威尔逊提出的观点得到极大的充实和普及。1926年,美国学者怀特的《行政学导论》的出版,标志着行政学学科体系的完整建立。

（一）行政管理学产生的时代背景

19世纪末到20世纪初是世界资本主义从自由资本主义向垄断资本主义发展的时期,与经济的发展相一致的是国家行政权力的集中、政府职能的扩张。自由资本主义时期的经济特征就是"自由"发展,政府对社会和经济事务的管理是相当有限的。政府以"守夜人"的角色为自己定位,在国家权力结构中,政府只是议会的"仆人",行政权力从属于立法权,各国的权力重心都在议会,也就是在立法权。

当自由资本主义向垄断资本主义转变时,政府行政职能扩张,国家的权力重心逐步向行政权转移,政府的地位也日益上升。垄断资本主义阶段由于需要管理的国家和社会事务急速增加,政府必须改变"守夜人"的角色。而政府管理事务的增加,又使政府机构急速扩大,政府内部的管理事务也日趋复杂,行政管理活动变得越来越重要,行政公务人员的数量也呈现日益上升的趋势。在这样的现实中,原有的行政管理方法无法适应,现实呼唤行政管理科学理论的指导。同时,在冗杂的公务人员中也严重存在贪污腐化、不负责任、能力低、不称职等情况,所以政府中行政组织、行政人员、行政经费的优化管理,追求高效率、高效能等问题便逐渐成为当时人们共同关注的一大课题。

---

① "行政学"是它产生时的概念,由于现在我们所说的"行政管理学"与之没有本质的区别,所以,以下论述中我们为了尊重事实不区分"行政学"与"行政管理学"的使用。

此外，形成于19世纪中期的英国文官制度，也为行政管理学的最终形成提供了现实基础。1855年，英国政府以《枢密院令》的形式颁布了文官制度改革的第一个正式法令。直到1870年，枢密院颁布第二个文官制度改革法令，标志着英国正式建立了现代文官制度。这个制度以实行政府公职人员的公开竞争考试、择优录用、建立考绩制度、对公职人员实行品位分类管理和常任制为主要内容，为政府实行科学管理奠定了基础，同时也为行政管理学的产生提供了现实依据。

（二）行政管理学产生的理论基础

从理论基础和源泉看，政治学的长足发展和科学管理理论的诞生，为行政管理学从政治学中分离出来做了充分的理论准备。

西方近代史上的政治学，君主制时代德、奥两国的官房学以及资产阶级政治学，构成了现代行政管理学的理论基础。如17～18世纪的政治学家洛克、孟德斯鸠、卢梭等，他们所传播和确立的天赋人权、社会契约、三权分立等思想就蕴含着丰富的行政管理思想。法国著名启蒙思想家孟德斯鸠在1748年发表了代表作《论法的精神》。在这部著作里，他第一次完整地提出了"三权分立"的思想。他指出，立法权代表国家的一般意志，行政权执行国家的意志，司法权则应该按照法律规定的方式行使。孟德斯鸠的"三权分立"思想在法国和西方各国的历史进程中产生了重大的影响，尤其是直接促成了基于"分权"学说的行政观的形成。

科学管理理论的诞生，更是为行政管理学提供了直接的理论借鉴。在19世纪末，欧美主要国家已完成了产业革命，资本主义国家经济迅速发展，科学技术突飞猛进，社会化大生产取代了手工业工厂。为了在产业高度集中、企业竞争激烈的条件下攫取高额利润，资产阶级学者需要创立适应社会化大生产迅速发展的管理制度和管理方法，于是他们开始对企业生产过程进行科学研究，并最终形成了一场影响美国乃至西欧工商企业管理的科学管理运动。被称为"科学管理之父"的美国人泰勒（Taylor Winslow Frederick，1856～1915年）于1911年出版的著作《科学管理原理》，标志着科学管理理论的诞生。他的理论主要包括制定工作定额、标准化、能力与工作相适应、差别计件工资、计划职能与执行职能相分离等。美国政府首先将该理论和方法应用到政府的行政管理中，为政府行政改革提供了方向，促进了行政管理的发展。科学管理理论的这些内容被运用于政府内部管理，就成为行政管理学的基本内容。从这个意义上说，正是科学管理运动的兴起推动了行政管理学的形成和发展。

## 二、西方行政管理学的发展历程

100多年以来，由威尔逊、古德诺、怀特等人开创的行政管理学取得了丰硕的成果。今天,行政管理学已成为大学的重要专业和有关学科的必修课程,并且成为行政工作人员基本的理论修养和专业技能。纵观行政管理学发展的历史,我们可以将其概括为五个阶段:科学管理时期、行为科学时期、系统理论时期、公共管理时期和公共服务时期[①]。

**1. 第一阶段:科学管理时期(也称传统行政管理时期,大致从 1887 年到 1930 年)**

管理要科学化,行政也要科学化。之所以称之为科学管理,是因为在威尔逊、古德诺、怀特等一批学者和实践者的努力下,借鉴科学管理理论的成果,促使行政管理学从政治学中分离出来,成为一门独立的学科。

19 世纪 80 年代至 90 年代,美国正处于从农业社会向工业社会转型的时期。大量的农业人口拥入城市,成为工厂工人和城市居民。然而,当时的政治制度并没有准备好相应的市政设施以满足不断增长的城市人口需求。城市的扩张不仅来自于美国农村,也来自于世界各地的移民。大型的工业公司及其国际市场的开拓起到了催化作用。这样,日益膨胀的城市急需市政管理知识与管理理论。同时,1883 年《彭德尔顿法案》的通过和美国文官制度的建立也急需相应的管理理论。

在这一阶段,行政管理学的产生与形成受到工商企业管理科学的重大影响,它的许多原则、原理都是从那里借用或移植过来的。以美国的泰勒、法国的法约尔、德国的韦伯所提出的理论最为典型。泰勒研究的着眼点在于提高企业的生产效率。在其 1911 年出版的《科学管理原理》一书中,他主张以科学的研究取代旧式的单凭经验的研究方法,科学地选拔、教导和培养员工,使员工按照科学的原则密切合作,在管理者和职工之间进行适当的分工。他的科学管理理论虽然以企业组织为研究对象,但是为政府组织的行政改革指明了方向。亨利·法约尔(Henry Fayol,1841~1925 年)最大的贡献是在其《工业管理和一般管理》一书中提出了计划、组织、指挥、协调、控制 5 项管理职能和 14 项管理原则。这些理论不仅适用于

---

① 关于西方行政管理学的发展阶段,不同的学者有不同的划分。中国台湾学者张润书将之划分为三个时期:传统理论时期(20 世纪初至 20 世纪 30 年代)、行为科学时期(20 世纪 30 年代至 60 年代)和系统理论时期(20 世纪 60 年代至今)。夏书章教授将其概括为三个时期,即形成阶段——传统管理时期(19 世纪末至 20 世纪 20 年代)、成长阶段——科学管理时期(20 世纪 20 年代以后)和科学化阶段——现代化管理时期(始于 20 世纪 40 年代)。张永桃教授将其概括为三个时期:科学管理时期(19 世纪末至 20 世纪 20 年代)、行为科学时期(20 世纪 30 年代以后)和现代管理时期(始于 20 世纪 40 年代)。有的学者将其划分为早期研究、两次世界大战期间、战后时期、60 年代以来四个时期。还有的学者将其概括为五个阶段:传统行政理论、科学行政理论、人际行政理论、系统行政理论和决策行政理论。将其分为六个时期的学者也有,如美国学者 J. M. 沙夫利茨和 A. C. 海德,他们将其分为早期研究、两次世界大战期间、战后时期、60 年代、70 年代和 80 年代。本书是在吸收上述学者观点的基础上,按社会发展的现实基础进行划分的。

工商界,也适用于政府行政,将其应用于行政管理过程中,收效显著。马克斯·韦伯(Max Weber,1864~1920年)的官僚组织理论指出,理想的官僚组织体系应当具备以下条件:基于职能专业化的分工,责权分明、层层控制的等级系统,有关任职者职权和职责的规章制度,人与人之间关系的非人格化,以技术能力为基础的人员雇佣和升迁程序以及固定而明确的薪俸制度,等等。学者们认为,这样的机关组织精确、指挥统一、行动迅速,若事权集中、责任明确、重纪律,则可以获得更高的效能。

美国行政学家怀特于1926年出版的《行政学导论》是美国第一部高等院校的行政学教科书。他试图对以往的行政管理经验加以全面总结,并结合已有的对政府行政研究的各种成果,努力使行政学成为一个独立的研究领域。他阐述了现代社会中行政管理的重要性,行政管理中讲求行政效率的必要性,为了讲求效率对行政活动进行研究的可行性。他认为,在行政管理理论研究中,组织问题和人事问题是两大主题。他提出:① 行政活动具有共性,各级政府实施管理的基本特性大致是相同的;② 行政研究应当建立在管理的基础上,而不应当建立在法律的基础上;③ 行政管理目前还只是一门艺术,但转变为一门科学是它的必然趋势;④ 行政管理已经成为并且将继续成为现代政府的中心问题。

科学管理时期的行政管理学过分地强调组织结构,强调规章制度和效率,忽视了人的因素。行政管理学在这个时期的主要缺陷是:① 过分重视机械效率,忽视社会效益;② 过分重视组织的静态方面,忽视组织的动态方面,把行政机关变成封闭的系统,忽视了外部环境的影响;③ 片面强调人的物质利益,忽视了人的精神因素,缺乏对人的尊重。

**2. 第二阶段:行为科学时期(大致从 1930 年到 1960 年)**

第一阶段的行政理论提出了诸多的行政原则,强调了行政的技术性,对行政效率的提高有一定的促进作用。然而,西方社会在 20 世纪 30 年代出现的空前的经济萧条和日趋高涨的有组织的工人运动,使得国家管理出现了新的危机。旧有的行政管理方式和管理理论受到了极大的冲击。由于过分强调管理技术和机械的效率,重视规章制度,忽视被管理者的情感和需求,漠视被管理者的地位和作用,其结果不仅影响了行政效率的提高,甚至导致管理危机的发生。此外,在经历了第二次世界大战后,西方各国的行政体制、行政职能和行政行为都发生了深刻的变化,行政实践中出现的新问题、新矛盾也要求用新的行政理论去指导和解决。

在这个阶段,行政管理理论修正的内容主要有两个方面:一是强调行政管理的政治性,修正了初创阶段行政和政治分离的理论;二是对科学管理理论中旧有倾向的再认识。以往的倾向只强调规章和效率,无视人的能动性。新的认识则是借助行为科学展开的。学者们对个体行为、团体行政、组织行为、领导行为和决策行为的研究颇有建树,丰富了行政管理学的内容,拓宽了行政管理学的研究领域。代表人物主要有梅奥、巴纳德、马斯洛和西蒙。

乔治·埃尔顿·梅奥是人际关系学派的代表人物。通过霍桑试验,他提出了社会人理论、非正式组织理论和以人际关系为中心的新的领导方式理论。他认为人并不是唯利是图的经济动物,人除了有物质需要外,还有社会需要和心理需要。在正式组织之中存在非正式组织,这些非正式组织可以弥补正式组织对组织成员的漠视和尊重的不足。

切斯特·巴纳德独立进行研究,提出了社会人理论、非正式组织理论、组织平衡理论和权威接受理论。他认为非正式组织可以保持组织成员之间的联络和沟通,保持组织的凝聚力,保持组织内个人尊重、自尊与独立选择的感情需要。组织必须保持内部与外部、组织成员贡献与报酬的平衡,只有这样组织才能生存和发展。同时,领导者的权威大小取决于下属的接受程度。

心理学家亚伯拉罕·马斯洛提出了著名的人类需要层次理论。他认为人有生存需要、安全需要、感情需要、成就需要和自我实现需要五个层次。这些理论都为行政管理学的研究提供了新的方法和新的视角。

赫伯特·西蒙用行为科学的方法研究行政。他于1947年发表的《行政行为》是行政学发展史上的划时代著作。他严厉抨击传统行政管理理论,认为应该将价值与事实分开,并由此提出了有限理性的观点。从人的认知行为上来讲,人的理性不可能是无限的,只能是有限的。因此,决策只能是有限理性决策,只能是"满意原则",而不是"最优原则"。

从科学管理时期发展到行为科学时期,行政管理学的显著变化是:① 从过去只注重组织结构、法令、规章制度及权责分配,到同时重视组织中人员意见的沟通、个人欲望的满足、非正式组织的作用;② 从只重视监督制裁到重视激发人的积极性;③ 由专断领导到民主管理;④ 由"重事"到"重人"。但这一时期,行政管理学仍表现出一定的局限性,如过分重视人的行为因素,忽视了组织结构和法制的作用,忽视了环境的影响作用等。

**3. 第三阶段:系统理论时期(从 20 世纪 60 年代到 70 年代末)**

在第二次世界大战后,西方国家纷纷走上了经济振兴之路。人类第三次科技革命的到来催生了以系统论、信息论、控制论为代表的科技理论的诞生,极大地推动了科学技术的广泛应用,行政管理理论的研究领域也大大拓展了。同时,20 世纪60年代末到70年代初,整个世界涌动着革命的浪潮,亚非拉各民族国家为摆脱殖民统治展开的独立斗争此起彼伏,欧洲大陆青年的文化革命高潮迭出,美国本土的黑人运动、妇女解放运动、青年学潮、反战运动等接连不断,这些严峻的社会现实需要从理论上予以解释;学者们认为行政管理学的时代已经来临了。1966年在锡拉丘兹大学明诺布鲁克会议中心召开了年轻学者会议,其会议成果反映在1987年出版的《迈向新行政管理:明诺布鲁克观点》上。1988年,第二次明诺布鲁克会议回顾与展望了行政管理的发展。

这一阶段行政管理学发展的一个显著特征是把许多社会科学、自然科学和技术科学的最新成果应用到行政管理学的研究中来,运用系统论、生态论、权变论等新成果研究行政管理,拓宽了行政管理研究的领域,使行政管理理论在广度和深度上都有所拓展。其主张用系统方法来研究组织行政活动,促使行政组织合理化、行政程序连续化、行政决策科学化、行政分析定量化,以高效率地实现使整个社会得到满意的行政目标。

这一阶段行政管理学力图摒弃传统行政的权威主义和以效率为中心的取向,而试图建立以公平为中心的民主行政,向传统行政学理论基础——政治与行政二分法提出了挑战,它强调政治与行政的连续性;将道德价值概念注入行政过程,将社会公平注入传统的经济与效率目标;强调政府服务的公平,它强调公民参与、政策制定、相关控制分权授权、组织发展、顾客至上和民主工作环境。新行政管理所倡导的价值观,如社会公平、代表制、回应性、参与和社会责任等,推动了行政管理的发展,在某些方面为公共管理学的产生做了理论准备。

**4. 第四阶段:公共管理时期(从20世纪80年代到2000年)**

公共管理运动,也叫政府再造,是西方发达国家政治、经济、文化发展的必然产物。由于20世纪70年代发生的石油危机,西方发达国家产生了政府信任危机、财政危机、经济危机和意识形态危机。学者和社会团体强烈地批评政府,迫使各国政府采取响应之策,于是产生了公共管理运动。公共管理运动是管理主义从20世纪70年代到80年代的复归,管理主义的公共管理是以绩效为导向的。

公共管理主张市场至上,将市场机制引入政府管理;主张企业家型政府;主张将一些公共部门私有化,或让公共部门与私营部门合作,以解决公共部门效率低下的问题;主张权力下放,加强低层官员的决策权和自主权,提高效率和服务质量;主张引入竞争机制、顾客至上观念等;强调结果而不是过程,等等。总之,公共管理运动仍然是以效率为中心的改革。它十分尖锐地批评传统的官僚制组织,认为官僚制组织效率低下,不能满足公众的需要,不负责任,主张组织结构扁平化。

但管理主义的公共管理过分地强调绩效,而对如何实现社会公平和摆正政治与行政的关系认识不足。

**5. 第五阶段:公共服务时期(2000年至今)**

公共服务是在批判公共管理运动和在系统理论基础之上发展起来的一种新的行政管理理论。2000年,登哈特夫妇发表了《新公共服务:服务而不是掌舵》,后来又出版了同名专著。公共服务的主要内容如下:

公共服务强调服务于公民而不是顾客,它认为公共利益是共同利益对话的结果,而不是个人自身利益的组合;强调追求公共利益,肯定公共利益在政府服务中的中心地位;重视公民权而非企业家精神。公共服务认为致力于为社会做出有益贡献的公务员和公民比具有企业家精神的管理者能够更好地促进公共利益;必须坚持民主标准和政治标准,增强公民实现公共利益过程中的参与能力;强调战略性思考,民主性行动;强调公务员的多重责任,公务员的责任被界定为专业责任、法律责任、政治责任和民主责任,行政管理官员应重视服务而不是简单地掌舵。对行政官员来说,重要的是要利用基于价值的共同领导来帮助公民明确表达和满足他们的共同利益,重视效率,更重视人。公共服务更重视行政管理官员的公共服务理想。公共服务认为诸如公正、公平、回应型、尊重、授权和承诺这样的理想常常超越把效率作为政府唯一标准的价值观。

综观西方行政管理理论的发展,可以看出西方行政管理理论经历了一个从简单到复杂、从不成熟到比较成熟的过程,行政管理学逐渐发展成为举世瞩目的新学科。

## 三、行政管理学在中国的传播与发展

行政管理学产生后,也被传播到了中国。中国行政管理学作为一个独立学科的出现可追溯到20世纪30年代,当时革命根据地延安就曾设立过行政学院。与此同时,国民党统治区的许多专家和学者也开始对行政学进行专门研究,并出版了一些专著和译著,出现了诸如《行海要述》《行政纲目》《行政学总论》等中译本。在这段时间内,我国学者撰写的行政管理学专著陆续问世。1935年,张金鉴教授编著的《行政学理论与实际》一书由上海商务印书馆出版,这是我国最早的行政管理学专著。次年,江康黎编著的《行政学原理》由民智书店出版。除了理论界的研究外,当时的国民党政府也对行政管理学进行了研究,当时还成立了两个研究行政管理学的学会,行政管理学也开始步入高等院校的殿堂,成为政治学系的必修课程。1934年,国民党在行政院内部设立了行政效率委员会,并出版了《行政效率》半月刊,编译了行政管理学丛书。行政效率委员会后改为行政效率促进委员会,由当时的国民政府行政院直接领导。

在新中国成立之初,国内一部分高等学校继续设置行政学专业,开设相关课程。但是在1952年,国家对高校进行院系调整时却由于种种原因取消了全国各个高校设置的行政学专业,相关的行政管理学等专业课程也同时被取消。这使得我国行政管理学的教学和研究工作一度中断。

(一)中国古代行政的历史借鉴

相比西方国家而言,中国古代行政管理的思想极为丰富。早在春秋战国时期,孔子、孟子、孙子和韩非子等人就曾论述过有关管理的思想。但在中国历史上并没有出现过专门论述行政管理的书,有关思想散见于政治、经济和军事历史文献之中,如《孙子兵法》《贞观政要》《资治通鉴》等。在几千年的国家管理实践中,中国积累了一套严密的农业社会的行政管理体系和思想,其中的精华值得我们吸收与借鉴。

(二)中国改革开放以来行政管理学的发展历程

改革开放以来,中国行政管理学经历了酝酿阶段、初创阶段、发展阶段和走向成熟四个阶段。

**1. 第一阶段:酝酿阶段**

中国改革开放政策实施以后,行政管理学的研究被提上日程。1982年,中国政治学会在上海复旦大学举办了全国行政学讲习班。1983年,中国政治学会又在济南举办了政治行政体制改革研讨会。此后,行政管理学逐渐引起了理论界和政府行政人员的关心和重视。1985年3月,由夏书章任主编、刘怡昌任副主编的《行政管理学》一书出版。该书以及其他一些早期行政管理学的教科书对正值起步阶段的中国行政管理学起到了启蒙、普及的作用。1986年,部分高校首批开设"行政管理"本科专业,在学科建设、人才培养、理论研究等方面开始步入正轨。

**2. 第二阶段:初创阶段**

1988年10月13日,中国行政管理学会在北京正式成立,并创办了第一个全国性的行政管理学专业刊物——《中国行政管理》。这标志着行政管理学作为一门独立的学科在中国已经得到了公认和明确肯定。当年,经国家教委批准,中国人民大学建立了第一个行政学硕士点,以培养对行政管理学进行研究的高层次人才。这一时期,中国学者除了关注宏观体制改革以外,还注意对行政管理中微观具有可操作性的行政方式、方法进行研究。同时,在中国行政管理学会的引导下,行政管理学的研究继续朝前发展,出现了层级化和分科化两种趋势。1992年,中国行政管理学会举办了改革开放以来全国性的行政学科优秀科研成果评选活动,评选出了100部专著及40余篇论文。这些研究成果大体反映了1983~1993年年间我国行政管理学的基本发展状况。总的来说,通论性、概述性的著作较多,除个别借鉴西方行政生态学理论进行研究外,大部分是借用西方20世纪30年代的研究框架和方法。总之,这一时期,中国的行政管理学还处在初创、普及阶段。

### 3. 第三阶段:发展阶段

1992年以来,行政管理学的研究逐步走向了深化、发展、提高的阶段。从全局出发如何建立适应改革开放新时代需要的行政体制、政府应如何加强宏观调控等问题,不仅是经济学的研究"热点",也成了行政管理学的研究"热点"。在这一阶段,有关行政管理学研究的国际间交流也日益频繁。越来越多的西方行政学著作被翻译成中文,越来越多的国际学术研讨会在中国召开。

在行政管理学科建设方面,行政管理已经发展成为体系完整的学科。1990年、1994年国务院学位办先后批准行政管理专业的硕士、博士学位授予权。教育部在1998年重新修订本科专业目录时,第一次在管理学门类下增设了公共管理一级学科。公共管理一级学科下设行政管理、公共事业管理、公共事业管理(师范类)、劳动与社会保障、土地资源管理等5个二级学科。2002年,国务院学位办正式开设了公共管理专业硕士(MPA)学位。

### 4. 第四阶段:成熟阶段

中国共产党第十六次全国代表大会以来,随着经济改革的深入,行政体制改革也取得了丰硕的成果。与此同时,结合中国实际的本土化研究越来越受到重视,有中国特色的行政管理理论日渐成熟,对政党与政府、政府与市场、政府与社会的关系认识更为明确。政府的职能从主要管好经济,扩大到了管理社会整体全面协调的发展。近年来,研究政府对社会的宏观管理、社会保障的管理、生态环境的管理、土地资源开发的管理逐渐成为行政管理学研究的重要内容。多年来,我国学者对行政管理学的研究致力于从中国的历史现状和基本国情出发,更加注重理论联系实际,深化行政体制改革,不断追求建立具有中国特色的行政管理学。

面对日新月异的科学技术变革,面对以创新和技术升级为主要特征的激烈国际竞争,我国行政管理理论的自主创新能力还存在着动力不足、机制不完善等问题。我们要正确发挥政府职能,激发全社会的创新活力,大力推进行政管理及其理论的研究和自主创新。

# 第三节 学习行政管理学的意义与方法

## 一、学习行政管理学的意义

（一）学习行政管理学，有助于科学地发挥国家行政管理职能，提高行政绩效，实现行政管理目标

研究行政管理学是为了了解和掌握行政管理的基本规律，科学履行政府职能，促进国家经济和社会发展。现代社会瞬息万变，行政事务日趋复杂多变。行政管理活动事关民生、稳定、发展，非常重要，国家行政机关只有科学工作，才能实现预期的工作目标。这不仅是被新中国 60 多年的建设历史证明了的，也是被世界上更多国家的兴衰历史证明了的。国家行政机关的管理活动是有科学规律的，了解和掌握这个规律，就可能促进国家行政机关的科学工作、科学管理。目前，一些党政机关工作中遇到的许多实际问题急需在行政管理理论的指导下加以解决，这就更需要切实加强行政管理科学的研究和运用，努力实现行政管理的科学化、法制化和现代化，更好地推进社会主义的现代化事业。另外，还可以通过研究、学习、借鉴各国的相关经验，使行政管理实现博采众长、科学发展。

（二）学习行政管理学，是促进行政管理体制改革平稳、有序推进的需要

一方面，行政管理体制改革迫切需要得到理论指导，从而不断推动行政管理学向广度和深度发展；另一方面，行政管理学从改革实践中获得新的研究动力，也获得新鲜的研究课题和研究素材，研究成果直接服务于改革实践，充分体现了行政管理学的学科价值。现在我国的行政管理体制改革正处在攻坚阶段，尤其需要得到理论研究工作的支持。改革是理论发展最好的推动力，同时，理论也是改革平稳、有序推进的基本保证。

（三）学习行政管理学，是提高行政管理人员素质的需要

学习和掌握行政管理学的基本理论，从近期看，是专业学习的需要，而对于将来从事非行政工作的人员而言，了解和学习行政管理学也是必需的。公务员是行政管理的主体，行政管理中存在的许多问题与行政人员的业务知识和素养有着密

切的联系。政府机关中的相当一部分行政人员不熟悉行政管理学的相关理论,不具备在实际工作中运用这些理论指导行政实践的能力,难以发挥其主动性、积极性和创造性。现代行政管理中的公务员制度既对现职人员进行业务培训,又对未来的行政人员进行基础教育,因此有利于提高行政人员的业务素质、专业水平,优化和完善公务员队伍,促进整个行政管理活动的科学化和现代化。

(四)学习行政管理学,有助于促进学科发展

行政管理学兴起于西方国家,历经百余年的发展,日臻成熟。在我国,行政管理学仍是一门年轻的学科,其学科体系正在形成和完善之中。为了适应和满足行政管理发展的需要,应加紧研究行政管理学,用客观、科学、发展的观点来对待这门学科,应在中国的语境下进行基础理论和应用的研究,形成具有中国特色的行政管理理论,不照搬照抄西方的行政管理理论和管理模式,在实践中不断总结、完善、提高,发扬科学批判、勇于创新的精神,鼓励多种学派的争鸣。

## 二、学习行政管理学的方法

学习行政管理学可以有多种多样的分析和研究方法。这些方法的科学性和实用性都有益于行政管理学的学科发展和实际应用。这些学习方法主要有:

(一)理论联系实际方法

行政管理学是一门理论性与应用性相统一的学科,研究的目的是将科学的行政管理理论、模式及方法应用于实际的行政管理活动中,增强行政效能。因此,在学习行政管理学的过程中,一方面,要加强理论研究和理论探索,把握行政管理的基本理论、规律、原则及方法;另一方面,行政理论必须紧密联系实践,运用科学理论去指导现实的行政管理活动,在实践中验证理论。

就我国而言,理论联系实际是中国共产党一贯坚持的马克思主义学风,是各项科学研究取得成果的基本保证。现代社会行政环境日新月异,行政问题日趋复杂,这就要求行政管理必须坚持理论联系实际,既要把科学的理论与我国的具体国情相联系,指导具体的行政管理实践,又要善于在实践中总结经验和教训,丰富和发展行政管理理论。

(二)比较研究方法

比较研究方法是一种重要的科研方法,它不仅可以了解不同事物的特性,而且由于共性寓于个性之中,它还能够从更广阔的视角探索事物发展的规律性。有比较才有鉴别,有鉴别才有认识。运用比较研究方法,既要进行古今比较,又要进行中外比较,比较和鉴别各种不同的行政管理理论、制度、模式及方法,洞察全面,取

长补短,探索适合我国国情、行之有效的行政管理模式,不断丰富和发展我国的行政管理学。

### (三)案例分析方法

案例分析方法又称个案研究方法。该方法主要是对已发生的典型的行政事件进行集中研究,广泛收集各种相关资料、信息,按照公开、公正、客观、实事求是的原则加以分析、评判,得出结论,以此来验证某些行政理论,供有关方面研究和借鉴。运用案例分析方法,从个别到一般,从具体到抽象,有助于加深对行政理论、方法的认识和理解,提高分析和解决行政管理问题的能力。

### (四)历史研究方法

历史研究方法又称史学研究法。该方法是一种基于时间序列的纵向分析方法,从历史分析入手,注重行政管理的起源、发展及历史演变,不同时期的不同类型和特点,以及不同历史情形对现实行政的影响。采用历史研究方法,结合古今中外不同的行政管理模式,探索行政管理规律,寻求能够指导现今行政管理的、有价值的理论和方法。

### (五)系统研究方法

这种方法以系统理论为基础,着重从整体与部分(要素)之间,从整体与外部的相互联系、相互制约、相互作用的关系中综合地、精确地考察对象,以寻求最优的解决问题的方法。运用系统研究方法,应注重综合性、整体性、最优化。采用这种研究方法,可以综合研究行政管理的各要素、环节、目标以及与行政环境之间的互动关系,探索行政方案的最优化,提高行政效能。

此外,学习和研究行政管理学的方法还有综合研究方法、心理分析方法、法学研究方法、逻辑分析方法、模拟分析方法等。总之,学习和研究行政管理学的方法是多种多样的,在实际运用中要注意综合运用、灵活创新,使行政管理学得到不断发展和完善。

**关键术语**

行政;行政管理;行政管理学。

**思考题**

1. 简述行政与管理、行政与政治的区别。
2. 简述行政管理学的研究内容。
3. 简述行政管理学的含义及特点。
4. 试述西方公共管理阶段与公共服务阶段的主要行政管理思想。

# 第二章　行政职能

**本章要点**

行政职能是行政管理学的核心内容之一。它反映了行政管理活动的内容、实质与方向,表明了政府在国家、社会生活中所扮演的角色和发挥的作用,是行政组织设置和改革的依据、行政决策和行政执行的基础。因此,行政职能在政府行政管理中具有十分重要的地位,是行政管理学研究的逻辑起点。本章重点掌握:行政职能的含义、特点以及行政职能的构成和职能转变,新时期行政职能转变的新要求。

## 第一节　行政职能概述

### 一、行政职能的概念

职能,一般指人、事物、机构应有的职责和功能。行政职能也称政府职能。作为行政管理的基本概念之一,它是指政府依法对国家政治、经济和社会事务进行管理时所承担的职责和任务。行政职能反映了政府管理活动的内容和基本方向,决定了政府的规模和管理方式,主要涉及政府管什么、怎么管、发挥什么作用等问题。

行政职能是一个广泛的概念,在宪政体制不同、历史文化不同的国家里,其性质、内容、规范和作用方式等都存在明显的差别,"政府固有的职能不是一成不变的东西"①。即使在同一个国家里,不同的历史时期也会有不同的规范和特点,即关

---

① [英]密尔.代议制政府[M].上海:商务印书馆,1984:17.

于行政职能的规定性,在客观上会随着社会物质文明的发展而发生变化,在主观上则会随着人们对国家或政府的再认识而发生变化。

行政职能是国家基本职能的一部分,是与国家的立法职能和司法职能相对应的职能,是国家职能的具体执行和体现。在静态意义上,行政职能是指宪法和法律对国家行政机关功能和任务的界定和赋予;在动态意义上,行政职能是指政府依据宪法和法律赋予的责任、权利和义务,通过行政行为管理国家事务和社会事务的活动,因而会随着国家职能的变化而相应地发生变化。行政职能以国家的立法职能为依据,以司法职能为后盾,行政职能受立法职能和司法职能的监督。同时,行政职能又具有相对独立性。在法律所赋予的职权范围内,行政管理主体可根据不同的管理对象、不同的管理任务自主管理,创造性地开展职能活动。此外,行政职能发挥的程度又制约和影响着国家其他职能的实现程度。

行政职能本身又是一个多维性的结构体系。面对国家事务、社会公共事务和机关内部事务,行政管理活动涉及社会公共生活的各个领域,因此行政职能是多种多样的。同时,又因为行政管理对象、行政管理事项的具体性、复杂性与多变性,行政职能亦有千差万别。由于行政管理本身的系统性、行政管理对象的有机联系性,行政的众多职能之间构成了一个相互联系的、完整的行政职能体系。行政管理的政治职能、经济职能、文化职能、社会职能、生态职能等基本职能密切联系,共同作用于社会生活的各个领域;行政管理的决策职能、组织职能、协调职能、控制职能等紧密相连,贯穿行政管理的全过程;行政管理的中央政府职能、各级地方政府职能相互衔接,形成分工协作、政令有序的职能体系;行政职能实现方式的不同,对行政管理的效果有不同的影响。

## 二、行政职能的特点

行政职能的实质是对国家权力的执行,即通过实施行政行为实现国家行政权,是政府活动内容的全面概括,反映了国家行政管理活动的性质和方向。从总体上考察,行政职能具有以下特性:

### (一) 执行性

从行政与立法的关系看,行政职能是执行性职能。行政机关是国家权力机关的执行机关。行政机关要执行表现国家意志的宪法和法律,执行全国人民代表大会的决定和决议。

### (二) 强制性

从行政与司法的关系看,行政职能具有强制性。行政机关是国家机关的一部分,行政机关以国家司法机关为后盾,代表国家行使行政权力,依法管理社会公共事务,要求全社会共同遵守有关的法律、法规和规章。

（三）共同性

不管国家的性质如何,也不管国家发展到哪个阶段,其政府管理一般都具有诸多共同的职能,即政治职能、经济职能、文化职能、社会服务职能以及贯穿行政管理运行全过程的决策、组织、协调、控制等职能。这些功能都产生于行政管理自身运动的内在机制和过程之中,贯穿于整个行政管理活动的始终。

（四）多样性

在当今社会,行政管理范围涉及国家和社会生活各个方面,社会有多少个领域,政府管理就有多少个方面。因此,行政管理的职能是多种多样的,而且诸多职能本身是一个有机联系的职能体系。

（五）动态性

行政职能随国家社会生活及行政环境的变化而变化的国家。不同性质的国家,同一性质不同类型的国家,处于不同历史发展阶段的国家,其政府管理职能又具有差异性、动态性。不同性质的国家,其政府管理职能的目的不同；同一性质不同类型的国家,其政府实现职能的方式不同；处于不同历史时期的国家,其行政职能随行政环境的变化不断调整,行政职能的内容、主次、作用、方式等呈现出动态性。

## 三、研究行政职能的意义

研究行政职能,把国家行政管理看作一个完整的职能体系,科学地认识、确定行政管理各方面、各阶段的职能和保持它们之间的有机联系,并随环境和形势的变化及时地转变职能,对有效地进行行政管理具有十分重要的意义。

（一）行政职能是认识行政管理的前提

政府的行政管理是通过发挥自己的一系列职能来完成国家所赋予的任务的。科学地认识和确定行政职能是行政管理学研究的核心内容。认识一个国家的行政管理,首先是认识其行政职能,必须明确政府应该管什么、不应该管什么以及管到什么程度的问题。只有知道了政府"管什么",才能进一步明确"如何管""谁去管"等其他问题。行政职能的确定直接影响行政活动的各个环节,影响社会经济、政治、文化的全面发展。

## （二）行政职能是行政机构设置和改革的依据

行政结构是实现行政职能的载体，科学地认识和确定行政职能，对于科学、合理地设置行政机构和进行行政机构改革具有重要意义。行政职能的状况在很大程度上决定了政府组织的设置、规模、层次、数量以及运行方式。行政机构设置的规模、层次、数量等由行政职能的大小决定的，行政职能发生了变化，行政机构也要相应地调整，行政组织的变革必须紧紧围绕行政职能这个中心。

## （三）行政职能是确定和划分行政权力的基础和依据

有什么样的行政职能，实际上是明确了行政机构应该做什么和不应该做什么；行政权力则表明了处于行政机关的领导者必须做什么和怎么做。政府职权是实现政府职能的法律形式，行政职能是确定行政权力大小以及行政领导者职责、职位和职务的条件。行政领导是实现行政职能的组织者。行政职能的强弱、大小直接影响着行政领导者权力的范围与大小，直接影响着行政领导者承担责任的大小与轻重。从行政职能出发，有助于科学地确定行政权力以及行政领导者的职责、职位和职务。

## （四）行政职能是科学组织行政管理过程的重要依据之一

现代行政管理要求法治化、程序化，行政管理过程的各个环节的确立不是由人的主观意志决定的，而是由行政管理职能决定的。行政管理的运行职能决定行政管理的每一个环节，行政管理运行职能的内在先后顺序和相互制约构成了行政管理运行的客观过程。

# 第二节　行政职能体系与实现方式

行政职能体系是指行政职能是一个由众多职能构成的有机整体。从行政管理与外部环境之间的关系看，主要有政治职能、经济职能、文化职能、社会职能和生态职能等基本职能；从程序性职能构成看，主要有决策、组织、协调和控制等运行职能；从行政职能在行政系统内部分解的结果看，形成了行政职能体系的层次性和部门性，即层级职能。基本职能、运行职能和层级职能紧密联系、相互作用，构成一个纵横交错的完整体系。

## 一、行政管理的基本职能

行政管理的基本职能体现了政府在国家社会生活中的整体作用以及行政管理的基本内容和范围,是指政府行政组织作为国家政治和社会生活中的重要角色所必须发挥的基本作用。

行政管理的基本职能可概括为政治职能、经济职能、文化职能、社会职能和生态职能五个方面。

### (一) 政治职能

政治职能是维护国家统治的一项基本职能,其核心在于维护和巩固国家政权,主要包括专政与民主两个方面。

**1. 专政职能**

专政职能是指政府为维护阶级统治,动用国家机器,防范和打击一切敌对势力和反社会分子,保障社会建设事业的顺利进行。它又包括保卫职能和镇压职能。保卫职能表现为通过武装力量的建设维护国家安全,是指政府保卫国家主权和人民生命财产安全的职能,主要是加强军队和国防建设,以保卫国家主权的独立,保护国土的完整,保护国家的利益不受侵犯。镇压职能指对国内极少数敌对分子实行专政的职能。在社会主义国家主要是坚持人民民主专政,坚决镇压叛国和其他反革命活动,制裁危害社会治安、破坏社会主义经济建设和其他犯罪活动,惩办和改造犯罪分子等。

**2. 民主职能**

民主职能表现为政府必须进一步完善各种民主制度,丰富民主形式,拓宽民主渠道,依法实行民主选举、决策、管理、监督,保障人民的知情权、参与权、表达权、监督权,把权力放入制度的牢笼,实现阳光行政,提高政府活动的公开性、民主性,不断扩大政府同群众联系的渠道,提高公民的参政意识,完善公民参政议政的机制等。

### (二) 经济职能

经济职能是指政府在国家经济管理中的职责范围和应发挥的作用,是政府根据一定时期社会经济发展的需要对经济生活进行管理的全部活动,目的在于维护特定的经济基础,促进经济繁荣。这一职能涉及与生产、流通、交换、分配等社会生产过程中的各个环节有关的经济活动和管理活动。现阶段我国政府经济职能的主要内容有:统筹规划、掌握政策、信息引导、组织协调、提供服务和检查监督。其具体体现在四个方面：① 经济规划职能。制定国民经济和社会发展宏观战略和规划，保持社会总需求与总供给的动态平衡，确保国家经济稳定、协调发展。② 经济管理职能。即为市场经济的有效运行提供必要的制度、规章安排，如金融政策、财政政策、产业政策、价格政策、收入分配政策等。③ 经济服务职能。即为经济社会的发展提供必要的信息服务和市场服务，为经济发展提供全面、及时、准确的经济信息，指导宏观的和微观的经济活动。④ 经济监督职能。即建立全局性与区域性相配套的经济监督和预警系统，用法律全面规范各个经济活动主体的权利、义务和经济行为，规范政府行为，用法律创造一个活跃有序、公平开放的市场环境。

在社会主义市场经济条件下，政府的经济职能比以往任何时期都占有更重要的地位和发挥更大的作用，它是对市场调节局限性与不足的一种补充。在发挥经济职能的过程中一定要注意处理好政府与市场、政府与社会的关系，尽可能地发挥市场和政府两个方面的作用。

### （三）文化职能

文化职能是政府行政职能中最重要、最基本的职能之一。文化职能是政府通过制定和实施各项文化政策加以实现的。其核心在于政府通过对文化事业的管理推进文化的繁荣与整合，维护和弘扬一种意识形态，用以说明和论证统治与治理的合法性。文化职能指政府指导和管理文化事业的职能，是国家行政机关对全民的思想道德建设以及科技、教育、文化、卫生、体育、新闻出版、广播影视、文学艺术等方面的管理。我国现阶段政府的文化职能就是领导和组织社会主义核心价值观建设，即进行社会主义核心价值观教育，发展科学文化事业，加强体育、卫生等公共事业管理，为市场经济的发展提供强大的精神动力和智力支持。文化教育职能的具体内容是：制定教育科学文化事业的发展战略和规划，并负责具体实施；颁布教育科学文化事业发展的政策、法令和规定；指导、监督、协调各地区各部门对于教育科学文化事业发展的关系；有领导、有秩序地逐步开展教育科学文化体制的改革；采取切实措施加强全民的思想道德建设。

此外，政府的文化职能还包括在全社会支持、鼓励、引导和提倡反映人类文明进步的、积极的价值取向（如进取精神、社会责任感、自尊自爱等）、伦理道德（如公共道德等）、行为模式和健康的生活方式等，防止和制止那些不健康的、有害于社会公共环境氛围的劣性文化现象的出现和蔓延，净化社会环境，促进社会精神文明的发展。

### （四）社会职能

社会职能是指政府承担的社会服务和社会保障职能。它是政府管理中内容最为广泛、丰富的一项基本职能。凡致力于改善、保证人民物质文化生活的都在社会职能的范围内,如人口政策、公共设施建设与管理、城市规划、医疗卫生、旅游娱乐、社会福利保障、社会救济、社会保险制度等。

在社会转型期,政府的社会职能更应注重以下两个方面:① 社会保障。社会保障也被称为社会安全,由社会福利保障、社会救济、社会保险等组成,是社会对其成员提供一定的经济资助、物质帮助或服务,以保障社会成员基本生活需要得以满足的综合性事业。社会保障是对公民基本生存权利和基本生活条件的保障。政府通过建立社会保障体系,为那些无力竞争或失去竞争能力的社会成员,以及那些基本生活暂时出现困难的社会成员提供种种保护性措施。社会保障是实现共享发展的制度安排。坚持共享发展,必须按照人人参与、人人尽力、人人享有的要求,坚实底线、突出重点、完善制度、引导预期,注重机会公平,保障基本民生,实现全体人民共同迈入全面小康社会。② 人口政策。人口的数量和质量对宏观经济和社会发展有巨大影响:降低或提高人均收入水平;增加或减少社会总需求;社会福利和公共产品供给不足;加剧或缓解人口与自然资源的矛盾影响未来的就业岗位数目和就业率等。显然,如果人口数量的变化速度超出经济社会发展客观允许的可吸纳程度,不仅会严重恶化宏观经济的运行态势,使市场配置资源功能的发挥受到很大限制,而且会带来诸如教育、住房、交通等大量的社会问题,直接影响人们的生活水平和生活质量。因此,人口问题需要由政府运用公共权力,依据人口发展规律制定符合国情的人口政策,用政策手段调控人口的增减,并通过相应的职能机构推行实施。如近期出台的全面放开二胎政策,就是针对我国人口结构的变化做出的政策调整。

(五)生态职能

2008年以来,随着社会发展的需要,国家将生态文明建设与经济建设、政治建设、文化建设和社会建设等方面的内容结合在一起,共同构成了"五位一体"的国家发展战略。生态职能的地位凸显,成为与政府政治职能、经济职能、文化职能和社会职能相对独立的政府职能类型[①]。

生态职能是政府在应对和解决生态问题、向社会提供生态服务、促进人与自然协调发展的过程中所具有的职责和功能。

政府保护和治理生态环境主要是决定生态环境保护的政策问题,如布局政策、资源开发政策、投资政策、价格政策等,制定环境保护的法规和标准,从宏观上处理

---

① 陆畅,赵连章.论我国政府生态职能的重构[J].科学社会主义,2011(5):84-87.

好环境与经济的协调发展。政府生态职能主要涉及三个方面内容：一是生态环境计划管理。其主要包括工业、交通污染防治计划，流域污染控制计划，自然环境保护计划和环境科学发展计划等。二是生态环境质量管理。其主要包括组织、制定各种环境质量标准、各类污染物排放标准，环境监察工作，调查和评价环境质量状况，以及预测环境质量变化趋势等。三是生态环境技术管理。其主要包括确定环境污染和破坏以及防治技术路线和技术政策，确定环境科学技术发展方向等。在市场经济体制下，政府治理环境的方式主要是使外部性内部化并运用法律措施和经济手段（如税收和补贴）加以解决。

## 二、行政管理的运行职能

行政管理的基本职能只有通过各个管理环节才能实现，因此，从行政管理过程来看，行政职能包括一系列的运行职能。关于政府运行职能所包括的内容，国内外学者有不同的观点和划分方法。法国学者法约尔将行政运行职能划分为计划、组织、指挥、协调、控制五项职能。美国的行政学家古立克则提出了著名的"POSDCORB"的七职能说，即计划、组织、人事、指挥、协调、报告和预算。我国学者根据我国的行政管理实际，将行政运行职能划分为决策、组织、协调、控制四项职能，本书采用这一分类。

### （一）决策职能

决策职能是指政府为实现一定的行政目的，拟定和选择行动方案，设计具体的步骤、方法、途径等。因此，行政决策职能可简化为确定行政目标、制定行政计划。

决策职能是行政管理过程的首要职能。决策活动贯穿于行政过程的始终。确定组织的目标，制定各种战略计划和战术计划等，都需要在两个以上可供选择的方案中进行抉择，这便是计划工作中的决策问题；组织机构的设置、部门划分方式的选择、集权分权关系的处理以及各职位人员的选配等，这些则是组织工作中的决策问题；在控制过程中，控制标准的制定、活动执行情况的检查以及所采取的纠正措施的选择等，这些则是控制过程方面的决策。

### （二）组织职能

为了有效地实现既定的行政管理目标和任务，通过建立行政组织机构，确定职位、职责和职权，协调相互关系，从而将组织内部的各个要素联结成一个有机的整体，使人、财、物得到最合理的使用，这就是组织职能。

行政管理的组织职能具体表现为：建立合理的组织体制，即根据行政目标设置职能机构,进行科学的职、权、责配备等;分解行政目标,确定实施的具体步骤和方案,并落实到具体的机构和人员;建立指挥系统,科学处理集权与分权的关系,既保证指挥统一、政出一门,又保证能调动各方的积极性。

（三）协调职能

协调活动是行政管理过程的重要环节。协调职能就是通过信息沟通理顺行政组织与行政环境之间、行政组织之间、行政组织与个人之间、个人与个人之间的关系,以消除和减少内耗,整合和提高整体行政力量。

行政管理的协调职能具体表现为:协调行政组织之间、组织与个人之间、人员之间的关系;协调各项行政管理之间的关系;协调行政组织与其他组织以及人民群众之间的关系。通过行政协调,理顺、沟通各方面的关系,减少、消除不必要的冲突和能量损耗,从而建立和谐的分工合作、相互促进的联系,实现行政管理目标。

（四）控制职能

行政管理的控制职能是依据行政计划标准来衡量计划的完成情况并纠正计划执行中的偏差,以确保行政目标和计划目标实现的管理活动。行政领导者或上级部门按照计划标准对具体执行机构和人员进行检查、督促和纠偏,以确保行政计划和目标实现的活动。控制职能贯穿于行政管理过程的每一个环节。

要有效地发挥控制职能,就应当做到:第一,控制的各个环节和步骤应有机衔接。这些环节和步骤有:确立关键环节、控制标准、获取偏差信息、采取措施进行调节和实行有效监督。其在具体表现形式上可分为前馈控制、现场控制和反馈控制。第二,掌握控制的方法和技巧。国外有学者提出了控制的"十要诀":要高瞻远瞩,多作预测和评估;要能反映行动的性质和要求;要针对差异的发生迅速觉察,有效预防;要把握重点;要有适当的标准;要有适度的弹性;要合乎经济原则;要能表现出组织的效能;要采取容易了解的控制方法和技术;要能采取有效的改正措施和行动。

## 三、行政管理的层级职能

依据行政职能主体的不同,或者说根据政府所辖行政区域的纵向层级,行政职能可分为中央政府职能和地方各级政府职能。

（一）中央政府职能

我国的中央政府是国务院。国务院是我国最高国家权力机关的执行机关,是最高国家行政机关。国务院对全国人民代表大会及其常务委员会负责并报告工作。国务院的职能也可以从两个层次来分析:一是国家行政机关内部事务的管理,即对国务院各部委职责分工的规定,对地方国家行政机关的领导,对各部委工作的监督,对行政组织及国家公务员的管理等;二是对社会公共事务的管理,内容非常广泛,包括政治的、经济的、社会生活的、文化教育的、民族问题的、对外交往的等。对此,我国《宪法》第八十九条对国务院的职权有明确的规定。

（二）地方各级政府职能

我国的各级地方人民政府指的是省级以下政府,具体包括省级人民政府、市级人民政府、县级人民政府和乡镇级人民政府。

根据《宪法》第一百零四条和《地方各级人民代表大会和地方各级人民政府组织法》第五十九条的规定,县级以上的地方各级人民政府行使下列职权:

(1) 执行本级人民代表大会及其常务委员会的决议,以及上级国家行政机关的决定和命令,规定行政措施,发布决定和命令。

(2) 领导所属各工作部门和下级人民政府的工作。

(3) 改变或者撤销所属各工作部门的不适当的命令、指示和下级人民政府的不适当的决定、命令。

(4) 依照法律的规定任免、培训、考核和奖惩国家行政机关工作人员。

(5) 执行国民经济和社会发展计划、预算,管理本行政区域内的经济、教育、科学、文化、卫生、体育事业、环境和资源保护、城乡建设事业和财政、民政、公安、民族事务、司法行政、监察、计划生育等行政工作。

(6) 保护社会主义的全民所有的财产和劳动群众集体所有的财产,保护公民私人所有的合法财产,维护社会秩序,保障公民的人身权利、民主权利和其他权利。

(7) 保护各种经济组织的合法权益。

(8) 保障少数民族的权利和尊重少数民族的风俗习惯,帮助本行政区域内各少数民族聚居的地方依照宪法和法律实行区域自治,帮助各少数民族发展政治、经济和文化的建设事业。

(9) 保障宪法和法律赋予妇女的男女平等、同工同酬和婚姻自由等各项权利。

(10) 办理上级国家行政机关交办的其他事项。

上述政府的层级职能表明,中央政府以及省、市、县、乡政府由于行政层级不同,其职能范围、侧重点甚至职能运行的方式都有所不同。即便是同一行政层级,比如省、民族自治区、直辖市的人民政府,其行政职能也是有区别的。

### 四、行政职能的实现方式

行政职能的实现方式主要有法律方式、行政方式、经济方式、行为科学方式四种。不同的实现方式对行政计划实施的效果有不同的影响。

## （一）法律方式

法律方式是指政府依据法律实施行政，以实现行政职能的方法，即政府机构根据国家权力机关制定的法律以及根据自己的法定权限制定行政管理法规，使得政府在进行社会管理时有法可依、有章可循。

法律方式具有严肃性、权威性、规范性等特点。严肃性，体现在行政法规一旦颁布，便具有相对的稳定性，不能随意修改；权威性，表明行政法规是国家行政法律体系的一个组成部分，是国家意志的表现，每个公民都必须遵守；规范性，是指行政法规必须内容清楚、语言准确，以避免在执行过程中发生误解，同时，行政法规不得与宪法和法律相抵触。

## （二）行政方式

行政方式即行政控制方式，是指政府行政机构直接通过行政权力的行使和运用以达到实现行政职能目的的方式。政府运用行政权威，通过行政命令，采取行政措施，从而实现行政职能。政府对任何有悖于社会伦理规范、侵犯他人合法权益等越轨行为、违法乱纪行为都要依法采取行政控制措施，予以制止或制裁。

行政职能实现的行政控制方式具有如下特征：权威性、强制性、直接性、具体性、垂直性、无偿性。

## （三）经济方式

经济方式即经济利益调节方式，是指政府根据客观经济规律，以价格、利率、税收、利润、工资、奖金、经济合同、最低工资等经济杠杆来调节各种不同经济利益之间的关系，以实现行政职能的方法。

经济调节与法律方式、行政方式相比，最大的特点是控制的间接性。它不是依靠直接的强制力，而是通过一系列具有利益调节的中介环节来引导社会成员和群体的行为。

## （四）行为科学方式

行为科学方式在我国行政管理活动中的具体体现为思想政治工作，是指依靠宣传、说服、沟通、精神激励等方式来实现行政职能的方式。常见的行为科学方式主要有如下三种：灌输法、激励法、典型示范法。政府应该充分运用所掌握的各种舆论宣传工具，并要求社会大众传播机构宣传国家的宪法、法律、行政法规和各项方针政策等，通报社会动态，树立先进模范人物典型，弘扬新时代的新风尚、新观念。

## 第三节 行政职能的转变

### 一、行政职能转变概述

(一) 行政职能转变的含义

一般而言,从静态上看,在各种体制中,行政职能总是相同的。但就整个行政职能体系而言,其构成部分及各部分所占的比重并不是一成不变的。不断发展和变化是行政职能体系存在的主要形式。政府的行政职能转变是对政府行政职能的动态考察。政府作为社会大系统中的子系统,其职责不是由自己规定的,政府该管什么,不该管什么,取决于社会发展和变化的需要和政府基于对环境的认识的自我调节和适应。在现代国家中,国家现有的基本职能并不会从根本上消失或相互替代,只是不同时期、不同阶段其职能的比重会有所变化,随着社会的不断发展,政府的行政职能也是一直处于发展和变化之中。从这个意义上讲,行政职能的转变是指政府依据社会环境的变化和发展的需要,对其履行职责的范围和发挥功能的领域做出适当的调整。

(二) 行政职能转变的动因

行政职能转变的发生,既有内在的动因,也有外在的影响。它根源于经济基础的变化,在各种社会矛盾的综合影响下完善自身。其变化的动因主要有:

**1. 社会生产力的发展**

行政职能转变的根本原因是社会生产力的发展。有什么样的经济基础,就会有什么样的上层建筑与之相适应。生产力是社会中最活跃的因素,它不断变化的结果要求政府对行政职能做出相应的调整。

**2. 国家与社会关系的变化**

从上层建筑的体系来看,国家-社会体系的架构体现了国家与社会的关系,国家与社会关系的变化成为行政职能转变的一个重要动力。国家以社会为基础,又反过来对社会起作用,体现了一种互动关系。社会的不断发展和变化必然导致政府在职能、体制以及组织结构等方面做出调整,并直接影响到行政职能的转变。

**3. 行政职能自身的发展**

运动是物质存在的方式,行政职能本身也处在运动之中。在运动的过程中,它实现了自身的发展,即行政职能转变。行政职能首先表现为对自身的反思,职能的比重是否合适、运行的过程是否科学、实现的方式是否恰当,不当的地方被调整、改变的过程正是行政职能转变的过程。行政职能在不断创新中实现了自身的发展。

### (三) 行政职能转变的类型

行政职能的转变,可以从性质、内容、结构和实现方式上分为四种类型:一是职能性质的转变;二是职能内容重心的转变;三是职能内部结构的转变;四是职能实现方式的转变。

**1. 行政职能性质的转变**

按国体与政体的关系来看,国体决定政体,行政职能是国家行政体制的体现。由于国家政权性质发生了重大变化,从而导致行政职能的性质和内容发生重大改变。如社会主义国家的诞生,不仅使政府的性质发生根本性的改变,人民当家做主,而且使政府行政职能的内容与历史上的任何政府都有本质的区别。

**2. 行政职能内容重心的转变**

在同一政权性质下,随着生产力的发展,社会公共事务的增减,导致行政职能的内容和范围的变化。这种转变主要体现在职能重心上。如政治职能,在危机时期,其专政职能是重心;在和平时期,其民主职能是重心。又如经济职能,在改革开放之初,市场和社会没有发育起来,为解决中国的经济发展问题,政府的经济职能是推动经济高速发展;而转入经济新常态后,政府的经济职能则变成维持经济的可持续增长,"从重经济到重保障、从重权力到重责任、从重审批到重监管、从重管理到重服务"[①],职能重心发生转变。

**3. 行政职能内部结构的转变**

这种类型的转变是指在行政职能总体不变的情况下,职能内部的结构重新分解、转移或合并而引起的变化。具体表现为:一是纵向结构的变化,即行政权力的上下转移和变化。无论是中央政府权力的增减,还是地方政府权力的增减,都意味着不同层级的行政管理主体所承担的行政职能的变化。如近年来中央政府的简政放权就是这种类型。二是横向结构的变化,即行政组织各部门之间行政权力的重新划分。如我国大部制的实施就是这种类型。

**4. 行政职能实现方式的转变**

这种类型的转变是指行政职能实现过程中各种方式之间的转换和组合使用。

---

① 竺乾威. 经济新常态下的政府行为调整[J]. 中国行政管理,2015(3):32-37.

如在经济建设中,由运用行政方式为主转变为运用经济利益调节方式为主,经济方式、法律方式和必要的行政方式相结合。

## 二、行政职能发展的历史与趋势

### (一)行政职能发展演变的历史轨迹

行政职能的产生、发展和消亡是和国家职能的产生、发展和消亡紧密联系的。

在奴隶制国家中,奴隶主阶级直接地、无偿地全部占有奴隶社会的劳动成果。为了维护奴隶主阶级的统治地位,奴隶制国家采取残酷的暴力镇压手段来维护奴隶阶级的政权。因此,这一历史阶段,奴隶制国家行政职能的重点是政治统治,国家的经济职能十分微弱,社会服务职能也很少。

在封建制国家中,地主阶级通过占有土地来剥削农民阶级,农民虽然有了人身自由,但从事的是分散的、个体的、小规模的生产劳动。封建社会的经济是自给自足的小农经济,与这个经济基础相适应的封建社会的行政职能是高度集权的皇帝个人专制,以维护封建地主阶级的利益。封建社会国家经济职能的内容稍有增加,国家出面承担了一些经济发展职能和一定的社会管理职能。尽管如此,封建社会行政职能的重点仍然是政治统治。

资本主义国家制度的建立是生产力大发展的结果,已确立的资本主义制度又促进了生产力的发展。资本主义社会的发展经历了自由资本主义、垄断资本主义和当代资本主义三个不同阶段。在自由资本主义阶段,资产阶级采取自由管理的办法,政府奉行着"政府要好,管事要少"的原则,担当着"守夜人"的角色,反对政府对经济的干预。国家主要靠市场这只"无形的手"来调节和引导社会经济和其他各项事业的发展。到了垄断资本主义时期,生产规模扩大,劳资矛盾尖锐,经济危机频繁,主张政府干预经济的凯恩斯主义盛行一时。在这一时期,政府在政治领域,专政职能大大增强,民主职能有所减弱;在经济领域,强调政府对经济的调节和干预,自由被垄断所代替,如政府通过行政手段和法律手段来保证市场秩序,并通过预算和高额税收等办法承担某些社会职能。经调整、改革后的当代资本主义,经济职能成为政府职能的重点,政治职能的地位下降,社会服务职能的地位上升。在政治职能上,暴力镇压和统治的职能减弱,保持社会稳定的调节职能加强。在经济职能上,政府在发挥"无形的手"调节社会经济的前提下,也强调利用"有形的手"来弥补市场机制的不足。在社会服务职能上,政府承担了大量的诸如就业、环保、人口控制等职能,以维护资本主义的政治稳定和经济发展。

社会主义国家消灭了剥削阶级,人民当家做主,国家的性质决定了政府的行政职能。其行政职能是：一方面，在存在国内外敌对势力的情况下，仍然要保留人民民主专政的职能；另一方面，国家行政管理工作的重心要及时转移到经济建设上来，大力发展生产力，扩大管理经济和管理社会的职能，真正发挥为人民造福、为社会谋利的作用。

### （二）行政职能发展的趋势

从历史发展的总体情况来看，随着社会的进步和生产力水平的提高，不论是内容上，还是结构上，抑或是工作重心方面，行政职能的发展都将是不可阻挡的。

**1. 社会职能的地位不断上升**

在政府的职能体系中，行政管理的政治、经济、文化、社会职能和生态职能是相互作用的。在任何社会，国家对内都要实行政治统治，组织发展社会生产，维护社会秩序。20世纪前，政府的政治统治（即阶级统治）职能是第一位的。20世纪中后期，随着两极格局的解体、经济发展的全球化，世界各国之间的竞争已不再是纯粹的政治、军事竞争，而主要是经济实力的竞争，因此，各国都把发展经济作为主要任务，经济职能日益成为政府职能的中心。21世纪以来，为维护经济发展，创设良好的社会环境成为政府的首要任务。当代世界各国，政府职能表现出一个基本的变化倾向，即政治统治职能的弱化和社会服务职能的强化。

**2. 行政职能日益社会化**

从目前许多国家行政改革的实践看，国家的行政职能并不绝对完全由政府承担。许多国家从立法上将行政职能进行分解，分别授权给若干个组织系统或机构具体执行，由社会承担。如美国国会建立的联邦能源管理委员会、联邦储备系统、联邦通信委员会等独立管理委员会就是行政职能分解的典型例子。行政职能社会化的另外一种表现是执政党或其他政治组织对行政管理的参与。这些职能的履行往往和执政党或其他政治组织的领导地位或政治作用有关，主要集中于国防、外交、计划、人事、经济等有全局性影响的问题方面。这种参与带有较多的政治因素，是和政府的政治职能联系在一起的。政党和政府的关系问题直接影响国家的统一和稳定。由于各国的国情不同，所采用的国家领导体制和行政体制也各不相同，因此，执政党或其他政治组织承担行政职能的情况也各有不同的特点和体制。

**3. 行政职能日益分化和专业化**

随着现代社会生活日益复杂化，行政职能也日益分化和专业化。随着社会的发展，社会分工不仅带动了人类社会生产方式的转变，而且带动了人们生活方式的巨大变革。现代社会生活复杂化的过程是伴随着人类生产部门的分化和专业化程度的提高而出现的。行政职能的分化和专业化是政府为适应新的社会外部环境变化所做出的积极反应。

行政职能的分化主要体现为两个层次：一是横向的分化，也就是行政的不同职能之间的分化。传统行政的各种职能由于人类社会领域的简单和初级而相对比较单一化，现代行政的各种职能却日益多元化；二是纵向的分化，也就是行政职能在层级上的分化。与传统的行政职能相比，现代行政的各种职能将更多地借助于在纵向上的处于多个层次的行政主体的协调与配合来完成，那种仅仅依靠单级行政组织来实现全部管理目标的做法正在快速退出历史舞台。以社会分工和科学技术的日新月异为特征的现代社会使得专业化成为政府行政管理活动的主要价值取向，行政职能的实现越来越依赖于专业化知识和受过专业化训练的专门人才。专业化手段和专门知识的应用，不仅提高了行政管理活动的效率，同时也提高了行政管理活动的科技含量，为行政职能提供了更加多样的实现渠道。行政职能的专业化并非完全排斥公众的参与，而是借助于专业化水平的提升，提高行政管理活动的整体质量，为更好地履行管理社会公共事务的职责服务。

**4. 地方政府在行政管理中发挥越来越大的作用**

不同的国家，"地方政府"这一概念的含义是不同的：在联邦制国家，地方政府是指联邦政府和州政府以外的其他区域性政府；在单一制国家，地方政府是指除中央政府以外的其他一切区域性政府，如我国省级以下的各级政府都是地方政府。在当代的行政改革中普遍采取行政权力下移的办法，以充分调动地方政府的积极性。政府的行政管理职能越来越多地由地方政府承担。

行政职能下移既是国家行政改革的结果，又是地方政府自身优势的发挥。首先，地方政府了解实际，有助于贯彻"实事求是"的思想原则，克服"唯上级命令是从"的官僚主义。其次，地方政府更具时效性，能够针对本地公共事务管理中出现的新变化和新问题迅速做出反应，及时进行决策和管理，相对来说能克服逐级上报带来的行政效率低这一弊端。再次，更易发挥地方政府的灵活性，调动地方政府的积极性，激发地方政府以积极的态度和有效的方法推动行政管理。最后，有助于增强地方政府领导者的责任感，能够使行政领导者近距离地切实感受到社会公众的需要，主动地、富于创造性地开展行政管理活动。

地方政府承担行政管理职能的大小是与社会的发展程度密切相关的。一般而言，经济发达地区的地方政府要比经济落后地区的地方政府承担更多的行政管理职能，城市化地区的地方政府要比非城市化地区的地方政府承担更多的行政管理职能，大城市的地方政府要比小城市的地方政府承担更多的行政管理职能。

**5. 行政管理日益法治化**

行政管理的法治化是指行政管理的主体依法行政，做到懂法、知法、守法和执法,而不能将之简单地理解为用"法"来治理。"法"不是行政主体用以治理民众的工具或武器。实现行政管理法治化要求行政主体必须在法律赋予的权限范围内,一切行政行为要有法律依据、符合法律规定、遵循法律程序、承担法律后果。随着管理事务的范围不断扩大、管理事务的内容日益复杂,现代行政管理要求实现规范的法治化管理。从各国行政管理的实践看,法治化已是现代行政管理的必然趋势。例如,英国政府的管理也一直强调要有法律依据,实行"先立法后改革"的做法;美国宪法本身就明确规定,总统和政府级行政机构的权力是由宪法和法律授予的,其一切行政活动都必须以法律为依据,未经授权不得擅自采取任何行动。

我国的行政管理在推行法治化建设中取得了很大的成效。首先,加强了法制建设,做到了有法可依。我国陆续出台了《行政处罚法》《行政复议法》《行政监察法》及其他有关行政管理的法律法规。其次,加强了行政执法工作,做到了严格执法。十八届四中全会提出了全面加强法治建设,建立和健全执法责任制度和执法考评制度等,提高了执法队伍的素质和执法水平。

## 三、我国现阶段行政职能的转变

改革开放以来,我国行政管理体制经过多次改革,取得了很大成绩,突出的标志就是政府职能转变取得了积极进展。政府对微观经济的干预减少,以间接管理手段为主的宏观调控体系框架初步形成,市场体系基本建立,政府充分发挥对市场的培育、规范和监管功能,越来越重视履行社会管理和公共服务职能。政府管理经济的方式有了较大改变,依靠行政审批进行管理的模式正在转变,行政审批事项大幅度裁减,涉外经济管理向国际惯例靠拢。政府决策民主化、科学化程度有了很大提高。政府按照科学发展观的要求,驾驭经济和社会全面协调可持续发展的能力得到了明显提升。从总体上看,我国行政管理体制与社会主义市场经济体制和社会主义民主政治的要求是基本相适应的。

然而,随着经济发展进入新常态的情况下,我们面临着构建社会主义和谐社会的繁重任务,这就对政府行政职能转变提出了很多新的、更高的要求。经济新常态有三个特征:"从高速增长转为中高速增长;经济结构不断优化升级,第三产业、消费需求逐步成为主体,城乡区域差距逐步缩小,居民收入占比上升,发展成果惠及更广大民众;从要素驱动、投资驱动转向创新驱动。"[①]这就要求行政职能要在"职能内容重心、职能内部结构、职能实现方式"上适应新常态的特征要求,确立好"政府、市场、社会"三者的边界,理顺政府与市场、政府与社会的关系,具体要着力处理

---

① 习近平. 在亚太工商领导人峰会上的讲话[EB/OL]. http//:news. sina. com. cn/c/2014-11-09/102431117499. shtmml

好以下五种关系：

一是要处理好经济发展与社会事业发展的关系，由重经济到重保障、重数量到重质量。如果说新常态的特征是告别高速的经济增长转向可持续的增长，那么政府就应由主导市场经济的主角转向维持经济的主角，转向提供社会公共产品、公共服务的社会保障上来。重保障，就是要建立一套良好的社会保障制度。随着经济增长速度进入换挡期和产业转型，一些潜在的不确定性风险（如楼市风险、地方债风险、金融风险等）会浮现，甚至不排斥会出现一些大的经济风险、社会风险和群体性事件，抵御这些风险最好的方式是建立一套良好的社会保障制度。因此，进入新常态，政府必须花大力气去解决民生问题，去提高社会保障的水平；必须重点关注并优先发展那些促进经济运行质量提高的社会事业和解决民生问题的公共事业，努力增加公共产品数量，不断提高公共服务水平，并形成全方位的公共服务体系。重质量，意味着政府不要去干预市场和企业的行为，要充分发挥市场的作用。政府要做的就是规范市场和企业行为，并提供良好的环境条件。

二是要处理好管理和服务的关系，由重权力到重责任、重审批到重监管。服务型政府不是不要加强管理，而是要使政府的管理职能更多地向服务的方向转变。当前，从总体上看，目前政府公共服务职能还比较薄弱，要切实调整政府工作绩效评估标准，使加强政府公共服务职能在绩效评估体系和行政问责制度中得到体现，为政府职能转变发挥导向和监督作用[1]。在进入新常态后，政府需要越来越多地扮演服务者的角色，而不是在经济高速增长期那种带领、指挥企业冲锋陷阵的角色。政府的重心要转向建立现代经济体系并服务于这一体系。这一体系的特点就是市场经济主导，企业家是经济活动的主角。首先要确立政府权力的边界，用"权力清单""责任清单""负面清单"限定行政权力、强调责任意识、赋予市场自由权，改变以往重权轻责的现象，把重心转移到承担责任上来，转移到问责上来。其次，要加强政府监管职能。减少行政审批项目和审批环节既符合经济社会运行的规律，又符合当代行政发展的规律。当然，减少行政审批项目绝不是政府撒手不管。审批项目的减少和取消本身就意味着政府监管职能的增强，因为在减少和取消后可能会出现一些管理真空。新常态更加强调社会和经济的平稳运行，因而也把政府的监管职能提升到了更高的高度，因为任何因监管不力导致的问题都会对社会和经济造成很大的伤害。

三是要处理好改革体制与创新机制的关系，由重行政到多手段并用、重中央到中央地方并重。多手段并用，就是由运用行政手段为主转变为运用经济手段为主，

---

[1] 高小平. 行政体制改革关键是转变政府职能[N/OL]. 人民日报，2008-02-27//http://news.xinhuanet.com/politics/2008-02/27/content_7674769.htm

经济手段、法律手段和必要的行政手段相结合。行政手段具有直接性,经济手段具有间接性和诱导性,法律手段具有规范性。这种组合的职能方式的转变对于促进我国经济转轨具有十分重要的意义。中央与地方的关系,实质上是权力配置关系、利益关系,也是一种法律关系。理顺中央与地方的关系,必须在合理划分事权、财权的基础上,明确中央与地方的职能关系,并用法律的形式明确下来。中央政府代表着国家的整体利益和全局利益,承担着整个国家的宏观管理职能,提供全国性的公共物品,同时承担着对地方政府的监督职能和服务职能。地方政府一方面是国家利益在地方的代表,另一方面又是地方局部利益的代表,承担着中央宏观政策的执行职能和对本地区公共事务的管理职能,提供地区性的公共物品。理顺中央与地方的关系,发挥两个积极性,是维持经济可持续增长的必然要求。同时,要苦练内功,大力创新管理制度和方式,探索出一套适应发展、推进发展、保护发展的管理制度和行政管理方式,提升政府引领经济和社会协调发展的能力和水平。

四是处理好政府职能与其他社会主体职能之间的关系。政府职能在转变过程中还应发挥社会的作用。在社会管理和公共服务中,发挥政府主导作用,引导市场主体、事业单位、社会组织各自的职能履行到位,避免政府角色从有关领域退出后出现的职能缺位,以确保政府职能转变取得成效。为此,要求政府的社会管理实现三大转变:在管理范围上,改变原来由政府包办一切社会事务的做法向社会提供"公共物品";在管理模式上,从"大政府、小社会"转变为"小政府、大社会";在管理方法上,从传统的以行政方法为主转变为间接的以法律方法为主。

五是要处理好职能改革与依法行政的关系。依法治国是基本的治国方略,政府职能的法定性是现代行政的基本要求,依法行政是建设服务型政府的根本保障。政府职能转变要坚持职能法定的原则,依法界定和科学规范政府职能,防止政府职能改革中的随意性。在履行政府职能时,必须把不断创新、勇于探索和严格依法、依规办事结合起来。

### 关键术语

行政职能;行政职能体系;行政职能转变。

### 思考题

1. 行政职能的含义及特点是什么?
2. 简述行政职能体系的含义和构成。
3. 简述行政职能转变的含义、动因和类型。
4. 我国现阶段行政职能的转变应处理好哪些关系?

# 第三章　行政组织

**本章要点**

行政组织是行政管理的组织载体,结构合理、运转灵活的行政组织是实现行政目标、提高行政效率的重要保证。而行政组织的建立与变革又与行政环境相关,其运行过程就是行政权力的行使过程。因此,必须按科学的组织原则设置行政机构,并实行法制化管理。本章重点掌握:行政组织的含义、特征,管理幅度与管理层次,行政权力的含义、类型以及行政管理与行政环境的关系等。

## 第一节　行政组织概述

### 一、行政组织的含义和特征

#### (一)行政组织的含义

"组织"一词的词性可分为名词和动词两大类。作为名词的组织,是指特定类型行为发生的主体;作为动词的组织,是指特定类型行为的操作过程。而特定类型一般泛指社会分工。作为一个科学概念,"组织"具有静态的名词属性和动态的动词属性,但一般在使用"行政组织"这一概念时,通常是将其作为名词理解。从一般的意义上讲,"组织"这一概念是用来表示一切由相互依赖和相互作用的各个部分所构成的、具有一定功能的整体。对于人类活动来说,可以将"组织"概括为人们围绕一定目标联合起来进行有序活动的群体。

行政组织是静态组织结构和动态组织活动过程的统一。就动态讲,行政组织指为完成行政管理任务而进行的组织活动和运行过程。就静态讲,行政组织有广义和狭义之分。广义的行政组织,除政府行政组织外,还包括立法、司法、企业、事业等部门及社会团体中具有行政性职能的机构。狭义的行政组织,是行政管理活动的主体,即国家为推行政务,依照宪法和有关法律规定的程序组建的行政机构体系。简言之,行政组织是指国家为推行政务依法组建的行政机构体系。本节着重研究静态的、狭义的行政组织,即政府行政组织。

正确理解"行政组织"这一概念,需要把握以下几点:

(1) 行政组织是行政管理的组织载体,是实现行政职能的组织保障。我国政府行政组织包括中央人民政府和地方各级人民政府。前者为最高国家行政机关,任务是组织和管理全国政治、经济、文化和社会服务等方面的行政事务;后者即地方各级国家行政机关,任务是在中央人民政府的领导下,组织和管理所辖行政区域内的各种行政事务。

(2) 国家行政组织是依照法定程序组建和变更的。现代法治行政的基本标志之一就是政府组织的依法设置、依法组建、依法变更和依法废止。这些法律在我国主要包括宪法、组织法、公务员法、编制法和其他相关法规。

(3) 行政组织是各类行政机关的有机组合,是由人员、职位、单位、部门等复合而成的有机整体。行政组织的生命力取决于行政组织的结构、功能、内部运行机制以及行政组织与行政环境的相互作用机制。

(4) 设置、组建和变更行政组织的目的在于有效地推行政务,即有效地管理国家和社会公共事务。也就是说,国家与社会公共事务的"质"和"量"的变化,以及与其相关的行政效率和效能决定了行政组织的设置、组建和变更,决定了行政组织的规模、结构和功能。

(二) 行政组织的特征

行政组织是社会组织中的一种形态,具有一般社会组织的特征,同时具有一定的特殊性质。与其他组织相比,行政组织的特殊性主要体现在:

**1. 鲜明的政治性**

行政组织的政治性是由国家的本质决定的。行政组织是为推行国家政务而组建起来的国家行政机关体系,是统治阶级维护本阶级利益、巩固其统治地位的重要工具。在现代民主制国家里,尽管倡导政治与行政相分离,但行政组织自身的性质就决定了其与政治本身的天然联系。因此,行政组织的目标、职能、行为和活动都不同程度地具有政治属性。在现实中,这种特性贯穿于国家行政管理的整个过程和全部活动中。虽然这种特征常常在有意无意之间被其社会特征所掩盖,但政府的意志事实上近乎左右国家的发展。其职能不仅几乎覆盖了社会生活的每一个领域，而且深入立法、司法等其他国家权力领域。

**2. 法律的约束性**

法律的约束性是指行政组织是依据宪法和法律的精神、原则、规范、程序所建立的国家组织系统。行政组织的设立、变更或撤销均须依据宪法和法律的规定以及程序进行。行政组织的行政行为或行政管理的内容和方式必须遵从宪法和法律的要求，一切重大的国务方针和政策都必须取得立法机关的同意。即使是自由行政裁量行为，也必须符合宪法和法律的精神或原则。行政组织必须接受其他国家权力主体和社会的法制化监督。

**3. 严密的系统性**

行政组织是按一定的序列和等级组建起来的规模庞大、结构严密的社会系统。在这个系统中，作为管理国家事务、行使国家行政权的行政机关，从中央到地方各级政府，均按宪法和法律的规定结成上下沟通、密切配合的阶层式组织体系，以保证国家行政权的正常运行。

**4. 特殊的权威性**

行政组织是国家权力的具体实行者、体现者，强制服从是行政组织权威的突出特征。权威性是指行政组织从法权地位出发，依据法律规定，对各种社会组织和公民以及广泛的社会生活实施领导、干预和施加各种影响，以法律和公众的名义对各种社会行为主体实行普遍的约束，适用者必须遵从。如有违背，行政组织可以依法对其实行行政制裁。

**5. 本质的服务性**

服务性是行政组织的基本属性。任何国家政府的行政组织都具有服务的性质。它产生于社会，高于社会，又要服务于社会。政府作为上层建筑的一个实体，要适应和服务于经济基础建设，要为国民经济的稳定和发展服务。社会主义国家的行政人员是人民的"公仆"，行政组织就是要把为人民服务、为祖国利益服务、为社会公共利益服务作为宗旨。

## 二、行政组织的构成要素

行政组织是对人、财、物和信息进行组合，以发挥功能，达到一定的行政目标。它是由若干要素组成的有机整体。其基本构成要素包括以下七个方面：

## （一）组织目标

组织目标是组织赖以建立和存在的前提及基础，也是组织活动的出发点和归宿。因此，行政组织首先必须要有明确、清晰的目标，并由上到下、由宏观到微观地进行目标分解，依次确定所属的各个子目标、分目标，形成一个多层次、多序列的组织目标体系。

## （二）机构设置

机构是行政组织的实体，也是履行行政职能、达成组织目标的载体。设置科学合理、精干高效的行政机构，是行政组织建设的核心内容。

## （三）人员构成

组织是由人组成的。组织目标的实现和组织任务的完成都离不开组织成员的共同努力。因此，行政人员的素质及其组成结构是行政组织的一个重要因素。

## （四）权责体系

权责体系是行政组织内部权力分配、权责关系、指挥系统、运行程序、沟通渠道及各种机构、各个岗位在组织中的地位、作用及其内在联系的具体表现。它直接关系到行政机构的设置及其运转。

## （五）技术和信息

行政组织构成要素中的技术是指组织活动过程中所采取的原则和方法。技术决定着组织决策和政策执行的水平高低。信息是组织活动不可缺少的因素，信息传递的途径和方式也是组织各部分相互协调的途径和方式。组织过程在一定意义上是一个信息收集、处理、传递、反馈的过程。

## （六）法规制度

法规制度是行政组织依法行政的根本保障。法规制度的完善程度也是衡量行政组织是否健全的主要标志。因此，建立和健全行政组织法、编制法以及组织内部的各项具体法规、制度，是行政组织建设十分重要的内容。

## （七）物质因素

物质因素是指行政经费、办公场所、办公设备、物资、用品等，它是进行行政管理活动所必需的物质条件。没有这些物质条件，组织就无法实施行政管理。因此，物质因素也是行政组织必不可少的一大要素。

## 三、行政组织的类型

行政组织是一个庞大、复杂的组织体系。其组织类型可以从不同的角度来划分。如果以上下级的权限关系为标准来划分,行政组织可分为集权制与分权制;如果以各组织机构的职权性质和范围来划分,行政组织可分为层级制与职能制;如果以组织内部行使最高决策的人数来划分,行政组织可分为首长制、委员会制和混合制;如果以组织的不同功能和作用来划分,行政组织可分为领导机构、执行机构、监督机构、咨询机构、信息机构、辅助机构、派出机构等。为避免与其他章节重复,这里着重介绍组织机构类型。

### (一)领导机构

领导机构的职能是对辖区内的重大行政管理问题进行决策,并指挥、督导决策的实施。它统筹全局,运筹帷幄,是行政组织的中枢,是提高政府行政管理效率的关键。

### (二)执行机构

执行机构亦称职能机构。它是在领导机构的领导下分管专门行政事务的机构。其主要职能是贯彻执行领导机构制定的方针、政策和决策方案,具有执行性、专业性、局部性的特点。

### (三)监督机构

它是对各种行政机构及其管理活动进行监督、检查的执法性机构。如监察机构、审计机构等。它是建立和健全行政组织制衡机制的重要组成部分,是促使行政机构及其工作人员依法行政、忠于职守的重要保障。

### (四)咨询机构

咨询机构亦称智囊团或参谋机构。它是指由权威的专家学者和富有实际经验的政府官员组成的,专门为政府出谋划策、提供咨询意见和决策方案的机构。咨询机构既不是执行机构,也不同于秘书班子,其基本职能是调查预测、参谋咨询、协调政策、辅助领导机关做好决策。咨询机构是现代行政决策体制必不可少的重要组成部分,已越来越受到各国政府的重视。

### (五)信息机构

它是专门负责信息的搜集、加工、传递、贮存,为领导机构和有关部门提供各种行政信息、沟通情况的情报服务机构。如统计局、信息中心、情报室、档案室、资料室等。信息机构也是现代行政决策体制的重要组成部分,是行政组织科学化、现代化的重要保障。

（六）辅助机构

它是指为协助行政首长的领导工作而设置的办事机构。其包括两种类型：一是设置于各级政府内部的办公厅(室),它承担着参与政务、处理事务、搞好服务的职能,具有综合性、执行性、服务性等特点。它对各行政职能部门没有直接指挥的权力,但在授权条件下可以代表行政首长。二是协助行政首长处理专门或特别事务的办公机构。如国务院侨务办公室、港澳办公室等。它可以根据行政首长的授权就该机构的专门业务范围对外发布通知或下达指示等。

（七）派出机构

它是一级政府按管辖地区授权委派的代表机构。如省人民政府下设的地区行政公署、县人民政府下设的区公所等。派出机构不是一级政府行政机关。其主要职能是承上启下地实行管理,既督促检查辖区贯彻执行上级行政机关的指示、决议、决定的情况,又向委派机关报告辖区内行政机关的情况、意见等。

## 四、行政组织与其他社会组织的关系

具有上述特性的行政组织,与其他社会组织既有联系又有区别。为更好地把握行政组织的内涵和特性,理顺行政组织与其他社会组织的关系,这里着重研究其区别。

（一）行政组织与共产党组织的区别

中国共产党是我国的执政党,在国家政治生活中,中国共产党居于领导地位,是领导社会主义革命和建设的核心力量。各级行政组织必须坚持共产党的领导,任何排斥、否认共产党领导的做法都是极其错误的。但共产党组织和行政组织的性质不同,职能亦异。党是政治组织,党的领导主要是政治领导、思想领导和组织领导。因此,坚持党的领导,并非由党组织直接行使行政组织的职权,凡属政府职权范围内的工作应由各级行政组织讨论决定。

（二）行政机关与权力机关的区别

我国宪法第二条规定:"中华人民共和国的一切权力属于人民,人民行使国家权力的机关是全国人民代表大会和地方各级人民代表大会。"我国宪法第三条规定:"国家行政机关、审判机关、检察机关都由人民代表大会产生,对它负责,受它监督。"可见,我国的权力机关是在国家机构中居最高地位的全国人民代表大会和地方各级人民代表大会,而国务院是最高国家权力机关的执行机关,地方各级行政机关是地方各级权力机关的执行机关。因此,行政机关和权力机关之间是一种从属的而不是平行的关系。

### (三)行政机关与司法机关的区别

我国的司法机关包括人民法院和人民检察院。宪法规定,人民法院是审判机关,依法独立行使审判权,行政机关无权干涉其审判活动;人民检察院是法律监督机关,依法独立行使检察权,行政机关同样无权干涉其检察活动;而司法机关既无权管理国家政务,也不负有管理国家政务的责任。

### (四)行政机关与社会团体的区别

行政机关是按宪法和法律程序组建的。它以国家强制力为后盾,行使国家行政权,对其管辖内的社会团体具有约束力。而在我国境内组织的社会团体不具有国家权力的属性,各社会团体必须依照规定到当地民政部门申请登记,经核准登记后,方可进行活动。各社会团体的章程、规定等不得与宪法和法律相抵触,且仅对其团体成员有约束力。对于社会团体的合法活动,行政机关应予以支持,使其更好地表达和维护各自所代表的群体利益,更好地发挥参政议政、民主管理和民主监督的作用。

### (五)行政组织与非正式组织的区别

行政组织是法定的正式组织。而非正式组织是正式组织内的若干成员由于生活接触、感情交流、情趣相近等产生的交互行为和共同意识,并由此形成自然的人际关系。这种关系既无法定地位,也缺乏固定形式和特定目的,对正式组织的目标达成会起到促进、限制或阻碍的作用。

在当代西方行政组织理论中,对非正式组织的研究起源于霍桑实验。它表明,正式组织中总存在着一些非正式组织,并对人的感情、情绪、地位、行为、爱好产生很大的影响。霍桑实验奠定了非正式组织理论的基础。首次明确提出非正式组织理论的则是美国学者巴纳德。他在《经理的职能》一书中指出,非正式组织应是在正式组织中,由于个人之间的相互接触、相互影响而形成的自由结合体。它不具有特定的目的,但具有偶发性或是自然形成的。在巴纳德之后,学者们纷纷提出自己的观点,使非正式组织的理论日趋完善。

非正式组织的积极功能表现在:可以调节、弥补正式组织的不足,加强组织内部的意见沟通,增强成员内部的凝聚力,使组织成员遵从团体的文化价值规范,进而增进团结,影响和规范人的行为,改善组织气氛,促进人的全面发展。

非正式组织也有消极功能。当非正式组织和正式组织的利益不一致时,其成员往往为了在非正式组织中寻求满足,而忽视组织目标,造成目标冲突,不利于组织目标的实现。同时,非正式组织成员沟通频繁,容易传播、散布谣言,对正式组织及其成员危害极大。

因此,在研究行政组织时,对非正式组织的存在既不能一概否定,又不能视而不见,听之任之,而应该给予足够的重视,因势利导,扬长避短,最大限度地发挥非正式组织的积极功能,尽量降低其负面影响。

## 第二节 行政组织的结构

行政组织结构指构成行政组织各要素的配合和排列组合方式。它包括行政组织各成员、单位、部门和层级之间的分工协作以及联系、沟通方式。结构合理、运转灵活的行政组织是实现行政目标、提高行政效率的重要保证。在行政组织结构中,最重要的是纵向、横向结构。它是行政组织系统中的基本框架。因此,这里着重研究行政组织的纵向、横向结构和两者的统一形式。

### 一、管理层次和管理幅度

管理层次和管理幅度是研究行政组织结构的两个重要概念。既然结构是各要素的配合和排列组合方式,任何一个组合方式就涉及两种联系方式:纵向联系和横向联系。这两种联系方式必然涉及管理层次和管理幅度的问题。

管理层次是行政组织纵向结构的等级层次,即行政机关中设置多少等级的工作部门。行政组织划分层次的目的在于区分工作任务和职权的大小,这应由行政机关的工作量来决定。在行政组织中,一般具有三个层次,即高层、中层、基层。行政组织权力由高层向基层递减。高层一般具有最高决策权,基层主要拥有执行权,中层则起承上启下的作用。层次过多,程序就多,手续就繁杂,不仅不利于行政机关本身的管理和职能的发挥,不利于信息沟通和传递,还浪费人力、物力、财力;层次过少,事务集中于几个领导者或单位,也可能使行政工作人员疲于应付。因此,行政机关的层次必须适当。

管理幅度是指一级行政机关或一名上级领导者直接领导和指挥的下级单位或工作人员的数目。它如挂钟的摆幅一样是有一定限度的,过大或过小都将影响管理的效能。管理幅度是衡量管理工作复杂性的重要标志。一项工作越复杂,管理幅度一般也越宽。

管理幅度与层次有密切的关系。一般说来,在条件不变的情况下,幅度与层次成反比。管理层次越多,管理幅度越小;管理层次越少,管理幅度越大。因此,管理层次与管理幅度是影响行政机构形态的决定性因素,两者必须同时兼顾,做到幅度适当,层次少而精。

管理层次多、管理幅度小的组织结构,其形态类似底宽上窄的金字塔,故又称塔形结构。塔形结构中,管理层次分明,上级对下级控制严格、影响力强。其优点是权力集中,分工明确,便于统一行动。但因其层次多、信息传递途径长,容易造成信息失真,使高层决策在执行中走样。此外,上级对下级的严格控制也会阻碍下级工作积极性、主动性的发挥,易形成唯上是从的风气,进而走向僵化。

管理层次少、管理幅度大的组织结构,其形态扁平,因此又称扁形结构。扁形结构中,管理层次少,信息传递迅速,不易失真,决策执行时间短,下级执行人员拥有较大的自主权,决策、执行面广,也较为灵活,但也存在着上级对下级控制不强、组织相对松散、集体行动难度较大的问题。

因此,在组织结构设计上,应尽量把塔形结构与扁形结构的长处结合起来,以得到令人满意的结构。

## 二、行政组织的一般结构形式

### (一)直线结构

行政组织的直线结构(见图 3-1)就是组织的纵向结构,是纵向分工形成的行政组织的层级制。其特点是上级直接领导下级,行政指挥和命令按照垂直方向自上

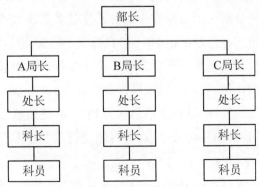

图 3-1　直线结构图式

而下地传达和贯彻。它具有事权集中、权责明确、指挥统一、便于控制等优点。其缺点是组织内没有专业化的管理分工,各级行政首长管理过多,责重事繁,容易顾此失彼。

（二）职能结构

行政组织的职能结构就是组织的横向结构,是横向分工形成的行政组织的职能制,即同级行政机关和每级行政机关内部各组成部门之间的组合方式。在职能结构中,每个上级部门并没有单一服从自己的下级部门,同样,每个下级部门也不止服从一个上级部门,其结构如图3-2所示。

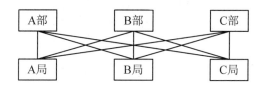

图3-2　职能结构图式

行政组织职能结构的特点是各级行政领导人都设有由其直接管理的职能机构,分工精细,能减轻行政首长的负担,有利于专业化。其缺点是事权分散,容易出现扯皮和推诿的现象。

（三）直线-职能结构

直线-职能结构是在综合直线结构和职能结构的基础上形成的一种组织结构形式。单纯的直线结构和职能结构都各有优缺点,因此,现代各国行政组织一般把两者结合起来,形成网络型的直线-职能结构,如图3-3所示。其特点是行政领导者的统一指挥同职能专业部门相结合,吸收了直线结构和职能结构的优点,摒弃了部分缺点,使其互相补充、制约,是前两种结构的发展。

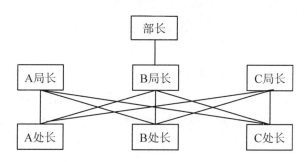

图3-3　直线-职能结构图式

直线-职能结构形式加强了对水平层次领导部门的协调、领导,有助于克服政出多门的问题。同时,每个下级部门在只有一个明确上级领导的基础上,接受其他相关上级部门的指导和监督,有助于决策科学化、民主化。但这种结构潜在的缺陷是:垂直领导有可能排斥水平领导,部门之间的关系更加复杂。

(四)矩阵结构

矩阵结构是以完成某项工作为核心,从有关部门抽调人员组成临时机构来履行工作任务的结构。与直线-职能结构不同的是,矩阵结构中垂直领导与水平领导是并重的,如图 3-4 所示。

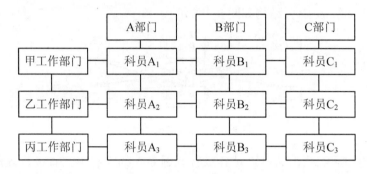

图 3-4  矩阵结构图式

与前三种结构形式相比,矩阵结构的优点是:既保持了组织成员构成的稳定性,又有助于充分发挥组织成员的综合优势,组织效率相对较高,也更加灵活,适应能力也更强。在实际工作中常被用于复杂的临时性任务中,如各种工作领导协调小组及其办公室等。

## 三、我国政府组织的结构

(一)纵向结构

纵向结构就是行政组织内的层级结构,反映了组织上下层级之间的领导与被领导的关系。

纵向结构分为两种:一种是整个行政组织体系的纵向分化,即各级政府的上下层级结构。如英国为内阁、郡、区三级,美国为联邦、州、地方三级,我国的行政组织分为中央行政组织和地方行政组织两大层级结构。另一种是每一级行政组织内部的纵向分化,即每级行政组织内上下层级结构,如中国中央政府分为部(委、办)、司(局)、处三级,省政府为厅(委、局、办)、处、科三级。同时在内部组织中,根据行政管理的权限和特点,又有高级、中级、低级和初级四个层次,体现在职位上是高级职位、中级职位、低级职位和初级职位。层次越高,责任和权力越大,工作的方式也相应有所不同。

我国地方政府的行政组织的层级结构有以下四种类型：

**1. 一级制**

特别行政区，如香港和澳门。特别行政区政府不同于一般的地方政府，它享有较高的自治权，其区内行政组织划分由各区自己决定。

**2. 二级制**

不设乡镇的直辖市，直辖市—区。

**3. 三级制**

有四种情况：直辖市—区—乡、镇；直辖市—县—乡、镇；省、自治区—地级市—区；省、自治区—县、县级市—乡、镇。

**4. 四级制**

有四种情况：省、自治区—地级市—县—乡、镇；省、自治区—地级市—区—乡、镇；省、自治区—自治州—县级市—区；省、自治区—自治州—县、县级市—乡、镇。

一段时间以来，我国各级政府正在实施的省直管县的实践就是在纵向结构上进行调整，减少管理层级，提高组织效率。

（二）横向结构

横向结构反映的是同级行政组织之间和各行政组织构成部门之间分工协作的关系。其中，各部门都有明确的工作范围和相应的权责划分。各部门之间是一种平行关系。

行政管理活动需要通过行政组织内履行不同职能的部门按一定的工作程序、原则相互协作来实现。这些部门一般分为决策部门、执行部门、信息部门、咨询部门和监督部门等。

行政组织的横向结构，如从各个工作部门的职能范围和业务性质看，一级政府又可分为一般权限部门和专门权限部门。前者是一级政府的首脑机关，它负责统一领导和指挥所辖行政区域内各行政机关的工作，其职权具有全局性和综合性；后者是一级政府所属各职能部门，旨在执行一般权限部门的指示和决定，只负责某一方面的行政事务，其职权具有局部性和专门性。

目前我国行政组织横向划分的方法主要有以下三种：

**1. 按工作任务划分**

根据工作任务把相同或相似的工作进行归类，将其中同一类行政工作任务划归一个部门管理。这种划分方法体现的是专业化分工原则。

**2. 按职能划分**

按照行政职能的界限划分行政组织部门,如我国国务院根据职能划分的部门有商务部、财政部、公安部、司法部等。按行政职能划分也是目前应用得最广的一种划分行政组织的方法。

**3. 按行政区域划分**

这是以行政管辖区域界限为标准划分行政组织,主要适用于行政组织管辖区比较分散且不容易由单一行政组织直接统一指挥的情况。如我国各级人民政府和某些职能部门(消防部门、公安部门)就是以行政区域来划分的。

## 第三节 行政组织的过程

如果说行政组织结构是对组织静态的描述,那么行政组织过程则是对组织动态活动的研究。在行政组织构成的要素中,涉及行政组织过程的要素是信息与权力。从行政管理的过程看,信息的流程贯穿了行政管理的全过程,涉及行政决策、行政执行、行政监督等。这些问题将在书的其他部分讨论,这里将着重从权力视角来分析行政组织过程。

### 一、行政权力的含义、来源和类型

**(一)行政权力的含义**

什么是权力?这是一个颇有争议的概念。有的学者从能力角度分析,认为权力是指一个行为者(个人或机构)影响其他行为者(个人或机构)的态度和行为的能力;有的学者从社会关系的角度分析,认为权力是一个人或许多人的行为使另一个人或其他许多人的行为发生改变的一种关系;也有的学者从权力是一种机会耦合分析,认为权力意味着在某种社会关系中贯彻自己的意志并排除反抗的所有机会,而不管它是基于什么原因。但"大多数分析家们还是承认,权力基本上是指一个行为者或机构影响其他行为者或机构的态度和行为的能力"[①]。因此,我们认为权力

---

① [英]戴维·米勒,韦农·波格丹诺.布莱克维尔政治学百科全书[M].北京:中国政法大学出版社,1992:595.

是在一个组织中的个人或部门影响他人或部门以达到预期结果的能力。

行政权力是权力体系中的一种公共权力,它一般发生在掌握政府权威的组织及组织内的成员和一般公众与社会团体的相互关系之中。也就是说,行政权力的主体是政府中的组织和行政人员(主要是行政领导者),它的客体是各社会团体与公众。它们之间所构成的命令与服从关系就是行政权力。概括地说,行政权力是以行政机构为主体,以执行国家意志为目的,以强制性政令为手段,对全社会进行管理的公共权力。行政权力的定义包括以下五个方面的内容:

第一,行政权力的主体是国家行政机构。这就是说,行政权力的行使必须以国家行政机构为依托,离开了行政机构的行政权力就是抽象的和无实际作用的。

第二,行政权力的职能是执行国家意志。从本质上说,国家意志代表着统治阶级的意志,但从形式上说,国家意志则代表着公共意志。行政权力的职能就是执行立法机构所确定的国家意志,使之能够实现。正如古德诺所说的:"作为政府实体的国家的行为,既存在于对表达其意志所必需的活动中,也存在于对执行其意志所必需的活动中。"①这里的"执行其意志所必需的活动"就是指政府行使行政权力的活动。

第三,行政权力的作用方式是强制性地推行命令。行政权力具有强制性或权威性,原因在于它是社会公认的和法定的,并有强大的国家机器作后盾,因而它所推行的政令是权力作用对象必须接受的。

第四,行政权力的客体是全社会。行政权力具有普遍性,它的作用对象是全体公民、全部社会组织。

第五,行政权力的性质是一种由社会上少数人行使的管理权力。

### (二) 行政权力的来源

**1. 行政组织的权力来源**

就行政组织整体而言,行政权力的来源主要有以下四个方面:

第一,宪法、法律和法规是行政权力的主要来源。具体说来,宪法是国家的根本大法,是国家的最高法律规范;普通法律是根据宪法制定的实体法,其制定和执行不能与宪法相抵触;而行政法规是行政机关为了有效地执行宪法和法律、履行政府职能而依法制定的各种行政管理规范的总和,其制定和执行不得与宪法和法律相矛盾。

第二,惯例裁决是自由裁量权的重要形式。由于行政事务量巨事繁、变化多

---

① [美]古德诺 P J. 政治与行政[M]. 北京:华夏出版社,1987:5.

端，行政法规往往难以对各项具体的行政事务加以一一概括、项项规定，因而在行政管理中常会沿用过去已有的事例，久而久之就成为办事的惯例。其形式近似于习惯法，亦称不成文法。比较硬性而有文字记载并经一定法定程序通过的惯例，就成为处理有关案件的范例。根据惯例而处理的案件，同样可以获得法律效力。在运用惯例处理行政事务时，应注意以下几个问题：① 惯例不得违背原有的法律和法规；② 惯例为原有法律的推论或补充；③ 惯例必须为关系人所乐于接受；④ 惯例用于处理行政机关的行政管理事务的目的在于提高行政效率，以克服法制的固有缺陷。

第三，授权也是行政权力的重要来源。授权主要包括法律授权和人为授权。法律上的授权是依法赋予的，例如总理因公出国，常务副总理依法代理总理职务，行使总理权力。人为的授权可分为两种：一是以行政首长名义的授权，其效力与行政首长亲自裁定相同；二是必须亲自参加而分身乏术时，只得口头授权派代表出席等。

第四，法理是推量裁决的基本依据。在现代法治化信息社会，由于科学技术突飞猛进，行政环境瞬息万变，行政事务日趋复杂，即使有完备的法制体系，也无法包揽无遗，也无法适用于各种突发的行政事务。因此，要依据法理进行推论，合情合理地加以适当解决。法理是法律的来源，法律又是行政权的来源，所以法理有时也是现代国家行政权力的重要来源。

**2. 组织内部的权力来源**

就组织内部而言，不同层级管理者的主要权力来源各不相同。

组织高层管理者的权力来源主要有三个方面：① 正式职位。高层职位居于组织中心地位，拥有较多的权力和责任，组织的规则确定所有组织成员都要接受高层管理者设定目标、制定决策、领导组织活动的法定权力。② 所控制的资源。高层管理者控制着大量的组织资源（如经费、薪水、补贴、培训等），用于层层向下分配，资源分配形成依赖关系。③ 对决策前提和信息的控制。高层管理者掌握更多重要的信息，清楚决策提出的动机，对决策可以提出指导原则和要点，关键时刻可以对决策施加关键性影响。

中层管理者的权力来源主要取决于组织设计时对职位的定位。作为一种过渡性的安排，影响中层管理者权力的因素是具体任务和组织网络的相互作用。一方面，任务的轻重、缓急决定着中层管理者权力的聚集程度，任务越重、越急，权力越大；另一方面，组织网络沟通情况也影响着中层管理者权力的聚集程度，沟通越困难，权力越大。

低层工作人员主要从事具体事务工作,处于初级职位,其权力来源主要与个人资源和职位资源有关。就个人资源而言,如果在具体工作中积累了很多经验,成为处理某些复杂工作的专家,那么他对上级的依赖就小,反而会对上级决策产生影响;就职位资源而言,主要看其在组织网络中所处的位置和对信息流量的掌控情况,如秘书因其所处的特殊位置和对信息的掌控而使其个人权力增加。

（三）行政权力的分类

一般就行政组织整体而言,行政权力可以分为中央行政权力和地方行政权力。由于各国组织结构的不同,中央和地方的行政权力也不同,但基本权力是相似的,只是作用的范围不同而已。以我国为例,中央行政权力主要分为三大类:

第一,行政性立法权。这是一种部门立法权,行使这种权力的结果是制定行政法规。任何国家的行政权力都在一定程度上参与立法事项,这是因为立法权力和行政权力在管辖范围上具有重叠性,立法权确定基本原则之后,在行政领域执行法律时,有许多具体事项需要法律性保障,但又不必事事都经过立法机关,而由行政权力自主地制定法规加以处理。

第二,行政性管理权。从行政层次上来看,中央政府的行政性管理权属于最高行政管理权限,管理国务院及其各部、各委员会的工作,管理不属于各部、各委员会的全国性公共事务,管理和协调地方各级国家行政机关的工作;从内容上来看,国务院负责国家国民经济和社会发展计划以及国家预算工作,管理经济工作和城乡建设工作,管理教育、科学、文化、卫生、体育和计划生育工作,管理民政、公安、司法行政和监察工作,管理对外事务及同外国缔结条约和协定,管理国防建设事业,管理民族事务,管理侨务工作等。

第三,行政性决定权。其包括改变或撤销各部、各委员会发布的不适当命令、指示和规章,改变或撤销地方各级国家行政机关的不适当决定和命令,批准省、自治区、直辖市的区域划分,批准自治州、县、市的建制和区域划分,决定省、自治区、直辖市范围内部分地区的戒严,审定行政机构的编制,依照法律规定任免、培训、考核、奖惩行政人员等。

## 二、行政权力的运转

（一）行政权力的分配方式

**1. 结构性分配**

这是根据行政权力的层次性而对其所做的纵向垂直性分割,所形成的结果是行政组织的结构权力。结构权力使行政主体呈现出层次性的差别。结构性权力的大小应该与其所在权力层次的高低成正比,层次越高,权力也就越大。在结构性分配过程中,影响行政权力层次性的最直接、最主要因素就是其权力幅度的大小。因此,处理好管理层次与管理幅度之间的关系就成为行政机构设置的基本问题。

**2. 功能性分配**

这是根据行政权力所承担的任务及其客体的状况而对它进行的横向水平分割,分配的结果是行政组织的功能性权力。功能性权力使行政主体呈现出职能上的差别。功能性权力的大小往往同功能本身的重要程度呈正比,功能越重要,权力也就越大。行政权力的功能性分配在具体行政组织当中表现为行政机构设置中部门与部门之间关系的安排。

结构性分配与功能性分配是行政权力分配的两种基本方式。这两种分配方式使行政权力主体在每一个层次、每一个部分都拥有相应的权力。行政权力总体运行过程的行政管理活动就是在这些分配的基础上实现的。

**(二) 行政权力分配的途径**

行政权力的分配主要是通过逐级授权的途径实现的。一般可以通过以下几种途径来实现权力的分配:

**1. 行政授权**

行政授权就是较高层次的行政主体授予下级行政主体以一定的责任与管理权限,使下级行政主体在上级的监控下获得某种自主行使的权力。这种授权是按照行政权力的层级性逐级实现的,上级行政主体通过法律或条例将行政权力按照层级原则授予下级,逐级类推,然后由各级领导负责完成相应的任务。行政授权不仅是行政权力结构性分配的主要途径,而且在行政权力的功能性分配中也是常见的基本途径。其用途很广,形式多样。

**2. 权力下放**

这是现代社会许多国家为实现治理活动的因地制宜或因事制宜,而对行政权力进行的一种分配。权力下放与逐级授权不同。行政权力一旦下放后,上级行政主体只做一般原则上的指导与检查,不过多干涉下级行政权力的具体行使。比较而言,逐级授权只是为了执行任务的方便而采取的一种措施,它一般不影响上级行政主体原本拥有的行政权力。权力下放不像逐级行政授权那样,可以经常性、普遍性地运用,它只存在于一定条件下行政权力的结构性分配当中。

**3. 权力"外放"**

所谓"外放",是针对权力下放而言的。与权力下放旨在解决行政主体内部相互之间的权力关系不同,权力外放旨在解决行政权力主体和社会权力主体之间的关系,实际上也就是行政组织与社会经济组织之间功能的重新划分。由于行政权力外放涉及政府与社会的关系,触及国家治理过程中带有根本性的问题,所以它只有在国家行政权力体制进行根本调整时才大量出现。世界上曾经出现的关于"大政府""小政府"的讨论,以及中国行政改革中的政府职能转变,都涉及这种权力分配途径。

**4. 地方自治**

这是中央和地方之间行政权力分配的特殊形式。这种特殊的权力分配途径在不同的国家有着不同的情况。在单一制国家中,地方自治权力往往是由中央政府规定的,这种自治权力与中央政府的权力相一致。为了提高行政效率,或由于某种政治原因,地方自治权力的大小可能会因国家政策的不同而有所增减。在复合制国家当中,尤其像美国、瑞士等联邦制国家,其地方行政机构的自治权力往往是地方所固有,待中央政府成立之后通过相互约定而保留下来的。在相互约定的情况下,地方自治主体所拥有的行政权力是中央政府所不能随意侵犯的。

## 第四节 行政组织的环境

行政组织是与外部环境密切联系的开放性社会系统,它适应外部环境需要而产生;在与行政环境的相互作用中发挥自己的特殊功能,保持自己运行的和谐。

### 一、行政环境的含义、类型及特征

#### (一)行政环境的含义

行政环境是行政组织赖以存在和发展的外部条件的总和,也就是各种直接或间接作用和影响行政活动的外部客观因素的总和。这些条件或客观因素有物质的和精神的,有有形的和无形的,有自然的和社会的,等等。总之,凡是作用于行政组织,并为行政组织反作用所影响的条件和因素,都属于行政环境的范畴。具体说来,行政环境的概念具有三个基本含义:

第一,行政环境是存在于行政主体之外的客观因素。行政管理的主体在行政活动中会受到自然条件和社会条件的影响和制约。能够影响行政主体活动的这些客观因素,便是行政环境的内容。

第二,行政管理与行政环境构成行政系统。行政活动与行政环境之间具有相互依存、相互作用的关系。行政作为政府的功能和活动,受到行政环境的制约;同时,行政活动也会反作用于行政环境,即行政活动本身也在不断创造、不断改变着行政环境。但是,这种创造和改变行政环境的活动要以行政环境所能接受的程度为限制,否则,行政生态系统就会失去平衡,行政活动也就无法顺利进行。

第三,行政环境对行政管理直接或间接的作用是有规律的。只有正确地认识行政环境及其发展规律,特别是它对行政活动的作用和制约形式,才能深刻地、全面地认识行政管理,把握行政运行的客观规律,推动国家行政管理的发展和进步。

(二) 行政环境的类型

行政环境的内容十分丰富,根据不同的标准,可以把它分为不同的类型。

**1. 依据行政环境的管辖区域划分,可以分为国际行政环境和国内行政环境**

由于经济全球化和信息社会化的发展,国际环境对一个国家的行政管理有着日益深刻的影响,而国内环境则是一国行政环境的主要内容,对行政管理起着决定性的作用。国内环境按照管辖范围划分,可以分为中央行政环境和地方行政环境。

**2. 依据行政环境的性质划分,可以分为自然行政环境和社会行政环境**

自然行政环境指作用于行政管理活动的一国的地理位置、自然条件和自然资源。自然行政环境的优劣可以对行政管理活动起到促进或阻碍的作用。社会行政环境指作用于行政管理活动的一切社会因素的总和。它包括政治法律环境、物质经济环境、文化环境以及人文环境。社会环境按照自身层次划分,可分为一般社会环境(指对一切社会组织均发生影响或制约作用的宏观的社会因素之和)、特定社会环境(指对行政组织的决策、转换、输出过程有直接影响的因素)和团体社会环境(指社会组织或团体的状况和可能对行政组织产生的制约和影响)。

**3. 依据行政环境的范围、规模划分,可以分为宏观行政环境、中观行政环境和微观行政环境**

宏观行政环境是行政环境的基础,一般指对公共行政活动影响范围最广、规模最大的各种因素的总和。它包括国际和国内的社会、自然环境,以直接或间接的方式制约和影响着行政管理的目标和方向。其中,国内社会环境对行政管理的影响最为深刻,可以构成国家公共行政系统的生长气候。微观行政环境是指一个行政组织内部的工作环境,包括行政组织的机构设置、人际关系等具体情况,是行政管理活动最直接的表现。中观行政环境指整个行政系统的机构设置、权力结构和运行状态等,它是相对于宏观行政环境和微观行政环境而划分的。宏观、中观和微观行政环境的划分是相对而言的,在不同的情况下会有不同的表现方式。

此外,还可以依据行政环境的内容划分,将行政环境分为政治环境、经济环境、文化环境、自然环境等;依据行政环境作用的效果划分,将行政环境分为良性的行政环境和恶性的行政环境等。

### (三) 行政环境的特征

行政环境的特征主要有以下五个方面:

**1. 广泛性**

行政环境是行政系统赖以存在和发展的外部要素的总和。因此,凡是作用于行政系统的外部条件和要素,都属于行政环境的范畴。其范畴从地形分布、山川河流,到气候特征、自然资源;从人口数量、民族状况,到阶级状况、历史传统;从文化教育、科学技术,到社会制度、经济状况,乃至人际关系、道德水准等。

**2. 复杂性**

行政环境是一个复杂的开放系统,它对行政管理的影响与作用不仅仅是广泛,更重要的是在此基础上体现出来的复杂性。这种复杂性体现在行政环境的各种条件和要素本身的复杂性以及这些条件、要素之间构成纵横交错的复杂性关系。

**3. 差异性**

构成行政环境的各种条件和要素,对行政主体来说没有一个是完全相同的。各个地区的自然环境千差万别,有山区、平原、丘陵;有的地区降雨量多,空气湿润,有的地区长年无雨,空气干燥。各个地区的经济状况、物质条件、风土人情以及文化传统也不尽相同。国与国之间、民族与民族之间、沿海与内陆之间、东部与西部之间的行政环境都存在着各种不同的差异。各种不同的行政管理体制、管理模式的形成和发展正是这种差异性的具体体现。

**4. 变化性**

世界上没有一成不变的东西,任何事物都是处于不断变化之中的,行政环境的各个条件和要素也都是在不断变化的。行政环境因素的变化直接或间接地影响着行政系统的变化与变革。

**5. 互动性**

行政环境各要素通过一定的方式、途径作用于行政管理;行政组织通过各种行政管理方式、途径反作用于外部环境因素,从而改造着客观的行政环境。这使行政环境与行政管理呈现互动性。

## 二、行政管理和行政环境的辩证关系

一方面,行政环境是行政管理这个小系统赖以存在的大系统。行政环境是行政管理活动得以进行的基础,也是行政活动实际形成的结果。任何国家政府的管理都是在特定的环境中进行的,而不能脱离特定的环境,必须以现存的环境状况为基础。行政环境是行政管理赖以产生和发展的基本条件,它决定、影响或制约行政管理目标的制定、机构设置、机制运行和活动方式的选择等。可以说,有什么样的行政环境,就必须有或必定有什么样的行政管理与之相适应。另一方面,行政管理活动又以形成、维持和改变特定的环境为目标,以影响和改造现存环境为任务,行政管理的结果又构成了进一步开展行政管理活动的环境。因此,行政环境和行政管理是辩证统一的关系。

### (一) 行政环境决定、制约行政管理

经济基础决定上层建筑。行政管理系统是上层建筑的重要组成部分,它建立在一定的经济基础之上,并与上层建筑的其他部分密切相关。行政管理的根本性质、基本原则和职能内容实际上是由行政环境决定的。行政职能、行政体制、行政方式、行政决策、财务行政、人事行政等都受到行政环境的制约。其具体表现为:

首先,行政管理要适应行政政治环境的性质。适应行政政治环境的性质就是要适应这一国家的政治和社会制度,建立与之相适应的行政管理体制和管理思想。行政管理是适应一个国家及其不同历史时期行政政治环境的产物。

其次,行政管理要适应行政经济环境的发展水平。行政经济环境在不同的国家和地区的发展水平存在着很大的差异。行政管理本身没有严格的好与坏的区分,唯有适应其现状才是最理想的,这是行政生态平衡的基本要求之一。

再次,行政管理要适应行政文化环境等综合状况。不同的国家和地区的社会历史不同,承载的文化传统亦不一样,因而影响行政管理的社会资源、文化氛围存在着很大的差别。行政文化影响着行政的组织形式,影响着人们的行政观念,影响着整个社会的行政风气等。行政管理必须从特有的文化、社会背景出发,适应行政文化环境的发展状况。

最后,行政管理要适应自然环境的特点。由于各国所处的地理位置不同,因而面临的行政自然环境必然有所差异,行政管理必须因地制宜。

总之,行政管理就是在对行政环境不断变化的认识、把握和调整中达到平衡和适应的。

## （二）行政管理对行政环境的反作用

行政管理对行政环境的利用和改造，表明的是行政管理对行政环境的反作用。行政管理是国家行政机关行使国家权力、对国家事务和社会公共事务进行依法管理的活动，所以，行政管理对行政环境的作用也符合恩格斯关于国家权力对经济发展的反作用的论述。为此，我们也可以把行政管理对于行政环境的反作用归结为两种情况：当行政管理沿着行政环境发展方向发生作用时，对行政环境特别是经济、政治、文化等环境的发展就起积极的推进作用；当行政管理沿着与行政环境相反的发展方向发生作用时，对行政环境的发展就起消极的阻碍作用。

行政管理对行政环境的积极作用表现在：行政管理可以通过对行政环境的再认识、再思考、再总结，主动、自觉地纠正不符合行政环境要求的管理行为、管理法规和管理方式。行政管理主体通过行政环境不断提供的积极因素，审时度势，不断地修正其所制定的政策、措施，使之不断完善，更好地适应行政环境的要求。行政管理的目的就是要从现实的环境条件出发，经过调动全社会的力量，改变、优化现实的环境，提高人们的物质和文化生活水平。这是行政管理对行政环境能动作用的突出表现。行政管理对行政环境的消极作用，指的是行政管理背离行政环境的客观要求，对行政环境起阻碍和破坏作用。如目前某些地方政府在发展地方经济的过程中，片面地追求短期的经济利益，造成了对自然资源的过度使用以及对生态系统平衡的破坏，给人类的生存和发展带来了严重的后果。

## （三）行政管理和行政环境在动态中保持平衡

行政管理与行政环境之间实现平衡是十分必要的。行政管理与行政环境的平衡，是行政管理与行政环境相互作用的必然过程，也是行政管理系统存在和发展的必要条件，还是行政管理具有活力和效率的重要前提。

行政环境不是一成不变的，而是始终处于不断变化的动态过程之中。行政管理对其适应的过程实质上又是一个不断变化的过程。因此，行政管理与行政环境之间的平衡是相对的、暂时的。平衡预示着新的不平衡、不适应，不平衡、不适应又预示着新的平衡、适应。这种相对平衡主要是指：行政管理符合行政环境的基本性质，首先是符合社会环境，特别是社会制度的性质；行政管理适应行政环境的现状和发展水平；行政管理适应行政环境的发展方向。

行政管理与行政环境平衡的特点是：

一是综合平衡。这种综合平衡表现为既要从自然形态的物质、能量和信息的输入和输出的关系来考察，又要从政治、经济、精神文明等社会关系和思想关系方面来考察。

二是宏观平衡。行政管理更重视普遍的、全局的和宏观方面的行政环境,着重宏观管理。越是高层的行政管理,越是把注意力放在宏观方面。所以,行政管理和行政环境之间的平衡主要表现为宏观的平衡。

三是暂时平衡。在行政管理基本适应行政环境的条件下,行政系统具有自我调节、自我完善的能力,能对局部的、暂时的不平衡及时和有效地进行调整,使总体平衡得以保持。当行政管理与行政环境的不相适应和矛盾斗争已超出行政管理的调节能力所承受的程度时,日益尖锐的不平衡和矛盾斗争已不可能在保持原有平衡关系的条件下获得解决,这就到了必须要根本改革或彻底瓦解行政管理制度的时候了。

### 关键术语

行政组织;行政组织结构;行政权力;行政环境。

### 思考题

1. 简述行政组织的含义、特征。
2. 简述行政组织的一般结构。
3. 简述管理层次与管理幅度的关系。
4. 简述行政权力运行中的分配方式和途径。
5. 试述行政管理与行政环境的关系。

# 第四章 人事行政

**本章要点**

人事行政是行政管理的重要组成部分,它直接影响着行政职能和行政目标的实现。人事行政是国家人事管理机关依法对国家行政人员进行的综合性管理活动。国家公务员制度是人事行政的一种科学管理制度,完善国家公务员制度对于提高行政绩效具有重要意义。各国的国情不同,公务员制度也有所不同。本章重点掌握:人事行政的含义和职能,人事行政的作用,国家公务员制度的含义及主要内容,中外国家公务员制度的特点。

## 第一节 人事行政概述

### 一、人事行政的含义

在人类的社会生活中,凡是与人有关的事,都可称为人事。虽然"人事"一词早在春秋战国时期就已经出现,但作为人事管理学的一个基本范畴并得到广泛使用,却是20世纪的事情。现实社会中,人类在生产、生活过程中,必然在人与人之间、人与事之间、个人与群体之间产生一定的联系,并形成特定的人事关系。行政管理学研究的人事是限定在特定范围内的人事。行政管理学所指的人事行政是指为实现国家行政管理目标,国家人事管理机关依法对国家行政人员进行的综合性管理活动。理解和把握人事行政应注意以下几点:

第一,人事行政的主体是国家行政机关。我国各级人民政府的特定人事管理部门是人事行政的主体,而且这种管理活动是国家行政机关的内部行政活动。

第二,人事行政的客体是国家行政机关内的行政人员,即国家公务员,主要是指国家行政机关(包括国家权力机关、行政机关、司法机关)内的工作人员。

第三,人事行政的内容是综合性的。人事行政涉及对国家机关工作人员的选拔、任用、培训、考核等各个环节,并具体负责组织、协调、检查、监督和控制。

第四,人事行政是依法的管理活动。人事行政的管理原则以国家权力为后盾,以法律、法规为依据。在依法行政的今天,行政人员的选拔录用、职位划分、考核、培训、晋升等均须依法进行。

在现实生活中,人们往往把人事行政与人事管理混用。虽然,它们都是以人事为对象进行的管理活动,在主要原则和基本原理上有许多相同或相似之处,但这两个概念还是有区别的。简单地讲,我们可以把政府的人事职能活动称为人事行政,而将其他组织(如企业、公司、学校、科研单位)的人事职能活动称为人事管理,现在更多地称之为人力资源管理。

人事行政与人事管理在管理的对象、管理的权限、管理的法律规范依据和宗旨上是不同的。其主要区别是:人事行政是各级人民政府活动的重要内容,它是国家人事行政机关代表国家行使人事行政权、履行人事行政职能,以求得人事与行政工作的最佳组合,最终实现国家行政目标的人事管理活动。人事管理则是指社会各类组织根据自身的特点组织、指挥和协调所辖范围内的人与人、人与事之间的关系,以实现人与事的最佳组合。

我国的人事行政制度,曾习惯被称为干部人事制度。由于管理对象的不同,我国的干部人事制度大体上分为三个部分,即党政干部制度、国有企业人事制度、事业单位人事制度。党政干部制度包括党政领导干部制度和党政机关干部人事制度。国家公务员制度是党政机关干部人事制度的重要组成部分,是专门对各级政府机关中行使国家行政权力、执行国家公务的人员所实行的一种人事管理制度,也简称为政府机关干部人事制度。根据我国的实际情况,研究人事行政,主要是研究党政干部制度,重点是研究国家公务员制度。

## 二、人事行政的职能和任务

### (一)人事行政的职能

人事行政的职能表明了国家行政组织在行政人员管理方面的工作内容和作用。为便于分析,可将人事行政的职能划分为以下四种类型:

一是人员录用。要求履行的职能是为国家行政组织补充所需要的各类人员。录用是外部人员进入国家行政组织的门户,起着把关的作用。

二是人员使用。要求履行的职能是检查、引导、监督和激励组织成员积极、主动、创造性地工作,以提高工作质量和行政效率,其中包括考核制度、奖励制度、纪律、岗位责任制、晋升机制等。

三是人员开发。要求履行的职能是逐步提高国家行政组织在职人员的素质和工作潜能,其中包括在职培训、脱产培训、进修、学历教育等多种形式。

四是人员维持。要求履行的职能是为组织成员努力工作创造良好的组织环境和工作条件,保证其工作安心和稳定,其中包括工资制度、社会福利、退休制度等。

(二)人事行政的任务

人事行政的基本目的是以适当的人力和财力保证行政组织的高效运行,较好地实现行政目标和社会目标。其任务是:

第一,根据所要完成的工作,确定相应的职位或工作岗位。人事行政的总体要求和总的工作任务是人与事的最佳结合,这要通过确定职位或工作岗位的中间环节来实现。

第二,使任职人员的素质和能力符合具体的职位要求,做到因事择人、事得其人。

第三,使任职人员安心在其岗位上工作,做到因人任用、人尽其才。

第四,使任职人员努力工作,认真履行自己的职责,做到人尽其责。

## 三、人事行政的地位和作用

人事行政是国家政治制度的重要内容,是国家行政管理的重要组成部分。它在国家管理与社会经济、政治发展中占有特别重要的地位,起着举足轻重的作用,主要体现在以下几个方面:

### (一)人事行政是国家政权建设的关键

人事行政是国家行政职能中的首要职能,因此它在国家行政管理中居核心地位,是国家政权建设的关键。作为国家政权建设的重要组成部分,人事行政是统治阶级实现其意志的重要手段,因为人是行政的根本,事是行政职能的具体形式。人事行政就是通过制定政策、法规、实施细则来执行国家意志,发挥政府职能对国家和社会公共事物实施管理的作用。

人事行政作为国家政治制度的重要方面,对整个国家的政治发展和政权建设起着十分重要的作用。人事行政的一个重要目标是实现政治稳定,也就是保持国家政治生活的正常、有序进行。科学的人事行政制度能保证政府工作的连续性和正常化，不会因领导人的更替或发生突发事件而影响"行政机器"的运转，这是政治稳定的一个重要标志，也是影响政治稳定的一个重要因素。西方发达国家日益健全的文官制度，对于这些国家政治统治秩序的相对稳定起到了十分显著的作用。

历史与现实反复证明：人事行政搞得好，选贤任能，吏治清明，社会就能安定繁荣，国家就会兴旺发达；反之，如果吏治不严，人事制度腐败，奸臣昏官当道，必然会丧失民心，造成社会动荡、政局不稳，最终使政府垮台。

### （二）人事行政是加强人才队伍建设的重要保证

科学的人事行政是开发和利用人力资源，加强人才建设的保证。它通过录用、选拔、考核、任用等制度，创造条件，使优秀人才脱颖而出，保证他们顺利进入国家机关，走上重要的工作岗位。

以"因事择人、因人任用、事得其人、人尽其才"为目标开展行政管理活动，已经被实践证明是正确的、有效的。科学的人事行政管理，能在全社会范围内选拔人才、培养人才、合理使用人才，造就一支高素质的国家公务员队伍，并能充分调动和发挥他们的积极性、主动性与创造性，从而能最有效地提高行政效率，实现政府的管理目标。

### （三）人事行政是推动政治民主化的重要途径

政治民主的主要内容包括：公民在政治上享有的各种权利受到法律保障，公民有权参与国家管理，公民有广泛的参政议政渠道，公民有权对国家机关及其工作人员实行监督，等等。人事行政的发展与完善为政治民主化的实现开辟了有效的途径。按照国家公务员考录制度的规定，实行公开考试、竞争择优的进入机制，每个公民都有权利报考公务员，经过公开、平等、竞争、择优的录用考试，一部分优秀的人才进入公务员队伍，直接参与政府管理工作。随着人事制度改革的不断深化，普通公民经过法定程序进入政府机关将成为经常的、普遍的政治现象。这是政治民主化的重要体现，也是社会主义民主政治的必然要求。另外，国家公务员制度中实行的民主考核制度、批评建议制度和申诉控告、公务员自下而上的监督形式和人民群众监督制度等，把公民（包括公务员）的一些政治权利进一步明确化、具体化，并有相应的制度和法律来保障这些权利得以实现。这些人事行政制度的有效贯彻，能有力地推进政治民主化进程，使公民享有的各项民主权利真正落到实处；而政治民主化的推进又将为人事行政的民主化、科学化开辟更为广阔的前景。

### （四）人事行政是促进生产力发展的最积极因素

生产力的进步是推动经济和社会向前发展的动力之一，而人是生产力中最基本、最活跃、最关键的因素。生产力的发展,一方面,要依靠人们对自然规律认识的深化和科学技术水平的提高;另一方面,要依靠人们对社会生产活动进行科学的组织和管理。这两个方面有一个共同的关键问题,即对人的管理。通过科学的人事行政管理,可以有效地组织政府活动,充分地发挥生产力中人的作用,全面开发和利用人力资源,从而有力地推动经济与社会的发展。当今世界国与国之间的经济竞争,主要是科学技术和管理水平的竞争。科技和管理的竞争归根到底表现为人才的竞争,实质上也是人事管理水平的竞争。因此,我们只有进一步加快干部人事制度改革的步伐,建立和完善能上能下、充满活力、促进优秀人才脱颖而出的选人用人机制,才能在世界性的"人才大战"中获胜,才能实现经济的腾飞和社会的全面进步。

## 第二节 国家公务员制度

### 一、西方国家公务员制度

(一)西方国家公务员制度的产生与发展

公务员制度又叫文官制度,最早产生于英国,随后在美国、德国、法国、日本等国家相继建立。

以公务员为管理对象的国家公务员制度是资本主义社会经济、政治和文化发展的产物。它源于中国古代的科举制,而始于英国资产阶级革命后建立的文官制度。1805年,英国财政部首先设立了一个地位相当于副大臣的常务次官,用于主持日常工作,不参加政党活动,不随政党更迭而更迭。"政务官"和"事务官"从此正式区分,文官制度也因此而奠定雏形。1853年,从东印度公司开始的通过公开考试来录用职员的办法逐步在政府各部门推广,建立了官职考试补缺制度。这标志着英国文官制度基本成形。1855年和1870年,英国政府两次颁布《枢密院令》,确定了考试录用官员的制度,英国公务员制度因此而正式诞生。而后世界各国逐渐形成国家公务员制度。

这些国家公务员制度的形成大致有以下三种情况:

第一种,是在反对"恩赐官职制"和"政党分肥制"的过程中,逐步确立了国家公务员制度。其代表是英国。英国最早实行的公务员制度类似于古代中国采取的品位分类，以公务员个人所具有的资格条件为主要分类依据，并以此为依据对公务员分类管理。但随着社会的发展，品位分类已经显示出许多弊端。1968年的《富尔顿报告》提出了英国公务员制度的六大缺陷，认为品位分类形成了反应迟钝的组织机构，妨碍了工作效率的提高。进入文官系统的人员单一，缺乏社会经验。其他行业的优秀人才难以进入文官队伍，造成了人力资源的浪费。不同职责的文官大多无法流动，造成了文官系统等级结构的死板与僵化，难以形成人力资源的合理配置。20世纪70年代以后，英国通过借鉴美国职位分类制度的优点，对传统的品位分类制度进行了一些改革：一是将文官分为工业类和非工业类。其中，工业类文官主要分布在国防和环保部门；非工业类文官包括文书、办事人员、科学家、工程师、统计员等。二是将非工业类文官分为十类。三是针对传统品位分类的"封闭"弊端，实行"开放结构"的文官分类制度，公开所有非工业类职位，实行统一的分类等级，各类文官之间可以按一定程序流动。

第二种，主要是在反对"政党分肥制"的过程中确立了国家公务员制度。其代表是美国。19世纪二三十年代，随着资产阶级力量的不断壮大，美国政党之间的斗争逐渐激烈。为了巩固执政党的统治地位，美国开始实行政党分肥制。这种制度给美国政府带来了结构性贪污腐败和政治动荡，迫使政府采取措施，调整和改革文官制度。1883年，国会议员彭德尔顿提出《调整和改革美国文官制度的法案》（又称《彭德尔顿法》），建议确定功绩制原则，公开考试择优录用文官，文官政治中立，文官一经录用终身任职等。公开考试择优录用文官制度改革具有十分重要的意义，是美国文官制度走向现代化和科学化的出发点，奠定了美国现行文官制度的基础。1923年，联邦政府制定了第一个职位分类法，对行政职位进行分级、分类管理。1949年，联邦政府修订了职位分类法。1978年，卡特政府进行了文官制度改革，使文官制度趋于完善。美国是世界上最早实行职位分类制度的国家。美国的公务员制度贯彻四条原则：一是因事设岗原则，即一个政府有多少事，需要设立多少个岗位，必须事先经过精确计算，不得随意确定。二是因岗选人原则，只有符合岗位要求，并按规定程序进入的人员，才能取得公务员的相应岗位。三是同工同酬原则，即相同工作难度和工作责任的岗位，工资报酬相同。四是规范标准原则，即对所有的职位，都编成"职位规范"，对职位的名称、特征、任务、权限、责任、待遇等都有详细规定。

第三种，由于社会发展的需要，西方各国在总结和效仿英、美等国国家公务员制度的基础上，建立起自己的国家公务员制度，如法国、日本、德国。以英国为代表的品位分类，过于简单，对公务员的工作优劣难以区分，运行效果不理想。以美国为代表的职位分类制度，职位分类往往过于烦琐，也影响工作效率。目前，两者都在相互借鉴,西方国家公务员制度呈现融合的趋势。

英国公务员制度的建立对西方资本主义国家的吏治制度有重要影响。美、法、日等国都通过借鉴英国公务员制度而建立了各具特点的国家公务员制度。经过长期的改革和演变,西方国家对公务员的职位分类、考试、录用、培训、考核、奖惩、职务任免和升降、工资福利、退职、退休等已形成比较成熟的、完整的、法律化和制度化的管理。

### (二) 国家公务员制度的含义

**1. 国家公务员**

西方国家通常把通过非选举程序而被任命担任政府职务的国家工作人员称为公务员。"公务员"一词来源于英语,原词为"civil servant",中文有的将其译为"公务员",有的将其译为"文职人员"或"公职人员",有的将其译为"文官"。

在西方国家,各国对公务员的界定和分类也不同。

一是以日本和法国为代表的广义的公务员,指一切在行政、立法、司法机关甚至部分企事业单位供职的人员。在法国,公务员被划分为两部分:适用公务员法的公务员和不适用公务员法的公务员。适用公务员法的公务员包括:中央政府和地方政府机关各部门从事行政管理事务的常任工作人员、外交人员、教师、医务人员等;不适用公务员法的公务员包括:会议工作人员、法院的法官、军事人员、工商业性质的国家管理部门的人员、工商业行政的公用事业和工艺机构的人员,市、乡(镇)、村公职人员、依照契约服务的人员等。日本的国家公务员分国家公务员和地方公务员两类。国家公务员指通过国家考试录用,在中央政府各机关、国会、司法、军队、国立学校、国有化企业、事业单位任职的人员;地方国家公务员指通过地方考试,在地方各级自治体、地方议会、公立学校、公立企事业单位中任职的人员。这两类公务员又分特别职和一般职。特别职是通过选举或政府任命的官员,包括内阁总理大臣、国务大臣政务次官、审判官及法院的其他职员等。一般职则是指除特别职之外的所有其他职务人员。

二是以美国和德国为代表的中义的国家公务员,包括政府所有行政人员,既有部长等政治任命官员,又有其他法律任命的官员。

三是以英国为代表的狭义的公务员,仅指行政机关内经非选举产生的事务员。英国的公务员分为国内文官和外交文官两大类。由于英国皇家兵工厂、皇家造船厂等企业职工也属文官,所以英国文官又有产业文官(工业类)和非产业文官(非工业类)之分。

总之,在西方国家,公务员的含义包括以下几层意思:

第一,公务员是按照国家的正式规定,通过一定法定程序而被任用的人员,实行常任制。

第二,公务员是执行国家公务的人员,其服务的对象是国家,代表国家处理国事,必须依法办事,因而区别于其他社会职业。

**2. 国家公务员制度**

国家公务员制度是指有关国家公务员管理的行为规范和准则,即是指根据法律和规章,对公务员进行科学管理的人事制度。公务员制度是国家政治制度的组成部分,不仅包括对公务员的录用、任免、考核、晋升、奖励、纪律、工资、福利待遇、退职退休和权利保障等一系列法规形式的规定,而且包括人事管理机构的设置、公务员的申诉和控告等。公务员制度适应现代社会行政管理专业化、规范化、法制化和人才竞争的需要,有利于建立一支素质好、水平高、既充满活力又比较稳定的行政管理队伍,是一种比较科学的现代政府人事管理制度。

各国对公务员的管理都有专门的法规,如美国1883年通过的《彭德尔顿法》和1978年颁布的《文官制度改革法》、日本1947年通过的《国家公务员法》等,都是对公务员进行制度化管理的基础性法规。

**(三) 西方国家公务员制度的共同特点**

**1. 分权制衡原则**

分权制衡是指权力分立,以权制权,这是西方国家政权形式的重要原则,也是其人事制度的基本原则。西方人事制度的分权制衡机制不仅体现在立法、行政和司法之间,而且也反映在国家与地方、政府的不同部门之间的相互制约关系中。

西方国家的公务员立法和监督工作一般由议会负责,行政首脑需向议会报告政府人事工作情况。有的国家还规定公务员工资调整等重大事项也必须经议会决定或通过。公务员的日常管理一般由政府人事管理机构负责。对公务员申诉的事项,有的国家在司法机构中专门设立了行政法院或法庭,有的国家规定经人事仲裁机构调解无效的可以由法院进行判决。

**2. 职务常任**

西方国家公务员通常有"政务官"与"事务官"的划分。前者负责政治决策,后者执行决策、处理政府日常事务和经常性的业务活动。资本主义国家在吸取长期党派斗争的痛苦教训后,终于找到了既不妨碍党派斗争又有利于政府工作保持连续性和稳定性的办法,这就是在实行政务类公务员任期制的同时,实行业务类公务员的职位常任制,或称为"终身官员""永久性雇员"。其主要标志是"无过失不受免职处分",不与政党共进退,公务员的身份获得法律保障。西方国家的人事实践表明,公务员的职位常任有利于政局的稳定和行政管理的连续性,有利于政府工作效率的提高和行政管理专家队伍的成长,因而这种制度延续至今,成为国家公务员制度的一个重要标志。但职务常任制也有它消极的一面,如一部分公务员不思上进,办事推诿拖拉,官僚主义作风严重;某些部门业务类公务员掌握实权,架空政务官,使政务官成为业务官的傀儡等。

**3. "政治中立"**

"政治中立"是与职务常任相联系的另一个特点,是资本主义国家政党斗争的产物。所谓"政治中立",是指公务员不参与党派斗争活动,不参加党派竞选,不得以党派偏见影响决策等。坚持"政治中立"原则有利于公务员以公正的态度处理行政事务和保持政府工作的稳定性,因此许多国家都以立法形式确定这一原则,但这是在党派政治这一特定范围里实行的原则。即使在这一范围内,这一原则也有其局限性和不彻底性。因为西方政党代表资产阶级不同集团和派别的利益,其所制定的政策必然带有明显的政治倾向性,公务员也必然从自身的利益和实践需要去理解和执行政治决策,完全不偏不倚的中立立场是不可能存在的。

## 二、中国公务员制度

### (一)中国公务员制度的建立与发展

中国公务员制度是在全面改革干部人事制度、借鉴西方国家公务员制度的经验、经济体制和政治体制改革不断深入的过程中建立的。从 1980 年至今,中国公务员制度大致经过了调研准备、推行实施、完善发展三个阶段。

我国干部人事制度是在民主革命时期根据地和解放区的人事制度的基础上依据社会主义计划经济的要求而逐步建立起来的。党的十一届三中全会之后,党中央和国务院加大了改革干部人事制度的力度,改善了人事管理工作,推进了干部队伍建设,但管理对象笼统庞杂、管理权限过分集中、管理方式陈旧单一、管理法规不健全等弊端仍然困扰着干部人事制度的改革步伐。改革实践告诉人们,这些弊端之所以屡经改革而依然存在,是因为它不可能通过原有框架内的局部改革而得到克服,于是干部人事制度进行整体性、全面性改革的新思路就展现在人们面前。

从 1980 年开始,我国为建立国家公务员制度开展了大量的理论探讨和法规准备工作。首先,在对干部人事制度进行深刻反思和系统总结的基础上,将现有国家干部队伍分解为中国共产党各级组织的领导人员和工作人员,国家行政机关的领导人员和工作人员,国家权力机关、审判机关和检察机关的领导人员和工作人员,群众团体的领导人员和工作人员,企事业单位的管理人员等。

对国家干部的合理分解,为建立不同类型工作人员的各具特色的人事管理制度提供了分类的基础。而对从国家干部分离出来的国家行政机关领导人员和工作人员实行公务员制度,依法实施有别于其他社会组织和企事业单位的管理措施和办法,则是这种分类管理新思路的直接成果。

但人事体制上的这种改革牵动全局、触及人们的既得利益,最为敏感。有鉴于此,党和政府采取了积极、慎重的步骤。1984年有关部门起草了《国家工作人员法》,1985年改为《国家行政机关工作人员条例》,1986年改为《国家公务员暂行条例》。在进行理论探讨和法规准备的同时,积极稳妥地、从点到面地推行国家公务员的试点。经过理论和实践的长期准备,全面推行国家公务员制度的时机逐渐成熟。1993年10月1日,《国家公务员暂行条例》正式颁布,标志着我国公务员制度的诞生。1993年以后,以《国家公务员暂行条例》为主,与之配套的几十个单项法规和实施细则相继颁布,如《国家公务员录用暂行规定》《国家公务员考核暂行规定》《国家公务员奖惩暂行规定》《国家公务员职务任免暂行规定》等,逐步形成了公务员管理的法规体系,公务员管理开始纳入法制化管理轨道。2005年4月27日第十届全国人民代表大会常务委员会第十五次会议通过、2006年1月1日起施行的《中华人民共和国公务员法》,最终确定了国家公务员制度的法律地位,是我国公务员制度建设与发展的新阶段。

(二)我国公务员的含义

在我国,根据《中华人民共和国公务员法》,国家公务员是指依法履行公职、纳入国家行政编制、由国家财政负担工资福利的工作人员。它包含如下两层意思:

第一,公务员是依法产生并依法行使其职能的。国家公务员进出国家行政机关都必须遵循法定的程序和符合法律的规定,其行政行为必须依法做出。

第二,在公务员的范围上,按《公务员法》第二条规定,只要同时符合依法履行公职、纳入国家行政编制、由国家财政负担工资福利这三个标准,就属于公务员的范围。同时,《公务员法》规定,法律、法规授权的具有公共事务管理职能的事业单位中除工勤人员以外的工作人员,经批准参照本法进行管理。这样,在我国除行政机关工作人员外,立法机关、司法机关也属于公务员。此外,政党、政协、共青团、妇联以及学校等单位工作的人员虽然不是国家公务员,但是在实际管理中参照公务员制度进行管理。

(三)我国公务员制度的主要特点

我国是有中国特色的社会主义国家。公务员制度作为国家政治制度的一个组

成部分,必然取决于和服务于国家的根本社会制度。因此,和西方文官制度相比,我国的国家公务员制度具有以下特点:

**1. 不搞"政治中立"**

中国共产党的基本路线是建立中国公务员制度的根本指导原则。建立公务员制度的目的就是要为贯彻和执行党的基本路线提供制度保证。所以,要求公务员必须始终与党中央保持一致,坚决捍卫和执行党的路线、方针、政策。

**2. 坚持党管干部**

中国共产党是领导各项事业的核心力量,公务员制度是党的干部制度的一个组成部分。《公务员法》第四条明确规定,坚持党管干部原则。在公务员的管理上,强调要坚持党的组织领导,贯彻党的组织路线,保持党对政府重要领导人选的推荐权。

**3. 不搞"两官分途"**

我国公务员制度没有"政务官"与"事务官"的划分。这是由于我国是共产党执政的国家,不搞多党轮流执政,所以不存在政务官与事务官的截然分界。而西方文官制度则实行"两官分途",强调政务官的所谓政治化和事务官的所谓职业化,认为这是两个截然不同的职官体系,相互之间不能转任。

**4. 坚持服务于民的宗旨**

做人民公仆,为人民办事,对人民负责,受人民监督,这是中国公务员最根本的行为准则。中国公务员没有自己集团的特殊利益,公务员的利益与政府的利益、国家的利益和人民的利益一致,也不存在任何形式的特权。而西方国家的文官则是一个独立的利益集团,它受雇于政府,是政府的雇员,一切服从政府需要,为政府利益服务。

## 三、中外国家公务员制度的共性

世界上各国建立公务员制度的时间不同,历史背景各异,具体内容存在许多差别,但是同为人事行政的一种管理方法,有其共性,主要表现在以下几个方面:

**1. 都有公务员分类机制**

虽然各国公务员的范围宽窄不一,但都实行了相应的分类,基本上都把国家行政系统内的公务人员同其他行业的公职人员区别开来,并实行单独的管理。

**2. 都建立了职位分类机制**

职位分类这种以工作为中心的人事管理制度创始于美国。为了便于对国家公务员的科学管理,世界各国都实行严格的职位分类,强调"因事设职""因事择人""因事给薪"。

**3. 都有竞争激励机制**

各国对公务员的录用都采取公开考试、择优录用;对公务员的职务晋升进行严格的考核,强调以考核的结果为主要依据,突出唯功晋升。

**4. 都有正常的新陈代谢机制**

各国公务员制度,一方面,通过录用、交流等环节,不断向公务员队伍输送新鲜的血液;另一方面,通过辞职、辞退、退休制度,使不适宜在公务员队伍中继续工作的人员及时地离开公务员队伍。这样,公务员有进有出,增强了政府机关的生机与活力。

**5. 都有勤政廉政的监督约束机制**

各国推行国家公务员制度的重要目的之一,就是使公务员能够做到勤政廉政。无论是资本主义国家还是社会主义国家,都在公务员制度中设立了权利与义务、纪律、奖惩、考核、回避、交流和申诉控告等环节。

**6. 都有健全的法规体系**

各国都相应地建立了一整套严密的法规体系,如美国的《彭德尔顿法》和《文官制度改革法》、法国的《文官制度改革法》、我国的《国家公务员法》等。

## 第三节　我国国家公务员制度的基本内容

依照《公务员法》的规定,我国国家公务员的基本内容可概括为:公务员制度的法律依据、指导原则和适用对象;公务员的义务和权利;公务员的管理环节,主要包括职位分类、录用、考核、奖惩、纪律、职务任免与升降、培训、交流、回避、工资福利、辞职、辞退、退休等;管理和监督。以上基本内容构成了我国国家公务员制度的有机整体,是一套完整、配套的制度体系。

### 一、我国公务员制度的原则

#### (一)德才兼备、任人唯贤原则

德才是贤能的标志。德才兼备、任人唯贤是中国共产党在长期革命和建设实践中形成的干部路线,是我国人事行政的首要原则。

德才兼备,就是德与才的有机结合。先要观其德,同时观其才,德才兼有,不可偏废。中国共产党历来强调选拔干部必须全面贯彻德才兼备原则,坚持任人唯贤,反对任人唯亲,防止和纠正用人上的不正之风。德才兼备原则必须始终坚持,同时又必须随着时代的发展赋予新的内容,体现时代新的要求,具有时代特点。德才兼备原则贯穿于公务员管理过程的始终,遍及国家公务员制度的方方面面,在录用、考核、奖励、职务任免升降、培训、交流等管理环节特别强调对这一原则的坚持。

### (二) 功绩原则

功绩,即工作实绩和贡献。功绩原则就是注重和强调工作人员的工作实绩和贡献。它要求根据较为客观的标准来确定每个人的才能及其他素质,决定其是否被录用、升降、奖惩。我国人事行政的功绩原则主要用于对公职人员的考核和任用上。在考核中坚持功绩原则,就是在坚持德才兼备、任人唯贤用人标准的基础上,注重考察公职人员的工作实绩和贡献。功绩是一个人德才水平的综合体现和结果,比较容易量化,具有较强的可比性。以功绩作为考核、评价的标准,有利于进行准确的评价,也有利于引导公职人员将精力放在干实事、讲质量、求效率上。

在人事任用中贯彻功绩原则,有助于实现任人唯贤,避免在人事任用、升降、赏罚上出现个人好恶以及亲情干扰,强化干部管理中的竞争机制,消除论资排辈和不求进取等消极心理影响,促使广大干部争先创优,追求更大功绩。

### (三) 适才适用原则

适才适用,是指人事行政根据每个人的政治素质、道德品质、思想作风、业务水平、管理能力和工作实绩等有关条件,把他们安排到相应的职位上,做到因事而求才,因才而施用,事得其人,人尽其才,事得其功。

坚持适才适用原则,正确处理好人与事的关系,切实做到知人、识事、善任。知人是适才适用的基本条件,识事是适才适用的前提,善任是适才适用的关键。坚持适才适用原则,还要注意坚持扬长避短,反对求全责备。只有坚持量才使用,用人之长,避人之短,才能充分发挥各类人才的作用。

### (四) 分类管理原则

分类管理原则是我国人事行政借鉴科学管理领域的成果形成的一项重要原则。分类是科学管理的基础。分类管理主要是依据一定的标准,把构成社会的各种组织划分为不同的类型,分别实行相应的、符合各自条件的人事管理制度。

随着《公务员法》的实施,不同类别、不同特点的人事管理制度将逐步建立和实施,各类社会组织将会在社会经济发展中更好地发挥各自的职能作用。

(五) 公开、平等、竞争、择优原则

公开、平等、竞争、择优是互相联系的、统一的管理过程。公开、平等是竞争、择优的前提,而择优则是公开、平等条件下通过竞争而达到的目标和结果,是整个人事管理过程的出发点和归宿点。公开是将必须和能够公开的人事决定按照法定的原则和程序向社会及公众公开,使尽可能多的人获得参与权、知情权和监督权,增加人事工作的透明度,使公务员制度健康发展。人事行政执行的录用、考核、升降、奖惩、工资等制度的原则、标准、程序、结果等内容要全部公开,将人事行政工作自觉地置于广泛的社会监督之下。平等是在人事法规和政令面前人人平等,具体到人事行政工作,主要是为公民担任国家公职提供平等的权力和机会,不得因性别、民族、出身、党派和家庭等因素的不同而影响其参加平等竞争,确保公民在平等的条件下被择优录用。竞争与公开、平等密不可分。人事行政的平等竞争,必须在公开的环境中进行,必须面向全社会,将竞争的目标、资格条件、原则、程序、结果等一律公布于众,让所有符合条件的公民在竞争规则面前平等地参与。择优是竞争的目的,就是通过公开、平等的竞争,把德才水准较高、工作成绩突出、勇于开拓、善于管理的优秀人才选拔出来,加以重用。

贯彻公开、平等、竞争、择优原则,有利于扩大识人视野,拓宽选人渠道,广开进贤之路,促使优秀人才脱颖而出;有利于防止和克服人事管理中"任人唯亲"、拉关系、走后门等不正之风。

(六) 依法管理原则

依法管理就是把人事行政的目的、要求、内容、步骤和方法通过立法程序规范起来,用法律手段确保人事行政管理的有效实施。依法管理原则要求从公务员的录用、考核、晋升、培训、工资福利直至退休,整个管理过程都有法可依,依法管理;公务员行使职权、履行职责,同样要依照法律规定,依法行政。只有依法管人,才能依法行政;只有依法行政,才能依法治国。

## 二、我国公务员制度的主要机制

(一) 职位分类机制

我国的职位分类制度以职位分类为基础,职位分类与品位分类相结合。其主要特征是以事为中心,又兼顾人的因素。在职位设置和编制职位说明书等方面,主要采用职位分类的原则和方法;而在区分职位等级等方面,则兼用品位分类和职位分类的原则和方法。

（二）更新机制

为确保公务员制度的生机与活力，我国公务员制度引入了新陈代谢机制，在公务员的进、出口上严格把关，规范管理。在入口处，通过录用和交流形式，在全社会范围内选拔优秀人才进入公务员队伍；在出口处，在坚持正常退休制度的同时，开辟了新渠道。符合规定的公务员有申请提前退休的权利、申请辞职的权利，行政机关也有辞退公务员的权利。

（三）激励机制

我国公务员制度，在"进"与"管"两大环节上，引进了竞争激励机制。在进口上，公开考试增强了竞争性。在管理上，公务员制度规定公务员的任用、晋升必须坚持竞争机制，打破论资排辈的习惯做法。考核是激励公务员的重要手段。公务员考核能全面评价其德、能、勤、绩、廉五个方面的表现，以考核结果为依据对公务员进行奖惩、培训、职务晋升、工资晋升等管理活动。

（四）调控机制

为了规范公务员的行为，我国《公务员法》明确规定了公务员的权利和义务，规定了公务员应当遵守的纪律。对严重违反纪律的公务员，还规定了惩处制度。

## 三、国家公务员的义务与权利

国家公务员的义务与权利是以法律形式确立的公务员的行为规范和行为准则，是国家对公务员实行管理的基本依据和重要内容。国家公务员的身份一经确立，就与国家产生义务与权利的法律关系。公务员义务是指法律对公务员必须做出一定行为或不得做出一定行为的约束，是公务员对国家所应承担的责任的法律规定。

国家公务员必须履行的义务有：

(1) 遵守宪法、法律和法规。

(2) 依照国家法律、法规和政策执行公务。

(3) 密切联系群众，倾听群众意见，接受群众监督，努力为人民服务。

(4) 维护国家的安全、荣誉和利益。

(5) 忠于职守，勤奋工作，尽职尽责，服从命令。

(6) 保守国家秘密和工作秘密。

(7) 公正廉洁，克己奉公。

(8) 宪法和法律规定的其他义务。

法律规定的公务员义务，每个公务员都必须履行，不能放弃，否则将承担相应的法律责任。公务员权利是指法律对公务员可以享有某种利益或可以做出某种行为的许可和保障。国家给予公务员为达到某种要求或实现某种法定利益提供了合法手段和可能条件，公务员可依自己的意愿决定是否运用这些合法手段和可能条件去实现某种行为，任何机关和个人不得侵犯。对公务员来说，大部分权利是有选择性的，这些权利如同时又具有义务的性质，不得放弃。

国家公务员享有的权利有：

(1) 非因法定事由和非经法定程序不被免职、降职、辞退或者行政处分。
(2) 获得履行职责所应有的权力。
(3) 获得劳动报酬和享受保险、福利待遇。
(4) 参加政治理论和业务知识的培训。
(5) 对国家行政机关及其领导人员的工作提出批评和建议。
(6) 提出申诉和控告。
(7) 依照本条例的规定辞职。
(8) 宪法和法律规定的其他权利。

## 四、我国国家公务员管理制度的基本内容

我国的国家公务员制度是一个完整的有机整体，各个环节紧密协调，构成了国家对公务员管理的一整套法规体系。在国家公务员制度体系中，起支柱作用的主要环节是职位分类、选拔任用、培训和考核。

### （一）职位分类制度

职位分类也称职务分级。职位分类就是对国家政府机关所有的职位，按其工作性质、难易程度、责任轻重及所需资格条件，在调查和评价的基础上，依其工作性质划分为若干职组和职系；再根据各职系内的职位的工作难易程度、责任轻重和所需资格条件等因素划分为若干高低不等职级；然后对各个职级制定职级规范，以此作为选任、考核、奖惩、升降、工资待遇等一系列人事行政管理的依据。职位分类是人事行政管理的一种科学化的设计。

职位分类制度是指按照职位分类的原则对行政人员进行管理的制度。

根据职位分类制度规定，我国的各级行政机关设置了行政人员的职务和职级序列。根据《公务员法》第十四条规定，公务员职位类别划分为综合管理类、专业技术类和行政执法类等类别。

公务员职务分为领导职务和非领导职务。领导职务层次分为国家级正职、国家级副职、省部级正职、省部级副职、厅局级正职、厅局级副职、县处级正职、县处级副职、乡科级正职、乡科级副职；非领导职务层次在厅局级以下设置。

综合管理类的非领导职务分为巡视员、副巡视员、调研员、副调研员、主任科员、副主任科员、科员、办事员。

综合管理类以外的其他职位类别公务员的职务序列,国家另行规定。公务员的职务应当对应相应的级别。公务员的职务与级别是确定公务员工资及其他待遇的依据。公务员的级别根据所任职务及其德才表现、工作实绩和资历确定。公务员在同一职务上,可以按照国家规定晋升级别。

（二）选拔任用制度

选拔任用制度包含两个方面：一是录用制度,二是晋升制度。

**1. 录用制度**

录用制度是人事行政制度的核心,是国家对行政人员的入口管理制度。广义的录用制度是指国家行政机关依据有关的法律和法规,按照一定的标准和法定的程序,采用委任、选任、聘任、考任等多种形式,经严格考核,从社会上选拔具有一定资格的人员进入公务员队伍,从事国家公务活动,并建立相应公务员义务和权利等法律关系的管理制度。狭义的录用制度仅指通过公开考试的方法,从社会上选拔合格优秀人员担任主任科员以下非领导职务的管理制度。这一制度所要解决的根本问题是如何在最广泛的范围内吸收最优秀的人才进入政府行政机关任职。在我国,国家公务员的录用遵循公开、平等、竞争、择优的原则进行。根据《公务员法》规定,录用担任主任科员以下及其他相当职务层次的非领导职务公务员,采取公开考试、严格考察、平等竞争、择优录取的办法。

**2. 晋升制度**

晋升制度是指国家人事部门根据工作需要和晋升对象的德、能、勤、绩、廉,依照法定程序,对已担任国家公职的工作人员,从非领导职务晋升为领导职务,或从低一级领导职务升任高一级领导职务的管理制度。晋升是激励国家行政机关工作人员学习和工作的积极性、创造性的重要方法,是保证国家行政机关吸收优秀人才的重要途径,是保证国家行政机关人员队伍正常新陈代谢的重要手段。对晋升制度,国家有严格的晋升程序和条件规定。

（三）培训制度

国家公务员培训,是指国家行政机关根据经济、社会发展的需要,按照国家公务员职位的要求，通过各种形式，有组织地为提高国家公务员政治和业务素质所进行的培养、训练活动。培训的对象是具有国家公务员身份的人员；培训的范围是全员性、全过程性的，公务员从进入国家公务员队伍到退休，都要参加各类培训；培训的性质是继续教育，或称之为"终身教育"；培训的类别是初任、任职、更新知识和专门业务培训。公务员培训情况、学习成绩作为公务员考核的内容和任职、晋升的依据之一。

（四）考核制度

公务员考核制度是指国家行政机关按照管理权限，根据国家公务员法规和其他有关规定所确定的考核原则、内容、标准、方法、程序等，对所属公务员进行考察和评价的制度。考核制度是对行政人员工作的数量、质量和工作成绩进行的比较与鉴定，是人事行政制度的重要组成部分。它为行政人员的奖惩、升降、培训和工资待遇等提供客观依据，是监督和促使行政人员努力工作的重要环节和基本方法。

《公务员法》规定，对公务员的考核，按照管理权限，全面考核公务员的德、能、勤、绩、廉，重点考核工作实绩。其中，"德"主要指政治态度、思想品质作风，以及是否遵纪守法、廉洁奉公、遵守职业道德和社会公德的情况。"能"主要指分析问题、解决问题的技术业务和管理水平。"勤"主要指出勤情况和工作态度。"绩"主要指完成工作的数量、质量和效率。工作实绩是一个公务员的业务能力、工作态度、知识水平、政治素质的综合反映，也是德、能、勤的客观体现。以考绩为主，有利于引导公务员把精力放在干实事上，有利于考核工作定量化。"廉"主要指公务员的廉洁情况，有利于加强监督，消除腐败。

（五）奖惩制度

奖惩制度是对公务员的工作实绩的肯定或否定的评价制度，包括奖励和惩罚两类。对工作表现突出、有显著成绩和贡献或者有其他突出事迹的公务员个人或者集体，给予奖励；相反，对于有散布有损国家声誉的言论、组织或者参加非法组织等行为的，国家将根据法律给予惩戒。《公务员法》第五十五条规定："公务员因违法违纪应当承担纪律责任的，依照本法给予处分；违纪行为情节轻微，经批评教育后改正的，可以免于处分。"《公务员法》第五十六条规定："处分分为：警告、记过、记大过、降级、撤职、开除。"

受处分的期间为：警告，6个月；记过，12个月；记大过，18个月；降级、撤职，24个月。公务员在受处分期间不得晋升职务和级别。其中，受记过、记大过、降级、撤职处分的，不得晋升工资档次。受撤职处分的，按照规定降低级别。

### (六) 交流与回避制度

国家实行公务员交流制度。公务员可以在公务员队伍内部交流,也可以与国有企业事业单位、人民团体和群众团体中从事公务的人员交流。交流的方式包括调任、转任和挂职锻炼。公务员在挂职锻炼期间,不改变与原机关的人事关系。

公务员之间有夫妻关系、直系血亲关系、三代以内旁系血亲关系以及近姻亲关系的,不得在同一机关担任双方直接隶属于同一领导人员的职务或者有直接上下级领导关系的职务,也不得在其中一方担任领导职务的机关从事组织、人事、纪检、监察、审计和财务工作。公务员担任乡级机关、县级机关及其有关部门主要领导职务的,应当实行地域回避,法律另有规定的除外。

公务员执行公务时,有下列情形之一的,应当回避:涉及本人利害关系的,涉及与本人有亲属关系人员的利害关系的,其他可能影响公正执行公务的。

### (七) 工资福利保险制度

我国的公务员实行国家统一的职务与级别相结合的工资制度。公务员工资制度贯彻"按劳分配"的原则,综合体现工作职责、工作能力、工作实绩、资历等因素,保持不同职务、级别之间的合理工资差距。同时,国家建立公务员工资的正常增长机制。公务员工资包括基本工资、津贴、补贴和奖金。公务员按照国家规定享受福利待遇。国家根据经济社会发展水平提高公务员的福利待遇。

公务员实行国家规定的工时制度,按照国家规定享受休假。公务员在法定工作日之外加班的,应当给予相应的补休。国家建立公务员保险制度,保障公务员在退休、患病、工伤、生育、失业等情况下获得帮助和补偿。公务员因公致残的,享受国家规定的伤残待遇。公务员因公牺牲、因公死亡或者病故的,其亲属享受国家规定的抚恤和优待。

### (八) 辞职与辞退制度

公务员辞去公职,应当向任免机关提出书面申请。任免机关应当自接到申请之日起30日内予以审批。其中,对领导成员辞去公职的申请,应当自接到申请之日起90日内予以审批。公务员有下列情形之一的,不得辞去公职:① 未满国家规定的最低服务年限的;② 在涉及国家秘密等特殊职位任职或者离开上述职位不满国家规定的脱密期限的;③ 重要公务尚未处理完毕,且须由本人继续处理的;④ 正在接受审计、纪律审查,或者涉嫌犯罪,司法程序尚未终结的;⑤ 法律、行政法规规定的其他不得辞去公职的情形。

担任领导职务的公务员,因个人或者其他原因,可以自愿提出辞去领导职务。

领导成员因工作严重失误、失职造成重大损失或者恶劣社会影响的,或者对重大事故负有领导责任的,应当引咎辞去领导职务。领导成员应当引咎辞职或者因其他原因不再适合担任现任领导职务,本人不提出辞职的,任免机关应当责令其辞去领导职务。

公务员有下列情形之一的,予以辞退:① 在年度考核中,连续两年被确定为不称职的;② 不胜任现职工作,又不接受其他安排的;③ 因所在机关调整、撤销、合并或者缩减编制名额需要调整工作,本人拒绝合理安排的;④ 不履行公务员义务,不遵守公务员纪律,经教育仍无转变,不适合继续在机关工作,又不宜给予开除处分的;⑤ 旷工或者因公外出、请假期满无正当理由逾期不归连续超过 15 天,或者一年内累计超过 30 天的。

对有下列情形之一的公务员,不得辞退:① 因公致残,被确认为丧失或者部分丧失工作能力的;② 患病或者负伤,在规定的医疗期内的;③ 女性公务员在孕期、产假、哺乳期内的;④ 法律、行政法规规定的其他不得辞退的情形。

(九) 退休制度

公务员达到国家规定的退休年龄或者完全丧失工作能力的,应当退休。

公务员符合下列条件之一的,本人自愿提出申请,经任免机关批准,可以提前退休:① 工作年限满 30 年的;② 距国家规定的退休年龄不足 5 年,且工作年限满 20 年的;③ 符合国家规定的可以提前退休的其他情形的。

公务员退休后,享受国家规定的退休金和其他待遇。

(十) 救济制度

公务员对下列人事处理可以申请救济:① 处分;② 辞退或者取消录用;③ 降职;④ 定期考核定为不称职;⑤ 免职;⑥ 申请辞职、提前退休未予批准;⑦ 未按规定确定或者扣减工资、福利、保险待遇;⑧ 法律、法规规定的其他情形。

公务员申请救济的方法包括申请复核、申诉、再申诉。

公务员申请复核的,应当自知道该人事处理之日起 30 日内向原处理机关申请。

自接到复核决定之日起 15 日内,按照规定向同级公务员主管部门或者做出该人事处理的机关的上一级机关提出申诉。公务员也可以不经复核,自知道该人事处理之日起 30 日内直接提出申诉。公务员对处分的决定不服,应该向监察机关提出申诉,按照行政监察法规定的程序进行。公务员对省级以下机关做出的申诉处理决定不服的,可以向做出处理决定的上一级机关提出再申诉。

复核、申诉期间不停止人事处理的执行。公务员申诉的受理机关审查认定人事处理有错误的,原处理机关应当及时予以纠正。

公务员认为机关及其领导人员侵犯其合法权益的有权控告。控告可以向上级机关或者有关的专门机关提出,如法院、检察院、审计部门、监察部门、党的纪律检查部门等。控告不得捏造事实,诬告、陷害他人。

### 关键术语

人事行政;国家公务员;公务员制度;职位分类制度。

### 思考题

1. 如何理解人事行政的概念?
2. 简述人事行政的地位和作用。
3. 试述中、西方国家公务员制度的特点。

# 第五章　行政领导

**本章要点**

行政领导是行政管理的"首脑",在行政管理各方面和全过程中都处于主导地位、核心地位。因此,提高领导者素质、完善行政领导体制、掌握科学的行政领导方法和艺术,是提高行政管理效率的一个很重要课题。本章重点是:行政领导的含义和特点,行政领导者的职、权、责的关系,我国行政领导制度的根本制度和日常工作制度,行政领导者和行政领导班子的素质结构等。

## 第一节　行政领导概述

### 一、行政领导的含义和特点

#### (一)领导的含义和特点

从语义学上说,"领导"一词的词性有名词与动词之分。名词的"领导"即指领导者,这也是日常使用的概念;动词的"领导"是指领导者领导下的活动。领导活动是自人类社会产生以来一直存在的。心理学研究表明,凡是有人类聚集在一起,进行有目的的活动就需要领导的组织和协调。我们这里应从动词意义上理解这一概念。所以,领导是指领导者在一定的环境下,为实现既定的目标,对被领导者进行指挥与统御的行为过程,即领导活动。

领导是一种多层次、多领域的立体现象,可以从不同的视角对其进行不同的分类。按领导的权力基础分类,可以把领导分为正式领导和非正式领导;按领导活动的层级分类,可以把领导分为高层领导、中层领导和基层领导;按领导活动的领域分类,可以把领导分为政治领导、行政领导和业务领导等。

从概念中我们可以看出领导具有以下特点:

**1. 系统性**

这个系统由领导者、被领导者、环境三个要素构成。领导者是在一定的组织体系中,处于组织、决策、指挥、协调和控制地位的个人和集体。在领导活动中,他们处于主导的地位。被领导者就是按照领导者的决策和意图,为实现领导目标,从事具体实践活动的个人和集团。他们构成领导活动的主体,是实现预定目标的基本力量。领导者与被领导者的关系,就是权威和服从的关系。环境是独立于领导者之外的客观存在,是对领导活动产生影响的各种外部因素的总和。这三个要素缺一不可,它们只有相互结合,才能构成有效的领导活动。

**2. 动态性**

领导是一个动态的过程。领导的三个要素表现为两对基本矛盾:一是领导者与被领导者的矛盾;二是领导活动的主体与领导活动的客体的矛盾。领导者的"投入"要通过被领导者的行为效果"产出",领导活动主体作用于客观环境的过程,表现为客观环境由"自在之物"不断地转化为"为我之物"的具体过程。

**3. 权威性**

领导权威表现在领导者与被领导者的关系上。它既反映领导者的权力和威望,又反映被领导者对这种权力和威望的认可与服从。

**4. 综合性**

领导是一个高层次的管理,即宏观管理,主要处理带有方针性、原则性的重大问题,需要对不同的利益进行综合,独立性较强。因此,把高层次的管理称为领导。

(二)行政领导的含义和特点

行政领导的含义,可以从广义和狭义两个角度理解。广义的行政领导是指在一切组织和团体中运用合法权力对被领导者进行统御和指引以实现特定目标的管理活动。狭义的行政领导是指国家行政管理中的领导,即行政领导就是国家各级行政机关的行政领导者依法行使国家权力、组织和管理国家行政事务和社会公共事务所进行的行政活动。行政管理学所讲的行政领导是狭义上的行政领导。对于行政领导,我们要注意把握以下几点:第一,主体的特定性。行政领导是指特定组织——国家行政系统内的领导。一切非行政系统内的领导都不能被称为行政领导。第二,客体的广泛性。行政机关工作人员和社会公众是行政领导的行为客体。

第三,内容的动态性。行政领导的内容包括决策、指挥、控制、协调、监督、检查、总结等,是一种动态过程。第四,基础的权威性。行政领导行为实现的基础是国家强制力。第五,目的的高效性。行政领导的目的是提高管理效率,最大限度地实现特定的行政管理目标。

行政领导是国家行政管理活动中的领导活动,它既具有一般领导的共同特点,又有其自身的特点,主要表现为:

**1. 政治性**

行政领导的政治性是由行政机关的政治性决定的。政府机关是经济上占统治地位的阶级,为实现其阶级使命而建立的组织;政府机关依照体现统治阶级意志和利益的法律规定来进行活动,实行国家的统治职能;行政机关的使命是执行国家权力机关的意志。所以在这种行政机关中任职的行政领导在进行行政领导活动时,必须要把政治性摆在首位,为特定的阶级服务。

**2. 行政性**

行政领导主要指事务性的活动,只是对"行政"的领导,一般不包括政务活动。在一定的行政环境中,为实现一定的行政目标,行政领导者依据法律对纳入行政活动的被领导者进行指挥与统御,从而保证国家行政权力的行使,有效地为组织和管理国家行政事务进行决策、指挥、协调、控制、监督。

**3. 权威性**

行政领导的权力是宪法和法律赋予的,具有合法的领导地位和权威性。对于行政领导者发出的指令,被领导者必须执行。

**4. 综合性**

行政领导的综合性表现在两个方面:一是行政领导的内容是复杂、综合的,不仅是对政府的外部事务的管理,同时也是对机关内部事务的管理,对社会政治、经济、文化等众多社会事务的管理;二是行政领导者素质要求的综合性。

**5. 服务性**

这是行政领导的本质所在。人民是国家的主人,领导权力是由人民赋予的,这种特性决定了行政领导必须为人民服务。

## 二、行政领导者的职位、职权和责任

行政领导者的职位、职权和责任共同构成了行政领导者的职责,三者相互关联,相互统一。首先,行政领导者要有行政职位,这是行政领导者行使职权、履行责任的前提。其次,行政领导者要有行政职权,它是行政职位所具有的一种由法律规定的权力,是行政领导者履行责任的必要依据。第三,行政领导者在国家行政机关中处于一定的职位,具有一定的职权,承担国家所委托的一定的工作任务,并对国家负有责任,这就是行政领导者的行政领导责任。作为行政领导者,责任是第一位的,职权是第二位的。职权是尽责的手段,责任才是行政领导的真正属性。

（一）行政领导者的职位

行政领导者的职位是指国家权力机关或国家人事行政部门根据法律与行政规程,按规范化程序选择或任命行政领导者担任的职务和赋予其应履行的责任。职务和责任是构成行政领导者职位的两个构成要素。职位是职务和责任的统一体,两者缺一不可。

行政领导者职位具有以下特点:

第一,职位是以"事"为中心确定下来的。这一特点决定了行政人员,尤其是行政领导者必须围绕不同轻重缓急的行政事务开展工作,必须以处理各种事务的高效率来推动工作任务的完成。

第二,职位的设置有数量的规定性。职位数量的确定要遵循最低数量的原则。因此,对于职位的设置,一要避免因人设事,官职重复;二要避免职权划分不当,所设官员权限不明,交叉管理。

第三,职位本身具有相对的稳定性。这一特点表明行政领导的职位有法定性,即按法律规定的职位,既不能随意增设,又不能随意废除;这一特点又表明某一职位上的行政领导人担任职务与责任的时间长短;这一特点还表明主次对职位本身不构成影响。

（二）行政领导者的职权

行政领导者的职权是指由行政领导者来行使的、法律赋予一定职位的行政权力。行政领导者的职权是其行使指挥与统御过程的支配性影响的实质条件。行政领导者职权的大小是与其所担当的行政领导职位的高低相对应的。行政领导者的职权是其权利和义务的统一体,这就规定了行政领导者可以依法行使而且必须行使其职权,否则就构成了违法和失职。因此,职权对行政领导者来说,既是他们的权利,又是他们的义务。职权是权利与义务的共同表现。

正确认识行政领导者的职权,要处理好行政领导者的职权与职位的关系。

从职权的特点来看,第一,职权是与职位联系在一起的。职权是由职位衍生出来的,职位的性质决定了职权的性质。某一行政领导职位相应地有某种数量规定的工作任务、工作指标、工作绩效,职权与职位均与个人因素无关。第二,职权与职位有对称关系。职权的大小要与职能的高低、责任的轻重相适应。任意扩大职权，即为滥用权力；随意失职失权，即为渎职行为。第三，职权是法律认可与确认的权力。它一方面要约束行政领导者的思想与行为，另一方面要确保这种权力的稳定性，使其不能以任何形式进行私人性的转让。任何行政领导都应以有效的工作，即最少的投入、最大的产出来保证自己行使权力的正当性、合理性与有效性。

从职权的范围来看，行政职权是有限度的权力，它由国家权力机关因社会行政管理分工的不同而进行功能性划分，并由国家依据划分做出授予，被授予者需对权力有明确的认识，从而掌好权、用好权。行政领导的权限范围包括人事权、物权（即对物质资源的配置与使用权）、财权、组织权。

### （三）行政领导者的责任

行政领导者的职责是指行政领导者依法行使行政领导职位上的工作任务和违反法定义务必须承担的法律后果。行政领导者的责任可以从四个方面描述：

**1. 政治责任**

政治责任即行政领导者对国家和人民所负的责任，是指行政领导者因未履行特定的政治义务或没有做好分内之事而导致的政治上的否定性后果，以及所应遭受的谴责与制裁。其主要表现为维护社会制度、维护国家的法律体系、维护国家安全、维护人民的生命财产安全、保障社会稳定等。

**2. 法律责任**

法律责任是指行政领导者要依法履行行政领导职位上的职责。必须依法行政，必须在国家法律、法令和条例允许的范围内工作。法律责任是在行政管理活动过程中因违反法律规范所应承担的法律后果或应负的责任。

**3. 工作责任**

工作责任是指行政领导者自己的岗位责任，即行政领导者担任某一职务所应承担的义务和应负的责任。

**4. 道德责任**

道德责任即行政领导者的行为违背了行政职业道德和社会道德所要承担的责任。

其中，政治责任、法律责任、工作责任是最主要的，道德责任由于行政领导的服务性特点越来越突出也随之被重视，甚至于许多国家还专门制定有关行政道德的法律。

## （四）行政领导在行政管理中的地位和作用

行政领导在行政管理中具有重要的地位和作用，具体表现为：

**1. 行政领导是行政管理协调统一的保证**

面对复杂的行政管理活动，行政领导应发挥导向和指挥的作用，统一指挥不同部门的工作人员，协调各方面相互冲突的利益，从而使行政系统有序和畅通，保障了行政目标的顺利实现。随着社会的发展和科技的进步，行政机构日益庞大，涉及的领域越来越广，行政日常事务日益复杂，行政人员不断增加，统一意志和统一指挥的行政领导的必要性及重要性尤为突出。形成统一的意志，实施统一的指挥，是对所有行政管理的必然要求。

**2. 行政领导贯穿于行政管理的全过程**

一般而言，行政管理过程与行政领导过程是交叉的。行政管理的过程就是一个不断制定和执行政策的过程。行政领导在领导过程中"出主意""用干部"是其根本职责。正是这两种领导职责构成了有效的行政管理活动，并贯穿于行政管理活动的始终。

**3. 行政领导是行政管理成败的关键**

行政管理的宗旨在于提高行政效能，以高质量、高效率实现行政目标。从行政管理的社会效益和效率来看，都与行政领导的决策、指挥有关。从一定意义上讲，行政领导是行政管理成败的关键，对行政管理的效能会产生决定性影响。因此，正确认识行政领导的职、权、责，建立和完善科学的行政领导制度，掌握并运用科学的行政领导方法、方式和艺术，优化行政领导者的素质结构，会对行政管理效能产生决定性的影响。

# 第二节　行政领导制度

行政领导制度从整体上可以划分为三个层次：一是从根本性上制约行政活动的制度安排；二是足以保障领导者个人可以与组织协调行动的制度，以使领导者个人的能量与组织的能量得到最大限度的发挥；三是足以保证日常行政领导活动顺畅开展的制度性措施，使行政活动富有成效，不致无的放矢。根据这三个不同的层次，我们重点介绍我国的几种主要的行政领导制度。

## 一、民主集中制

### (一)民主集中制的含义

民主集中制是民主制和集中制有机结合的一种制度。就民主制而言,是指在国家生活中,人民群众当家做主,有权以不同方式积极参加对国家大政方针、重大决策和法律的讨论,参加对国家事务、经济和文化事务及社会事务的管理,充分体现人民参政议政的民主权利;一切国家机关及其工作人员必须对人民负责,受人民监督,这是我国社会主义本质的体现。就集中制而言,坚持在高度民主基础上实行高度集中,实行少数服从多数、个人服从组织、下级服从上级、全党服从中央,这是建立全党和全国的正常秩序、实现集中统一和行动上的一致的基本保证。因此,民主集中制就是在高度民主基础上实行高度集中的制度,是民主基础之上的集中和集中指导下的民主相结合。在民主中集中,民主和集中是辩证统一的关系,民主是集中的前提和基础,集中是民主的指导和结果。

### (二)民主集中制的主要内容

民主集中制是我国根本的行政领导制度。我国宪法把民主集中制作为人民民主专政国家政权的组织原则和国家的根本领导制度确立下来。其具体表现为:

首先,全国人民代表大会和地方各级人民代表大会的代表都由民主选举产生,对人民负责,受人民监督。

其次,国家行政机关、司法机关都由人民代表大会产生,对它负责,受它监督。

最后,中央和地方国家机构职权的划分遵循在中央统一领导下充分发挥地方的主动性、积极性的原则。

民主集中制的领导制度贯穿于各级行政领导的全部实践活动中,是社会主义根本制度的直接体现。它决定和影响着其他行政领导制度。其他行政领导制度是民主集中制领导制度的具体化,是由其决定和衍生出来的;其他具体的行政领导制度离开了民主集中制,就难以实现和发挥作用。

## 二、集体领导、个人分工负责与行政首长负责制

### (一)集体领导与个人分工负责制的含义

集体领导是集体决策共同负责的制度,即对重大问题,由领导集团全体成员讨论,做出决策和决定,一经决定,必须共同遵守。实行集体领导,对重大问题表决时,应坚持少数服从多数的原则,不能个人或少数人说了算,不同意见可以保留,但

必须服从多数人的意见和集体决定。在集体领导中,行政首长必须正确地使用最终的决定权和否定权,应当在集体意见的基础上决定或否定,而不是以个人意志为转移。行政领导集团内各个成员要分清职责,根据各自的职责和工作任务分工合作,不能互相推诿。

个人分工负责制就是行政领导集团内部成员为执行集体领导的意志而密切配合,各司其职,各尽其责。这是保证集体领导实现的一个重要措施。个人分工负责的工作是集体领导工作的组成部分,分工不分家,既要分工,又要配合,实行权责统一。

(二)集体领导与个人分工负责制的关系

集体领导和个人分工负责是辩证的统一、有机的结合。集体领导是个人分工负责的前提,个人分工负责是集体领导的基础。一般来说,集体领导强调的是决策,个人负责强调的是执行;集体领导的决策是个人分工负责的方向、目标,个人分工负责是集体领导意志实现的途径。离开集体领导的个人分工负责就是无政府主义和自由主义;离开个人分工负责的集体领导就是一句空话。坚持集体领导与个人分工负责相结合,就要反对个人说了算和不敢负责的官僚主义倾向。

(三)行政首长负责制

集体领导与个人分工负责制的具体形式——行政首长负责制。行政首长负责制是指重大事务在集体讨论的基础上由行政首长定夺,具体的日常行政事务由行政首长决定,行政首长独立承担行政责任的一种行政领导制度。它是相对于委员会制而言的,是民主集中制和集体领导与个人分工负责制相结合制度的一种具体形式。我国《宪法》《国务院组织法》《地方各级人民政府组织法》都明确规定我国实行首长负责制。这种制度是建立在发挥集体作用基础之上的,是同集体领导相结合的行政首长负责制。

## 三、日常的具体行政领导制度

日常的行政领导制度是根本的行政领导制度在实际执行中的具体化。日常的具体行政领导制度可以表现为三个层面:领导与群众关系的问题;领导与领导之间的上下级与内部关系的问题;领导班子内部关系协调的问题。

(一)行政领导密切联系群众制度

这是处理行政领导者与行政活动参与者关系的制度,这种制度是行政领导的民主原则最直接的要求和体现。由于行政领导者在这种制度安排中处于权力掌握者、政策决定者的地位,因此他们应当主动加强与行政活动参与者的联系,想方设法收集群众的意见、建议,了解群众的愿望、要求,以求最广泛地征集到行政活动的社会反应,从而获得最有力的社会心理支持,以保证行政活动的参与者以高昂的热情始终活跃于行政活动的过程之中。

加强与群众联系的方法有多种,有接待日制度、对话制度、咨询制度、信访制度、通报制度、评议制度等。只不过需要特别强调的是,这些具体制度必须有助于解决具体问题,是常设而不是临时应急性的,否则,只能取得暂时性的效果。

### (二) 上下级行政领导者之间联系的制度

为了使行政活动有序、有效地开展,既需要各种客观条件,又需要上下级行政领导者之间加强联系,密切配合,共同支持。为了实现这个目的,这种关系的协调制度包括以下几个方面:

**1. 通报征询制度**

通报征询制度即定期或不定期地将上级的意图、决策、部署等通过会议、网络或简报等形式传达给下级领导,并主动征询下级领导的意见,以调动下级领导的工作主动性和积极性。

**2. 报告指示制度**

报告指示制度指的是对涉及全局性的问题,或超出自己职权范围的问题或其他重大问题、重要情况,要及时向上级领导汇报的制度。这一制度有利于上下步调一致,推进行政行为的有效性。

**3. 检查反馈制度**

检查反馈制度是上下级领导之间互动性的一种制度。上级领导要及时地检查下级领导执行或完成工作任务的情况,下级领导则要及时地将执行的有关情况反馈给上级领导,以利于上级领导根据实际情况来做出决策。

借助于通报征询、报告请示、检查反馈等具体制度,就可以保证行政领导上下级之间亲密无间的合作关系,共同致力于优化行政活动的事业。

### (三) 行政领导班子内部成员联系的制度

这是协调行政领导班子内部关系的制度。行政领导班子内部关系的协调状况如何,对整个行政管理活动及其结果有很大影响。这种内部关系协调的制度包括以下几个方面:

**1. 办公会议制度**

定期或不定期地召开会议,以利于及时地向领导班子成员通报部门有关重要情况,讨论解决的措施。

**2. 集体学习制度**

这是从中央到地方已经制度化的一种形式,主要是定期组织领导班子学习经济、政治、法律、文化、科技、历史、国际问题、社会、军事、党建等方面的重大问题,提高领导班子成员的政治素质和思想文化素质,提高领导班子成员领导中国特色社会主义现代化建设的能力。

**3. 民主生活会制度**

这是党章规定的一项制度,主要内容是汇报自己一个阶段内的思想情况、开展批评和自我批评、总结经验教训。这有利于领导班子成员交流思想、交流意见、增进团结,提高集体战斗力。

## 第三节 行政领导素质

### 一、行政领导者素质结构

领导者素质有双重含义:首先,领导者素质是指构成领导者的各种内在要素,即领导者之所以成为领导者的生理、心理、文化、思想、政治、道德等因素,以及由这些因素综合而形成的本质性能力,即领导能力。它们是领导者任职的内在根据和条件,统称为领导者素质。其次,领导者素质是指这些要素、能力的现实状态,即发展程度或实际水平。也就是说,领导者素质同时又是一个发展的动态概念,用以描述和揭示现实领导者的实际状态、水平和差距。领导者素质与先天遗传的生理、心理特点有关,受它们的影响与制约,但主要是后天社会实践中自身努力的结果。概括地说,行政领导者的素质是指行政领导者从事行政领导工作必须具备的基本条件,以及在行政领导工作中经常起作用的内在要素的总和。

行政领导者个人的素质主要有以下几个方面:

(一)政治素质

这是对行政领导者的首要要求。行政领导者不同于一般的行政工作人员,他们是一个部门、一个地区乃至一个国家的重大方针政策的制定者和组织实施者。

行为领导者的政治素质主要表现为:

要有坚定的政治立场。行政领导者应有坚定、正确的政治方向,坚持四项基本原则,自觉执行党的路线、方针、政策,以党和国家利益为重。

要有坚定的政治信仰。牢固树立共产主义信念,坚信社会主义、共产主义是人类的伟大事业。

要有廉洁奉公的政治品德。行政领导者必须充分认识到自己的责任和义务,要实事求是,勇于坚持真理;对上尽职、对下负责;顾全大局,严于律己;心胸开阔,接受批评;弘扬正气,抵制诱惑;遵守法纪,不谋私利。

要有全心全意为人民服务的思想境界。在社会主义社会,各级行政领导者都是人民的公仆,要自觉地贯彻和执行党的群众路线,倾听群众呼声,关心群众疾苦,尽心尽力地为群众排忧解难,将群众利益放在第一位,做一个合格的人民勤务员。

### (二)知识素质

合理优化的知识结构,是行政领导干部必备的基本条件,也是提高行政领导水平的重要环节。现代行政管理涉及的范围十分广泛,内容极其复杂。为适应现代行政管理工作的需要,行政领导者应具有全面的知识素质。懂得运用马克思主义基本理论、一般基础科学文化知识、社会主义市场经济理论知识、现代科学技术知识和法律知识,同时也要具有从事本职工作所必需的业务知识和现代领导与管理知识,成为掌握业务知识与领导知识的"双内行"。现代行政领导者应该是"专才"基础上的"通才"。

### (三)能力素质

能力是知识的发挥和运用,它是指影响一个人顺利完成某件事情所具备的各项条件的总和。人的能力是多方面的,对行政领导者来说,能力素质主要表现在两个方面:一是要有较高的能力水平。在通常情况下,衡量一个行政领导者是否称职,主要看他是否具有履行其职责的基本能力,即行政管理工作所要求的最起码的能力水平。二是要有合理的能力结构。

行政领导者的能力构成主要包括以下几个方面:

一是正确处理问题的能力。行政领导者要善于主动发现问题、深刻分析问题、切实公正解决问题,以此保证工作的主动性。

二是科学决策能力。行政领导者要善于获取决策信息、整合已有知识、权衡各方利弊,正确果断做出决策。

三是组织协调能力。行政领导者要有组织、指挥、协调的才干,善于根据不同的对象和条件采用不同的方式方法,把各种力量组织成一个高效能的整体,并加强沟通和协调,将各种分散的力量团结一致,以实现既定的目标。

四是应变能力。行政领导者应能够根据行政环境的变化及时调整工作重点,改变工作策略,机智、灵活地采取有效措施,掌握工作的主动权。

(四)心理素质

从个体心理品质角度来看,心理素质主要包括气质、性格、意志等几个主要方面。因此,作为一个行政领导者,更应具备这些心理素质。

作为领导者的心理素质主要表现为:

一是敢于决断的气质。任何决策都是有时效性要求的,在对客观事物充分调查的基础上,行政领导者应有不失时机地、勇敢果断地处置问题的热情与气魄。

二是竞争开放型的性格。竞争在某种意义上说就是奋力争先,领导者应有敢为天下先、善于争先的品格。领导者要与各种人打交道,要随时处理各种矛盾。这决定了行政领导者要有开放的心态、宽阔的胸襟、公道正派的作风,要能够团结众人一起去不懈地竞争。

三是坚忍不拔的意志。开拓创新难免遭受挫折、失败,只有具备不怕挫折与失败百折不挠的毅力,才能经得起各种风浪的考验。因此,意志坚强是行政领导者必备的条件之一。

## 二、行政领导班子素质结构

(一)合理的静态结构

行政领导班子是一个有机的整体,从静态意义上说,其素质结构包括以下四个方面:

**1. 年龄结构**

这是指行政领导班子由不同年龄合理构成的最佳的年龄结构。它是根据不同的领导层次,由老年、中年和青年干部按合理的比例构成的综合体。就我国目前的情况来看,优化年龄结构主要是解决领导班子年轻化问题,但要注意不能走极端,不能片面地理解为青年化。

**2. 知识结构**

这是指行政领导班子应有较高的文化知识水平,还要强调各类人才的合理搭配。只有将各种"专才"很好地组合,构成整体的"全才"或"通才",才能胜任综合而复杂的行政领导工作。因此,配备行政领导班子应将具有不同专长的人有机地结合,以形成既有较宽的知识面又有精深的专门知识的立体知识结构。

**3. 能力结构**

这是指行政领导班子内不同能力的合理构成。人的能力结构是有差异的,在优化行政领导班子素质结构时,应根据这种智能的差异,让具有不同能力类型的行政领导个体组合到领导班子中来,形成高智能的、多才多艺的整体。

**4. 个性结构**

这是指行政领导班子的心理气质和性格配比组合,形成合理的"群体气质"和"性格互补"。人的气质类型是不同的,它是人的心理活动的动力特征。有的人反应敏捷、活泼好动,有的人思维精深、慢条斯理。不同类型的组合,可提高领导班子决策的敏感性、准确性和果断性。性格是先天遗传和后天习得的"合金体",反映的是人对现实稳定的态度和习惯化的行为方式。组建领导班子时,要注意他们在性格方面的协调和互补,以形成一个高效的领导群体结构,发挥好其成员的各自优势,实现行政目标。

## (二)合理的动态结构

领导班子的动态结构是指在动态领导过程中行政领导班子所形成的合力,包括合力关系和合力状态。

**1. 合力关系**

从一般意义上说,能够进入高层领导集团的人,都是素质较高、形象较好的领导者。但领导集团的整体素质并不等于领导成员素质的机械相加之和,而取决于各成员在领导活动中能否形成良性互补、互动的合力关系。这种良性互补的合力关系主要表现为:

(1) 经验、阅历的互补关系。在领导集团面临新的压力和挑战的时候,在个体领导成员之间形成良好的经验和阅历互补关系,可以增强领导集体克服困难的信心和能力。

(2) 专业知识和能力的互补关系。当领导集体遇到重大的非程序性决策时,对决策方案的选择能力取决于领导成员的知识和能力素质。只有在领导成员知识和能力素质形成良好的互补关系时,才能最大限度地扩大领导者的有限理性,提高集团领导者的决策能力。

(3) 品德互动关系。古语云:"近朱者赤,近墨者黑。"在领导活动中,领导成员的人品、道德素质是相互作用、相互影响的互动关系,主要包括道德互动和责任互动。如果多数领导成员能够廉洁自律、勇于负责,就可以对个别领导成员形成一定的威慑力,而每个成员都能廉洁自律、勇于负责,就可以使领导集团树立廉洁奉公、向人民负责的良好形象。

**2. 合力状态**

在领导活动中,衡量一个领导集团素质的高低,主要看以下几个方面:

（1）团结合作能力。团结合作是领导集团的生命线，是实现组织目标的可靠保证。不团结是集团领导素质的腐蚀剂，会给整个管理组织造成更加复杂、紧张的关系和巨大的内耗，严重的甚至可以毁掉组织发展的一切努力。没有团结，就没有合作，合作是建立在团结的基础之上的。

（2）科学决策和处理复杂事务的能力。正确而科学的决策是领导集团的首要任务。一个集团领导者素质的高低，主要取决于其能不能有效地进行科学决策，决策质量的高低直接关系到整个组织的生死存亡；同时，还取决于领导集团对突发事件的反应能力和处理复杂事务的能力。这些能力状况直接决定领导集团乃至整个组织的社会形象。

（3）社会动员与社会统御的能力。能否有效地动员社会，动员群众参与决策、执行决策和参与管理，是集团领导者领导能力的集中体现，是树立领导形象的最有效途径。社会动员能力和社会统御能力是相辅相成的关系，两者不可偏废。只有动员能力，没有统御能力，就会在领导活动中失去控制，导致社会混乱；而只强调"统御"，不注意动员群众，就不可能获得群众的支持和有效地动员社会的力量与资源，即使是正确的决策，也无法有效地执行。

（4）清除积弊和开拓进取的能力。任何领导活动都不可避免地带来一些弊端，而这些弊端积累到一定程度，必须加以清除。一个素质较高的领导集团，能够及时发现和正视这些弊端，并不间断地解剖自己，锐意改革，积极进取。

## 第四节  行政领导的方法、方式与艺术

行政领导的方法、方式和艺术构成了一个有机整体。其中，行政领导方法是指导性、普遍性和原则性的，适用于行政领导的所有领导活动；行政领导的方式和艺术则是行政领导方法在应用中的具体化和个性化。

### 一、行政领导方法

行政领导方法是指行政领导者在行政活动过程中，为实现行政领导目标而采取的各种手段、办法和程序的总和。广义的行政领导方法包括行政领导的方式和艺术。狭义的行政领导方法仅仅是指行政领导制度所要求的具有广泛制约力和影响力的根本方法。本书所讲的行政领导方法是狭义的行政领导方法。在我国，根

本的行政领导方法是在长期的实践中总结出来的马克思主义领导方法，主要包括以下三种：

### （一）实事求是的方法

实事求是既是我们党的思想路线，也是我国行政领导的最基本的思想方法、工作方法。邓小平同志指出：实事求是，一切从实际出发，理论联系实际，坚持实践是检验真理的标准。这就是我们党的思想路线。坚持和运用实事求是的方法，必须做到以下几点：

**1. 一切从实际出发，反对主观主义**

客观实际是行政领导得以发现问题、分析问题、做出决策和制订计划的基本依据。只有真正认识客观事物的本来面目，才能从中引出正确的方针、政策、方法。

**2. 发挥主观能动性**

行政领导者必须勤于思索，将获得的丰富的感性材料进行去粗取精、去伪存真、由此及彼、由表及里的改造制作，从中找出事物内部的规律。

**3. 坚持用实践检验和发展真理**

通过实践检验，判定从"实事"出发求得的"是"，是"是"还是"非"，把被证明为"是"的认识，循着实践、认识、再实践、再认识的规律逐步提高、完善，在实践的基础上不断实现主观与客观的具体的、历史的统一。

### （二）群众路线的方法

一切为了群众，一切依靠群众，从群众中来，到群众中去的群众路线，是实现党的思想路线、政治路线、组织路线的根本工作路线。群众路线科学地解决了领导和群众的关系，是行政领导者的根本领导方法。坚持和运用这个方法，必须做到：

**1. 虚心向群众学习**

虚心向群众学习，有事和群众商量，把群众的智慧、经验和意见集中起来，从而实施正确的行政领导。

**2. 领导骨干与广大群众相结合**

行政领导者任何时候都必须深入群众，依靠群众，善于发现、培养和使用领导骨干，并依靠他们团结处于中间状态的多数群众，热情帮助少数后进群众。

**3. 一般号召与个别指导相结合**

行政领导必须善于宣传群众、组织群众，向群众指明奋斗目标；同时，进行蹲点试验，取得经验以指导全局。

### (三)矛盾分析的方法

矛盾分析的方法就是运用辩证唯物主义对立统一原则去分析事物。学会分析矛盾,养成分析矛盾的习惯,是做好行政领导工作的重要保证。矛盾分析的方法主要包括以下几个方面:

**1. 要具体问题具体分析**

具体问题具体分析是马克思主义活的灵魂。行政领导者必须坚持对事物的主要矛盾与矛盾的主要方面、矛盾的不同性质以及解决矛盾的不同方法进行具体分析,凡事从实际出发,因地、因时制宜,防止和反对"一刀切""一风吹""一个模式"等简单化的做法。

**2. 要全面地看问题,学会"弹钢琴"和抓关键**

事物内部的各要素及事物之间,都处于相互关联、相互制约、相互作用的发展状态。行政领导者必须全面地、系统地和发展地思考问题,处理矛盾,防止和反对片面性。

**3. 要创造条件,做好矛盾的转化工作**

行政领导者必须善于从各方面创造有利条件,使矛盾朝着正确的方向转化。

## 二、行政领导方式

行政领导方式是领导方法的一种表现,是在领导过程中领导者、被领导者及其作用对象相结合的形式。行政领导方式的中心问题是正确处理上下级关系。

行政领导方式可以从不同的角度进行分类。从行政领导的工作侧重点的角度进行划分,行政领导方式可划分为以事为中心式、以人为中心式、人事并重式的行政领导方式;从行政领导者作用于行政人员的方式的角度进行划分,行政领导方式可划分为强制式、说服式、激励式、示范式。

### (一)根据行政领导活动的侧重点划分,可将行政领导方式分为重人式、重事式与人事并重式的行政领导方式

重人式的行政领导方式。这种领导方式致力于建立和谐的人际关系和宽松的工作环境,以组织成员间的和谐关系为导向进行行政领导工作,是以人为中心进行行政领导活动。这种行政领导者待人比较温和、民主,关心下级,与部属的关系比较平等。在这种行政领导方式下,组织凝聚力增强,成员的满意感增大;但由于对工作任务的监督、指挥、控制不够重视,组织的工作效率不高,成员对组织提出的要求会越来越多,而做出的贡献会越来越少。

重事式的行政领导方式。这种领导方式注重行政组织的目标、任务的完成和效率的提高,以事为中心进行行政领导活动。行政领导者把工作任务放在首位,强调高效地完成任务,对组织成员关心不够,与组织成员之间缺乏必要的情感交流。这种行政领导者善于通过严格的工作制度和发号施令来实施领导。在这种行政领导方式下,组织的工作任务可以完成,但组织成员心里压迫感明显,不安情绪多,组织内部人际关系紧张,整体凝聚力低。

人事并重式的行政领导方式。这种领导方式既关心人,也注重工作,做到关心人与关心事的辩证统一。这种行政领导者把完成工作任务和满足成员需要紧密结合起来,既注重改善工作条件,又注重调动成员的积极性;既有严格的工作要求,又赏罚分明,使下属有饱满的工作热情。关心人,才能调动人的积极性;关心工作,才能使每个人都有明确的责任和奋斗目标。在这种行政领导方式影响下,组织凝聚力强,士气高,关系协调;成员不安情绪少,工作效率高。显然,应该提倡人事并重式的领导方式。

重人式、重事式与人事并重式的行政领导方式的划分并非绝对的,其运用并非单一、不变的。行政领导者应根据其素质、能力以及客观环境、工作性质、领导对象等条件,确定以某种方式为主,并辅以其他方式。

(二)根据行政领导者作用于被领导者的方式划分,可将行政领导方式分为强制式、说服式、激励式、示范式的行政领导方式

强制式的行政领导方式,是行政领导者为实现行政管理的目标,凭借行政职权发布命令来约束或引导行政人员言行的一种行政领导方式。强制命令式的领导,必须以相应的纪律、制度以及惩处的措施作为保障,以行政组织正式授权为依据,以直接惩罚为外在特征。行政领导中的强制性,是组织行为中经常出现的现象,这是由现代社会组织的特性决定的。现代行政组织作为现代社会组织的一种,为了能使本组织的意志统一、行动一致、效率提高,务必要求本组织成员遵守组织的规章制度。为此,行政领导者需要发出行政指令来约束或引导行政人员的言行,而行政指令具有明显的强制色彩。这种强制,又直接以惩罚为外在特征。一个行政领导者,要善于运用行政指令来规划和指挥行政人员及行政活动的参与者,保证他们不违反行政指令,保证他们服从自己的权威,并借此保证最低限度的行政效率。

说服式的行政领导方式,是行政领导者运用启发、劝告、诱导、劝慰、建议等双向沟通的方法,在领导者和被领导者之间达成一定共识的基础上,使被领导者心悦诚服地接受并贯彻自己意图的一种行政领导方式。这也是现代行政领导者经常采用的一种领导方式。强制总是有限度的,而且容易引起下属的逆反心理,行政领导

者务必慎用。行政领导者经常使用的领导方式应是说服式的。说服,包括劝告、诱导、启发、劝谕、商量、建议等易于领导者和群众双向沟通的方式。沟通的意义是明显的:有利于贯彻行政领导者的领导方略,有利于上下级达成共识和建立共同的情感以及加强上下级协同工作的愿望,优化人力资源,以较少数量和较高质量的人力投入,赢得更高的行政绩效。

激励式的行政领导方式,是行政领导者使用物质或精神的手段激发下属的工作积极性,达到决策目标的推进型领导方式。这是一种最直接服务于提高领导效能的领导方式。根据组织行为学的启示,对组织中的成员进行不同方式的激励,有利于提高他们的工作积极性,从而提高工作效率。激励的方式,大致可以区分为普遍激励和特殊激励两种。普遍激励,在对象上是针对组织中所有成员的,在方式上包括改善工作条件和提高工作报酬。由于普遍激励属于行政领导者通常使用的经常性工作方式,因此还必须要有特殊激励,才能起到激发积极性和提高工作效率的作用。特殊激励的对象是那些工作积极、态度端正、成效显著、贡献较大的人员,对他们予以特殊的精神与物质奖励,不仅可以促使他们产生更大的热情,还可以产生榜样效应,从而激发其他工作人员的积极性。

示范式的行政领导方式,是行政领导者通过率先垂范、身先士卒、身体力行等"身教"方式,通过树立领导者良好的自身形象,以提高领导效能的一种领导方式。领导者是一个组织的象征,他们的精神面貌、行为方式、工作方式、工作动机、价值观念乃至个人趣味,对本组织的人员都会产生明显的或潜移默化的影响。因此,良好的领导方式当然包括领导者本人对自己领导形象的塑造。而最有益于塑造良好的领导形象的方式莫过于身体力行,身先士卒。一个行政领导者能够吃苦在前,享受在后,本身就是对本组织成员以高昂热情投入工作的无声号召。同时,一个领导者足智多谋、果断坚韧,也可能为组织成员提供解决工作难题的多种思路和工作方法,从而使投入工作的物流加快,人力资本在无形中增长,效率自然也就提高了。

## 三、行政领导艺术

行政领导艺术是行政领导者领导方法的个性化、艺术化,是行政领导者在工作中结合普遍经验和个人体会而形成的,它属于行政领导方法中创造性、随机性、权变性较强的部分。行政领导艺术对行政绩效的影响是通过它本身所具有的超规范和非模式化途径达到的,是通过行政领导对偶发性的特殊情况的艺术化处理而获得的,是将个人经验与科学规则有机结合为领导方法而达成的。领导艺术没有系统的理论体系,要因时、因地、因人而异。行政管理中常用的领导艺术主要有以下几种:

## （一）授权艺术

授权就是在行政组织内部，上级授予下级一定的权力和责任，使其在一定范围内有处理问题的自主权。授权艺术，可以帮助行政领导者"分身有术""事半功倍"。因为通过授权留责、适度放权、视能授权、逐级授权、授权追踪（即授权后的监督）等授权方式，可以激发下属的责任心、上进心，可以促使他们以责任人的身份去全权全责地处理问题，从而提高绩效。

## （二）用人艺术

用人艺术，最讲究的是"人尽其才""才尽其用"，这是高效率利用人力资源的必然要求。而要做到这一点的首要条件和基本要领是"知人善任"。行政领导要了解下属、知其短长、以诚相待、扬长避短、用养结合、合理激励、奖励有度，以达到提高工作效率和绩效的目的。

行政领导者在运用激励艺术时应遵循以下基本原则：第一，差别性原则。坚持奖勤罚懒、奖优罚劣，形成一定奖励差别，促使非受奖对象向受奖对象靠拢。无差别的奖励将起不到激励的作用。当然，在实施差别奖励时应适度。第二，社会性原则。奖励的实质标志着社会对人们言行的肯定和评价，因此，应造成社会声势，形成相应的社会心理环境和压力，促使先进更先进，后进赶先进。第三，时效性原则。受奖与晋升不同，晋升需要联系以往的历史，考察其成长过程，而受奖则具有很强的现实性，必须在一定的时效内依功而奖、及时施奖。第四，结合性原则。奖励应是物质奖励和精神奖励相结合，以精神奖励为主。第五，层次性原则。奖励应根据被奖者的需要，按需实施奖励，奖人所需。尊重、信任和赏识是最高层次的奖励，也是成本最低的奖励。

## （三）处事艺术

行政领导者每天都有大量亟待处理的事务。干好领导工作、忠于职守、专心本业、统筹安排、学会"弹钢琴"等，是行政领导者处事的要则。

## （四）运时艺术

时间的运筹是指行政领导者在提出工作目标到实现目标的过程中的最佳时间安排。运时艺术，既包括领导者对自己本职工作事务处理的时间安排，也包括他对本组织内各类事务处理的时限的了解和运筹。运时艺术的原则是：自觉形成时间意识，合理安排时间消耗比例，善于把握高效率的黄金时间段，能够利用各种有利因素，延长内在时间，从而提高时间使用效率。

## （五）语言艺术

语言是人类交流的一种重要媒介，谈话是行政领导工作的一种重要形式，是行政领导者的一项艺术性、技巧性很强的工作。在领导活动中，行政领导者要把领导意图与要求传递给被领导者并获得所期望的结果，就应把握语言传递过程中的基本要求。一是准备充分。根据交流对象的具体情况，选择适当的时机、场所。二是主题明确。推心置腹，开诚布公，观点鲜明。三是条理清晰。循循善诱，言语准确。四是语言生动。言语情感丰富，寓理于情，引起共鸣；善于运用各种非语言符号——动作、目光、表情、语调等，强化语言效果。

**关键术语**

行政领导；民主集中制；行政首长负责制。

**思考题**

1. 简述行政领导的含义和特点。
2. 简述行政领导者的职、权、责的关系。
3. 简述行政领导方式的含义及类型。
4. 试述我国行政领导制度的主要内容。

# 第六章　行政决策

**本章要点**

行政决策是行政管理的基础和首要环节，并贯穿于行政管理的全过程，直接关系着行政管理的成败。要保证行政决策的科学性，就必须遵循科学的决策原则、程序，并建立科学的行政决策体制。在信息社会中，充分发挥信息系统、咨询系统在决策中的作用对于科学决策具有重要意义。本章重点掌握：行政决策的含义及特点，行政决策体制的含义、构成及类型，行政决策的基本程序及行政决策的理论模型。

## 第一节　行政决策概述

### 一、行政决策的含义和特点

决策是人们就需要解决的问题所做的行为设计和抉择过程。行政决策是决策的一种，它是行政机关为履行行政职能所做的行为设计和抉择过程。它具有不同于其他决策的特点，主要是：

（一）行政决策主体的特定性

行政决策与其他决策不同，只有具有行政权的组织和个人才能成为行政决策的主体。对此，我国宪法和有关法律做了明确规定，行政权由行政机关行使。行政机关之外的某些国家机关和社会组织，依照宪法、法律规定或授权，具有一定的行政权后，也可成为行政决策的主体。

## （二）行政决策客体的广泛性

由于行政管理的范围和内容极其广泛，行政决策的内容也非常广泛。它包括国家的政治、经济、文化教育、社会生活以及生态环境等各个方面的重大事务。也就是说，除国家法律另有规定之外的一切社会公共事务，都需要通过行政决策加以解决。而其他决策，如企业、事业单位和社会团体的决策等，其内容主要限于各自的内部事务，一般不涉及整个国家和社会范围的事务。

## （三）行政决策依据的法律性

行政机关是国家立法机关的执行机关，行政决策的实质是国家立法机关意志的执行，反映的是国家意志和利益。因此，行政机关在进行行政决策时必须以国家的法律和法规为依据。决策主体的决策活动只有严格依法办事，才能体现国家意志，代表国家利益。

## （四）行政决策实施的强制性

行政机关是代表统治阶级管理国家的机构，以国家权力为后盾，因此，行政决策一经做出，就具有权威性和强制性。行政决策不仅对行政组织的内部成员，而且对各级行政组织管理范围内的一切管理对象都具有约束力，都必须无条件执行。

## 二、行政决策的类型

国家行政管理范围和内容的广泛性和复杂性，决定了行政决策的多样性。行政决策从不同的角度可以分为不同的种类。根据行政决策主体划分，行政决策可分为国家决策、地方决策和基层决策；根据行政决策涉及问题的规模和影响划分，行政决策可分为战略决策、策略决策和战术决策；依据决策目标性质划分，行政决策可分为程序化决策和非程序化决策；依据决策条件和结果划分，行政决策可分为确定型决策和不确定型决策；按照使用的决策方法的先进程度划分，行政决策可分为经验决策和科学决策；按照决策主体的人数和决策权力分配情况划分，行政决策可分为群体决策、集体决策和个人决策；根据决策的内容划分，行政决策可分为政治决策、经济决策、文化决策、社会决策；根据决策目标的数量划分，行政决策可分为单目标决策和多目标决策；等等。我们这里重点介绍几种常见的决策类型。

### （一）战略决策、策略决策和战术决策

战略决策是指具有全局性、宏观性、方向性特征的重大决策。其决策内容涉及的范围广，影响深远。这种决策一般是以最高领导层为主体的决策，主要表现为路线、方针和重大规划的确定。如国务院制定实施的经济社会发展"十三五"规划、国

家西部大开发的战略、对外发展的"一带一路"战略。策略决策是服务于战略决策并将之具体化的具有局部性、阶段性、中观性的决策。如为落实国家西部大开发的战略,西部各省区结合辖区实际出台的具体相应的政策。战术决策则是有关特定方法和步骤的技术性、细节性、具体性的决策。这三个方面的决策是密切联系、相互补充的。因为战略决策大多解决宏观问题,策略决策大多解决中观问题,战术决策大多解决微观问题,因此又可将其划分为宏观决策、中观决策和微观决策。

### (二) 程序化决策和非程序化决策

这是根据行政决策设计的问题是否重复出现和决策目标性质所划分的。程序化决策是对重复出现的、有一定常规可循的问题的决策。非程序化决策是对偶然发生或首次出现的、没有现成规范和原则可循的问题的决策。非程序化决策一般更为复杂,领导者应将主要精力集中在非程序化决策上。

### (三) 经验决策和科学决策

经验决策指由决策者根据自己的工作经验、生活经验、自觉判断等个人认知做出的决策。决策的成功与否在很大程度上取决于领导者的经验是否丰富、知识是否渊博、感觉是否敏感等因素。在行政决策领域,人类有史以来基本上都是运用经验进行决策的,这是因为政治、军事事务方面的问题都有极强的不确定性。但是,现代社会的发展,政府职能的扩张,使经验决策越来越不能适应新形势的需要而被科学决策所取代。科学决策指以科学思考、科学预测、科学计算为依据的决策。它根据目标的不同、变量的多寡、限制条件的差异等采取适当的数学方法加以计算,或通过试验、模拟等,做出决定。经验决策与科学决策的划分也是相对的,即便是科学的决策,其决策方法的选择也是基于决策主体的主观经验和个人的知识背景差异或个体的喜好不同,科学决策也带有一定的经验成分。

### (四) 确定型决策和不确定型决策

确定型决策是指面临确定的环境和条件,各不同方案的结果也是确定的,因而可按要求从中选出最佳方案的决策。不确定型决策是指面临多种不确定的环境和条件,每种方案在不同环境和条件下的结果又是不确定的,因而从中选择方案没有把握且冒风险的决策,有时也称风险型决策。领导要慎重对待这类决策,往往要在多方面分析比较、综合评价的基础上才可做出此类决策。决策者在进行这类决策时往往遵循"最大最小原则",把风险控制在最小。国内外许多学者对此提出了各种决策方法和标准,如可利用"损益期望值"的方法计算。

### (五) 最优决策和满意决策

这是依据决策目标要求来划分的。最优决策是指追求理想条件下的最优目标的决策。满意决策则是指在现实条件下求得满意目标的决策。由于行政管理内容的广泛性和目标诸方面条件的复杂性,绝对的最优目标实际上是无法实现的。因此,行政决策通常都是满意决策,即相对的"最优决策"。在现实的条件下,应力求选择最佳决策方案。

## 三、行政决策的基本原则

行政决策是一项高度综合的复杂性活动,要保证其正确,必须在决策过程中遵循一定的原则。所谓行政决策的原则,就是指从行政决策实践中总结出来的行政决策活动的固有规律。在我国,行政决策首先必须遵循为人民服务的原则,把为人民群众办实事作为一切行政机关和行政人员决策的根本。同时,行政机关还要认真贯彻民主原则、科学原则和集体原则等,努力发挥出行政决策的重要功能。从一般意义上看,行政决策的基本原则主要包括以下一些内容:

### (一)目标原则

任何一项决策都是为了实现一定的目标,行政决策的正确与否与决策目标的明确和适度有密切关系。因此,行政机关和决策者在进行行政决策时,首先要确定与实际相符合的目标,这样才能使决策更接近现实,使整个决策过程更有效。

### (二)信息原则

行政决策的正确化程度取决于决策过程中信息情报资料的全面性和准确性程度,信息情报资料不但是决策的原料,而且是决策的基础。决策的科学性是和全面、及时、准确的信息量成正比的。决策者不但要充分地掌握信息,而且要对信息进行分析、筛选和处理,去伪存真,由表及里,从而得出正确、可靠的决策依据。

### (三)预测原则

预测是决策的基本前提。行政决策要对未来的行政行为做出设想,必然带有一定的预测性。这种预测不是盲目的,而是必须建立在可靠的信息和系统的分析前提下,只有在任何决策之前都对决策过程的全貌以及可能出现的问题有一个充分的估计,才能使行政决策的内容科学和可靠。

### (四)可行原则

如果一种行政决策最终不能实行,那么它就是再好也没有任何意义。这就要求经过优选的行政决策必须切实可行。这种可行性要求决策者在做出决策时要充分考虑相关的人力、物力和财力的承受条件,权衡时间、速度和指标的比例关系,积极、稳妥地量力而行,从而保证决策的顺利实现。同时,可行性还要求决策留有余地,保持可调节的弹性,具有防止突变情况的相关措施。

(五)系统原则

行政决策的系统原则有两个基本的要求:一是决策主体在实施决策时要采用系统思维,应用系统观念,运用系统理论对决策进行系统分析。二是决策主体应把决策对象看成一个完整的系统,弄清其各部分、各层次的主次关系、先后关系,实现决策目标的系统完整和系统平衡。

(六)择优原则

决策的本质在于择优。由于客观环境变化复杂,行政机关和行政领导者决策时必须根据不断变化的主、客观条件制定出若干个可供选择的方案,然后通过权衡利弊、仔细加以比较和评价,从中选出最优方案。择优原则的实行,是实现行政决策科学化的重要保证。

(七)动态原则

由于行政决策的制订、执行和修改是一个很长的动态过程,所以在整个行政决策过程中应时刻关注社会环境和社会形势的变化。在具体实施行政决策时,要注意信息的反馈,并随时进行决策的追踪和检查,一旦发现决策内容与客观实际不一致时,应该及时进行调整,以防不测。

## 四、行政决策的地位和作用

西蒙认为,决策是管理的中心,贯穿于管理的全过程。行政管理的实践证明,行政决策不仅是行政管理的中心,贯穿于行政管理的全过程,而且还是行政管理活动的首要环节。从一定意义上说,所有的行政管理活动都是围绕行政决策进行的。

(一)行政决策是行政管理活动的基础

在行政管理活动中,行政决策是行政管理活动展开的首要环节和基础。决策是行动的先导,任何行政管理活动首先依赖于决策。从行政管理的过程看,整个行政管理过程就是决策、执行、评估、再决策、再执行、再评估的循环过程。行政管理的计划、组织、协调、控制等各项基础活动都是围绕着决策目标的实现而展开的。可以说,没有行政决策,一切行政管理活动都无法进行。

(二)行政决策的正确与否是关系行政管理成败的关键

行政决策决定行政管理行动的方向和具体措施。科学的行政决策是行政管理科学化的基础,只有科学、正确的行政决策才能保证行政管理活动按照客观规律办事,避免管理工作的盲目性。反之,错误的行政决策将产生错误的管理行为,得到消极的后果,给国家和社会造成巨大的损失。在科学技术飞速发展的今天,政府管理的作用日益增大,对行政决策科学性的要求也日益突出。

行政管理的现代化通过行政管理的科学化、法制化体现出来。在我国当前社会主义市场经济建设过程中,只有强化科学决策,保证行政决策的正确性,才能有效发挥国家管理职能,促进社会各项事业的快速、有效发展。

## 第二节 行政决策体制

### 一、行政决策体制及构成

行政决策体制就是承担行政决策的机构和人员所形成的组织体系及其相应的制度。行政决策体制由两个要素构成:一是决策权力及其运行方式,二是决策主体及其职责划分。现代行政决策体制是指以行政决策系统为中心,由信息系统、咨询系统、执行系统和监督系统组成的协调有序和相互作用的科学决策体制[1]。

(一)决策系统

决策系统是现代行政决策体制的核心,是行政决策的中枢系统。其主体是由拥有行政决策权的领导机构及其领导集团组成。其权力运行方式可以是单一的首长制,也可以是集体的委员会制,还可以是两者结合的混合制。决策系统的主要任务是统筹考虑决策目标和抉择决策方案、控制行政决策的运行过程。决策系统在决策体制中具有权威性和主导性。其权威性体现在:决策系统享有法定的权力,对决策方案拍板定夺并对决策结果的正确与否负有法定的责任。其主导性体现在:决策系统对行政决策的运行过程和其他系统进行有目的的组织、指挥、协调和监督,控制着行政决策的方向和发展进程。决策系统的决策水平和工作质量直接影响着整个行政管理的成败,因此现代行政决策是多脑决策,而不是单脑决策。作为决策系统的领导集体,还必须发挥其年龄、智能等整体结构优势,使之发挥最佳的集体效能。

---

[1] 郭小聪.行政管理学[M].北京:中国人民大学出版社,2008:153.

## （二）信息系统

行政信息是行政决策的基础。行政决策的信息系统是由从事行政信息处理的机构、人员、设备以及信息处理的各个环节构成的有机整体。行政决策是建立在掌握大量的行政信息的基础上的。现代行政决策要求行政信息全面、准确、及时、经济、适用。因此，行政信息系统的主要任务是把来自各种信息源的行政信息收集起来，进行加工和处理，然后传输给决策系统和咨询系统，为决策系统和咨询系统的工作提供服务。

## （三）咨询系统

行政决策的咨询系统是行政决策的辅助机构，是行政决策的外脑。其主体是由掌握各门类知识的专家、学者组成的。其基本职责是"谋"，而不是"断"。其主要任务是协助决策系统发现并分析决策问题，界定决策目标，拟定可供选择的决策方案，为决策领导者评估优选、确定决策方案提供科学依据。它具有群体性、辅助性、相对独立性、科学性等特点。群体性表现在参谋咨询系统是由拥有不同知识背景的专家群体组成的；辅助性表现在参谋咨询系统能协助决策系统提高决策的科学性，起"谋"的作用；相对独立性则要求参谋咨询系统以客观事实为根据，客观、中立地分析问题、提出建议，不为决策者所左右；科学性是指参谋咨询专家运用科学的知识、先进的技术手段、科学的分析技术和方法为决策者提供服务以取代简单的经验判断和分析。

## （四）执行系统

执行系统是指按决策系统的指令，负责指挥实施决策方案的各职能机构及其人员的组织。其任务是：忠实地执行决策方案，并在充分理解决策方案的基础上，依据具体情况，创造性地执行决策方案。执行系统是通过计划、组织、指挥和协调等方式，使决策方案付诸实施并达到预期结果。

## （五）监督系统

监督系统是指对行政决策制定和实施进行全面监督的组织机构及其人员。其在决策体制中起保证决策目标实现的作用。其任务是：了解和审查信息系统与咨询系统所提供的信息和备选方案是否真实、客观、可行；研究、分析并确定决策系统做出的基础是否符合国家相关的法律法规和行政管理的客观规律；了解和检查执行系统是否具备了执行决策的条件，执行结果是否偏离决策的目标等。

在行政决策体制中，这五个系统合理分工、各司其职、相互独立、相互联系、相互制约，共同构成一个功能完整的统一体。

## 二、行政决策体制的类型

行政管理中决策体制的分类,根据分类标准的不同,可以分为不同的类型。常见的是根据最高决策者的人数而划分为首长制和委员会制,根据决策权力使用的特点划分为集权制和分权制等。我国台湾学者伍启元先生对历史上的行政决策体制的类型进行了研究,他提出的决策体制类型如表 6-1 所示(此处根据原图做了修改)。

表 6-1 决策体制类型

| 类型 | | 最高决策权的归属 | 最高决策者 | 主要存在时期 | 主要存在地点 | 主要决策方式 |
|---|---|---|---|---|---|---|
| 原始民主制 | | 氏族等原始组织全体成员 | 全体会议 | 原始社会时期、现代 | 各原始氏族部落、古埃及等 | 合议 |
| 神权制 | | 神 | 僧侣、宗教领袖 | 古代、现代 | 现代海湾伊斯兰教国家 | 独裁 |
| 君权制 | | 神或专制君主 | 由宗教或传统产生的皇帝(个人) | 古代、近现代 | 中国封建王权国家,现代君主国家(沙特等) | 独裁 |
| 议会制度 | 总统议会制 内阁议会制 委员会议会制 | 名义上是"人民",实际上是资产阶级统治 | 议会(集体) 总统(个人) 议会(集体) | 近代、现代 | 美国等 英国等 瑞士等 | 合议、三权分立制 |
| 人民代表大会制 | | 人民 | 全国人民代表大会(集体) | 现代 | 中国 | 合议、民主集中制 |
| 法西斯制 | | 法西斯国家 | 政党领袖、国家元首(个人) | 20世纪20到40年代 | 意大利法西斯国家、德国法西斯国家 | 独裁 |
| 军人独裁制 | | 神或君或人民,实际上是独裁者个人 | 军队首领(集体或个人) | 从古到今 | 各军人专政的国家 | 独裁 |

[资料来源:伍启元.公共政策[M].香港:商务印书馆,1989:217.]

我国有学者就此认为根据影响的大小或普及程度的高低,当今世界行政决策体制主要有独裁制、议会制和人民代表大会制三大类型①。本书采用这一分类。下面对独裁制、议会制和人民代表大会制三大类型分别进行介绍。

（一）独裁制

纵观世界历史，在不同地方的国家和地区都出现过独裁制这样的国家统治的政治决策体制。独裁统治是指国家的最高决策权力由最高统治者独自掌握，并实行专制统治的政治体制。在这种体制下，最高统治者的权力是无法动摇的，有至高无上的权利。其具体类型有以下三种：

**1. 宗教领袖型**

在神权制国家中，议会和政府活动的依据是教义。相应地，高居于决策权力最顶端的是不受任何机构约束的宗教领袖，议会和政府的活动也要受其监督。伊朗1979年伊斯兰革命后建立的伊斯兰共和国就是一个例子。

**2. 君主亲政型**

君主亲政型即君主既当朝又亲政。这种类型的决策体制是传统君主专制在当代的延续。沙特阿拉伯就是这样的独裁类型。在这种决策体制下，君主既是国家元首，又是政府首脑；君主属下的大臣会议相当于内阁，拥有立法和行政权力。君主通过对大臣的选择权和监督权而成为实际上的最高决策者。

**3. 军人独裁型**

军人独裁型决策体制指通过政变方式上台的军人掌握国家的最高行政决策权。自20世纪五六十年代以来，在非洲和拉美地区就存在军人独裁型。其具体的表现形态有两种：① 军队首领自始至终是国家的最高决策者，并以暴力镇压持不同政见者。② 当军队认为大权在握时，采取还政于民的方式，鼓励新的决策参与，并通过举行大选来建立新的"民主"程序。第二种形式通常最后形成一种近似于总统议会制的决策体制，军队首脑往往被选为总统，并拥有比一般总统更大的权力。

（二）议会制

议会制度是西方近代资本主义国家在推翻封建统治后建立的政治决策制度。议会制在英国最早实行。议会制的实质是公民选举自己信任的议员，由议员代表公民做出公共决策，维护公民的利益。就议会的组织机构来看，历史上出现过一院制、两院制、三院制和四院制等几种类型。由于各个国家不同的历史文化背景，议会制决策体制可以分为总统议会制、内阁议会制和委员会议会制。

---

① 陈振明.政策科学：公共政策分析导论[M].北京：中国人民大学出版社，2003：142.

**1. 总统议会制**

总统议会制非常充分地体现了"三权分立,相互制约"的政治原则。美国是典型的总统议会制国家。这种决策体制的主要特点是:国会和总统都分别由选民选出,各自对选民负责;政府由总统组织,总统既是国家元首,又是政府首脑,掌握行政事务决断权,政府成员不得兼任国会议员;国会通过的决策方案要经总统签署方能生效,总统对国会的决策方案有否决权;国会有权弹劾总统,但总统无权解散国会;总统在外交和军事方面的某些决策要受国会制约。

**2. 内阁议会制**

内阁会议制最早在英国产生。现代西方的内阁是在首相或总理的领导下,总揽国家行政权力并向议会负责。这种决策体制的主要特点是:议会是国家的最高权力中心,内阁由议会产生,对议会负责,受议会监督;国家行政权属内阁,国家元首是"虚位";内阁所做的重大决策必须取得议会的多数支持;内阁首脑为议会多数党领袖,内阁通常由议会多数党组成;议会可对内阁提出不信任案,内阁也可提请元首解散议会,由重新大选产生的议会来决定内阁的去留。

**3. 委员会议会制**

这种决策体制始于瑞士。其主要特点是:议会至上,不仅具有立法权,而且掌握行政权;由议会产生的委员会主持日常行政事务,但委员会只是议会的一个执行机关,委员会成员可以为议会的最后决策提供咨询;委员会不能解散议会,议会也不能解散委员会;委员会所做出的决策须经委员会集体讨论通过,委员会主席或副主席的权限与其他委员平等。

(三)人民代表大会制

人民代表大会制属于民主集中制决策体制的一种,它既同在"三权分立"基础上的西方议会制有本质的差别,也不完全等同于苏联十月革命后建立起来的"苏维埃"制,是一种有中国特色的民主决策体制。

人民代表大会制的主要内容包括:各级人民代表大会(简称"人大")都由民主选举产生,对人民负责,受人民监督;各级人大及其常委会严格按照民主集中制的原则集体行使权力;实行"议行合一",国家行政机关、审判机关和检察机关都由人大产生,对它负责,受它监督。

中央和地方国家职能的划分是在遵循中央的统一领导下,充分发挥地方主动性、积极性的原则。但全国人大对地方人大不是领导关系,而是法律监督关系、选举指导和工作联系关系。在各少数民族聚居的地方实行民族区域自治。

人民代表大会制的另一个重要特点是：中国共产党在人民代表大会制中起着领导作用。其主要体现在：国家的重大决策是由党首先提出建议，再由人民代表大会或其常委会讨论决定的；党培养、选拔优秀干部到国家机关去工作。因此，中国共产党在中国的行政决策体制中具有重要的地位。

## 第三节 行政决策的基本程序与理论模型

### 一、行政决策的基本程序

行政决策的基本程序是根据决策模式编制出的实施决策的步骤顺序。它是科学决策的一个重要组成部分。一个健全的决策程序应该是一个完整的科学系统。在现代行政决策中，决策程序的划分有粗有细，有多有少，归纳起来可以将之分为五个阶段：

#### （一）问题界定

任何决策都是从发现问题开始的，对决策问题的确认、分析是行政决策的起点。所谓问题，就是预期、需要与实际满足状态之间的差距。行政决策问题是被行政主体所认知并有必要采取行动加以解决的公共问题。任何行政决策问题都不是一种孤立、静态的存在，而是与其他问题相联系的并处于不断的变化和发展之中。

决策问题的界定，首先是症结分析。在问题筛选的基础上对问题产生的时间、地点和条件，问题的性质、类型、范围、程度、影响和问题的内部层次、结构等进行多维剖析，以建立对问题本身的全面认识，估量其在行政活动中的联系和影响。其次是原因分析。依据已有的经验和知识，运用科学的方法和手段，如实地对问题产生的主观原因和客观原因、主要原因和次要原因、直接原因和间接原因、近因和远因等进行估量、核查和证实。最后是问题的表述。即对问题症结的"现实"与"理想"及两者的"差距"作准确的定性和定量概括，对差距原因作准确判断。

#### （二）目标确立

行政决策的目标是决策者通过决策实施希望所达到的状态。目标确立是决策程序的一个重要阶段，具有决定性的作用。目标不但规定了方案的方向，为判断方案优劣提供了评判标准，而且是检验决策实施结果的基本尺度。

行政决策目标的确立，涉及许多复杂的因素和条件。因此，在行政决策目标的确立过程中,要坚持:一是抓住主要目标,区分目标层次性、从属性;二是保证目标的针对性、具体性和可操作性;三是目标必须规范,呈系统性。

### (三) 方案设计

决策方案指一个或一组解决问题、实现目标的行动准则。它具体规定实现决策目标的步骤、途径和方法。方案设计就是在明确决策目标的基础上,经过调查研究,运用适当的技术与方法,设计或者规划诸种实现决策目标的备选方案的行为或过程。方案设计是行政决策的中心环节,也是决策咨询系统参与最多的一个环节。

决策方案的设计一般可分为轮廓设想和细部设计两个具体步骤。第一步是轮廓设想,即从不同角度、多种途径出发,尽量大胆地提出多种多样的方案设想。轮廓设想阶段的主要要求是方案要尽可能多样化并具备整体上的完备性,各个方案之间要相互排斥。轮廓设想阶段也是创造性思维最多的一个阶段,要求设计者要敢于打破陈规,独辟蹊径,用新的思维方式和技术来实现方案的创新。第二步是细部设计,即对轮廓设想阶段所产生的备选方案进行初步筛选,对一些可行的方案进行精心的细节设计。细节设计则要对每一个可行方案进行方案扩大,将决策方案根据决策对象的性质分解为一些较为具体的规定。

### (四) 方案评估

方案评估就是评价方案的可行性。可行性分析一般涉及:政治可行性分析,分析决策方案是否符合党的路线、方针、政策,是否符合人民的意志;法律可行性分析,审查决策方案是否符合法律规定,分析决策方案实施的法律依据;经济可行性分析,研究决策方式实施的经济条件及利益关系、方案实施的费用及社会收益;技术可行性分析,是决策方案实施所应具备的技术手段及保障;环境可行性分析,分析决策方案实施的生态环境和社会文化环境。

### (五) 方案抉择

方案抉择指行政决策中枢系统中享有行政决策权的行政领导依据其权力、经验和科学知识,在对各种备选方案进行比较权衡的基础上,选择或综合出一个最优或满意的决策方案。选择决策方案是行政决策系统的主要职责。方案抉择的主要方法有:经验判断、决策树技术、实验和模拟。方案一经抉择和批准,即成为行政人员和行政对象的行动准则。

## 二、行政决策的理论模型

### (一)理性决策模型

理性决策模型是非常经典的决策模型,它是建立在微观经济学的基础上并以效率作为最高追求价值,功利主义是它的主要思想来源。这种决策模型追求的是效率,寻求的是最大的利益。

理性决策模型的主要观点是:① 决策者知道所有同具体问题有关的目标;② 所有有关问题的信息都是可得的;③ 决策者能辨别所有的选择;④ 决策者能有意义地评估这些选择,即研究选择的结果并加以衡量和比较;⑤ 所做的选择能最大限度地扩大决策者指出的价值。显而易见,理性决策模式深受传统经济理论"经济人"假设的影响,认为人在政治和行政决策的活动中也是可以非常理性的,是追求"最佳"决策的[1]。

### (二)有限理性的决策模型

理性决策模型要求决策者掌握完全的信息资源,这几乎是不可能的。因而西蒙提出了理性决策模型的替代模型——有限理性的决策模型。有限理性的决策模型认为:决策者事实上并不具有有关决策状况的所有信息;决策者处理信息的能力是有限的;决策者在有了有关决策状况的简单印象后行动;决策者的选择行为受所得信息的实质和先后次序的影响;决策者的能力在复杂的决策状况中受到限制;决策行动受到决策者过去经历的影响;决策行动受决策者个性的影响[2]。决策学者米切尔·黑尧也指出了理性决策模型所遇到的三个困难:一是在决策过程中,所要追求实现的是谁的价值和目标;二是选择的一项旨在实现组织目标的决策方案可能毫无意义;三是实际的决策很少是以这样合乎逻辑的、综合的、目标明确的方式做出的[3]。

### (三)渐进决策模型

渐进式的决策模型又被 J. W. 费斯勒和 D. F. 凯特尔称为议价途径。林德布洛姆在其早期的著作中提出了渐进决策林德布洛姆的雏形,他认为社会政治过程包含四种基本形态,即价格体系、层级体系、多元体制和议价。其中,议价主要是指

---

[1] 唐兴霖. 公共行政学:历史与思想[M]. 广州:中山大学出版社,2000:380.
[2] 唐兴霖. 公共行政学:历史与思想[M]. 广州:中山大学出版社,2000:380.
[3] [美]米切尔·黑尧. 现代国家的政策过程[M]. 北京:中国青年出版社,2004:83.

在政治上,各政治势力团体相互妥协、交易,取得一种能牵制各政治领袖的议价。事实上,公共组织机构也是多元化的,机构之间、机构和其顾客之间都会有不同的利益冲突,这些都说明了决策是如何牵涉到冲突、协商、游说以及特定政策与决策有利害关系的个人。① 这可以看出在决策的过程中,不可能预测所有的事情,决策是一个逐渐议价的过程。

林德布洛姆认为最好把分析限制在若干项选择上,而不是力图对所有选择进行判断;结合事实来考虑价值,而不是像理性决策建议的那样把它们分割开来;集中精力于亟待解决的问题,而不是渴望实现的广泛目标。渐进决策模型主要包括以下内容:① 目的或目标的选择,对为实现目标所采取的行动进行经验分析,两者是相互交织、密不可分的;② 决策者只考虑解决问题的种种可供选择的方案的一部分,这些方案同现行政策只是量上或程度上的差异;③ 对每一个可供选择的方案来说,决策者只能对其可能产生的某些"重要"后果评价;④ 决策者所面临的问题经常被重新鉴定,渐进主义允许对目的—手段和手段—目的进行无限的调整,从而使问题更容易处理;⑤ 处理问题的决定和解决问题的一个正确方法并不是唯一的,考察一个决策的优劣并要求各种各样的分析者一致认为这一决策是达成现实目标的最有效的手段,是看他们是否直截了当地一致同意这一决策;⑥ 渐进决策的形成,从本质上来说,是补救性的,它更多地是为了改革当今的具体的社会弊病,而不是为了提供某种社会的目标。

渐进决策模型也有自己的缺陷,如在方法上渐进决策明显地带有保守的特点,它一般适合于比较稳定的系统和变化不大的环境,但是现实不是稳定的,而是处于一个相对变化的过程,甚至有时候是一种剧烈的变化。J. W. 费斯勒和 D. F. 凯特尔就认为,尽管议价决策中的信息不完全不具备风险,但是存在着使决策无法掌握重要情况的风险。因为议价决策者认为可以依靠政治程序来为决策提供意见,但是在确定哪项选择可能是最有效的这个问题上,政治程序就没什么用处了,其结果只是浪费资源②。

(四) 参与决策模型

参与决策是指公民参与决策。参与决策来源于政治民主的要求。公民政治是民主政治的主要内容。从政治参与的本质上来看,政治参与是公民对于国家的权

---

① [美]费斯勒 J W,凯特尔 D F. 行政过程的政治:公共行政学新论[M]. 北京:中国人民大学出版社,2002:259.

② [美]费斯勒 J W,凯特尔 D F. 行政过程的政治:公共行政学新论[M]. 北京:中国人民大学出版社,2002:262.

利、义务和责任关系;从政治参与的目标和对象上来看,它不只是局限于政府决策,而是包括所有直接或间接同政府活动相关的公共政治生活。一般来说,参与决策的人分为四类:第一,决策组织的成员;第二,组织所服务的或规范的对象(顾客);第三,钱包会受决策影响的纳税人;最后,就是全体公众或至少有投票权的公众①。从理论上来说,参与决策可能有两种方式:其一,就是通过决策者对公民的咨询;其二,就是公民直接参与决策、分享决策。

参与决策的优点是公民可以参与公共政治生活,最大的优势就是信息来源非常丰富。但是在事实上参与决策也有其自己的缺陷。就参与决策的人员方面而言,参与决策的四类人员在决策的过程中彼此之间的矛盾是不可避免的,这就可能出现每个群体用民主的口号把其他群体排除在决策之外;就参与决策的方式而言,第一种方式可能会是决策者经常采用的,但是在咨询后是否真的采纳决策就是一个未知数,而第二种方式对决策者来说是很少采用的,这种方式可能会使决策者的决策权力削弱,使得决策的过程十分缓慢;就参与决策的信息来源方面而言,参与决策可能造成决策者不知道选择什么样的信息,对决策也会造成过犹不及的后果。除了这些缺陷之外,参与决策还可能造成这样的困境:① 少数顾客愿投身于自我利益的保护之中,或者形成另一极端,广大、庞杂的顾客为了较小利益而参与决策。② 在决策中让所有想参与的顾客直接参与,将面临应付极其庞大顾客群体的难题。或被任命或当选到委员会、董事会,这些官方既定代表直接参与决策——但这也许不具有真正的代表性。③ 若在决策中授予公民正式或非正式权力,这会存在由谁来关注公共利益的问题②。

(五)公共选择模型

公共选择模型是解释能力较强的一种决策理论模型。公共选择理论认为,人是理性的并追求个人利益最大化,一个社会最理性的事情就是提升人的自我的利益。同样,公共选择理论认为政府官员和其他任何一个人一样都是利己的。私人利益会促使他们规避风险和发展事业,这就意味着他们会寻求扩大项目和增加预算,所以公共选择经济学家认为一个充斥着利己主义官僚的组织可能会导致一个既低效又背离公众利益的大政府。这种观点使公共选择学派认为,只要有可能,政府的职能就要由私人部门来承担。

---

① [美]费斯勒 J W,凯特尔 D F.行政过程的政治:公共行政学新论[M].北京:中国人民大学出版社,2002:264.

② [美]费斯勒 J W,凯特尔 D F.行政过程的政治:公共行政学新论[M].北京:中国人民大学出版社,2002:268.

公共选择理论将政治过程看成是一种类似于市场的交换过程，强调政治是一种在解决利益冲突时进行交易而达成协议的过程，在此基础上研究者提出了"政治市场"的概念。个人的活动在两个环境里进行：一个是市场环境，一个是政治环境。人们通过市场进行的活动只能满足其一部分的目的，而另一部分的目的必须通过政治活动而达成。公共选择就是通过集体行动和政治过程来决定公共物品的需求、供给和产量，是对资源配置的非市场化选择。其理论的主要观点是：研究非市场决策的集体选择的科学，把经济学应用于政治科学。"理性的自利主义者"，强调交换关系的重要性，注重选择自由、相互交易与合作的自由。

公共选择理论的启示主要有三点：第一，公共选择理论进一步扩展了"经济人"假设的运用范围。第二，公共选择理论主张将竞争机制引入政府公共服务领域，打破政府独家提供公共服务的垄断地位。公共选择理论主张：① 政府业务合同出租；② 以私补公，打破政府垄断；③ 公共服务社区化。第三，公共选择理论注重规则的建设，尤其是公共决策规则的改革，以此促进政府行为效率的提高。

公共选择模型也有其局限性。事实上，在现实中，有些政府为了追求效用的最大化，往往忽略了公共取向的目标，使得在决策中给大众利益带来很大的损失。史蒂夫·凯尔曼就认为公共选择指导下的政府公共决策是对现实的讽刺："它忽视了理想具有可以战胜利益的能力，以及政治过程中公共精神对激励参与者行为所起的作用。公共选择理论存在的问题远不止描述上的不准确。我相信，要实现一项好的公共政策的需要……在政治行动中存在公共精神准则，即人们在其政治行为中不仅仅是自私的……公共选择学派是对这种准则的一种攻击"[①]。

### 关键术语

行政决策；行政决策体制；总统议会制；人民代表大会制。

### 思考题

1. 简述行政决策的含义及特点。
2. 简述行政决策体制及其构成。
3. 简述行政决策的地位和作用。
4. 简述行政决策的基本程序。
5. 试述总统议会制、内阁议会制和委员会议会制的特点。

---

① [美]费斯勒 J W，凯特尔 D F.行政过程的政治：公共行政学新论[M].北京：中国人民大学出版社，2002：272.

# 第七章 行政执行

**本章要点**

行政决策的落实关键靠执行。行政执行是国家行政机关最基本的职能,是行政权力的集中表现。行政管理的基本任务的完成就是行政执行职能的实现,是贯穿于全部行政管理活动的中心环节,是实现行政决策和行政目标的最直接、最重要的行政活动。本章重点掌握:行政执行的含义、特点及分类,行政执行的任务和原则,行政执行的地位和作用,行政执行的过程,行政执行中容易出现的问题及其完善等。

## 第一节 行政执行概述

### 一、行政执行的含义、特点及分类

(一)行政执行的含义

行政执行是从行政决策一经形成后或最后批准时起,行政机关及其工作人员贯彻决策、现实决策的全部活动。对行政执行概念的理解有广义和狭义两种。广义的行政执行将行政组织作为一个整体,认为行政管理就是执行国家权力机关意志的活动,即行政管理就是一系列的行政执行。这是把行政机关、立法机关相比较而言的,认为行政机关是立法机关的执行机构。狭义的行政执行指的是为实现某种决策所做的具体工作。就行政管理学的研究内容而言,本书采取的是狭义的概念。因此,行政执行就是行政主体为实现决策目标依法对行政事务进行具体的组织、指挥和控制的过程。简言之,行政执行就是行政执法活动。它是行政决策的承接环节,是将行政决策的内容变为客观现实的过程。要理解行政执行,应把握:

**1. 行政执行是依法执行**

行政执行是具有相应职权的行政机关,或经合法授权的其他组织、公民,就一定行政管理事务实施的行政执法活动。也就是说,行政执行是通过执行行政管理的法律、法规来实现行政管理决策的目标,完成行政管理任务。

**2. 行政执行是具体工作**

就行政执行的基本职能或主要内容来说,它是针对特定的相对人和特定的事件而采取行政措施的具体行政行为。

**3. 行政执行是有目的的**

行政执行通过直接或间接影响相对人的权利义务来调整和控制社会行为,以达到社会治理的目的。

### (二) 行政执行的特点

行政执行是复杂的活动,内容广,范围大,环节多,影响行政执行成败的因素也比较复杂,有主观方面的,也有客观方面的。只有把握行政执行的基本特点,才能顺利、如期、圆满地实现决策目标。行政执行的特点主要有以下几点:

**1. 目的性**

行政执行都存在着目标导向,即必须服从行政决策的目标,不得违背或偏离行政决策的目标要求,所以行政决策是一种目的性很强的活动。同时,行政执行也是一种实施性质的活动,要采取许多必要的、具体的行动来落实决策目标。

**2. 综合性**

行政执行涉及人、财、物等多种要素,这就决定了行政执行过程中必须要有各机关、各部门的通力合作、紧密配合,以形成一个综合性的合力来保证执行活动的顺利进行。同时,行政执行是一项十分复杂的管理活动,必须综合使用行政手段、经济手段、法律手段和思想教育手段等多种手段,才能有效地完成行政执行的任务。

**3. 经常性**

行政执行是国家行政机关及行政人员日常的、大量的活动,是一项经常性的繁重工作。同时,行政执行要求因地制宜、因时制宜、因势制宜,而不能固守一个模式,不能简单套用他人的经验,必须根据自身的具体情况灵活地实施行政行为。

**4. 强制性**

行政执行是一种服从性活动，下级对上级的指令或决策必须贯彻执行，且要求快速、果断。行政执行还需要严密的组织、严格的制度。可以说，没有强制，行政执行就难以进行。

**5. 时效性**

行政执行有很强的时限要求。行政执行只有做到果断、快速、高效、及时，才能保证行政执行的高效率。

（三）行政执行的分类

从法制行政的角度看，行政执行即行政执法，可依其对相对人权利、义务所引起的直接后果而分为以下几类：

**1. 行政决定**

行政决定是指行政机关及其公务员经法定程序依法对相对人的权利、义务作单方面处分的行为。

**2. 行政检查**

行政检查，又称行政监督检查，是指国家行政机关依法对相对人是否遵守法律、法规和具体行政决定所进行的能够间接影响相对人权利、义务的检查行为。

**3. 行政处置**

行政处置，又称即时强制，是指国家行政机关及其公务员在国家安全受到威胁、社会公共利益受到危害的紧急状态出现或将要发生的情况下，而临时采取特别行政命令、特殊强制措施的行为。

此外，根据任务划分，行政处置也可分为例行性行政执行和特定性行政执行。

例行性行政执行是指各行政机关为完成例行性、经常性任务所进行的行政行为。如传达上级指示、答复下级请示、检查各项工作落实情况和整理各种资讯文件等。

特定性行政执行是指各行政机关为执行特定的任务而采取的行政措施。如面对地震、火灾、水灾等突发事件或非常状态下所采取的紧急救援、抢险措施等。

**4. 行政强制执行**

行政强制执行是指享有行政执行权的行政机关或申请司法机关采取强制手段保障法律、法规和行政决定得到贯彻和落实的一种执法行为。

## 二、行政执行的前提和手段

### （一）行政执行的前提

行政执行的前提是指行政决策目标实施前必备的主、客观条件,主要包括:

**1. 行政决策合法合理**

这是行政执行的首要前提。行政执行是根据决策目标规定的各项工作要求,采取有效措施而开展的行政行为,这就要求行政决策目标和程序必须是合法合理的。反之,决策目标和程序一旦发生失误,行政执行越坚决,所造成的损失越大。

首先,决策的制定必须严格以国家的法律、法规、政策为依据,必须符合国家经济和社会发展规划的要求。其次,决策必须由具有行政权的组织和个人在法律规定的权限范围内进行,做到既不越权,也不滥用职权。同时,必须严格遵循决策程序进行决策。任何违反决策程序的决策不仅是违法的,也是不科学的。最后,决策必须符合事物发展的客观规律。合理的"理",强调的是按事物发展的客观规律办事,只有符合事物发展的客观规律的决策才是科学的决策。

**2. 行政执行的物质条件充足**

任何的行政执行都必须以一定的物质作为前提,没有物质条件,所有的行政执行都将无从谈起。行政执行的物质条件主要包括物力、财力两个方面,即行政执行过程中所需的各种物质资料(如各种设备和办公用品)必须具备,行政执行所需的资金已经落实。

**3. 行政执行的组织条件完备**

行政执行的组织条件是指保证行政执行顺利开展的各种组织措施,如机构的建立、人员的配备、权限的划分、制度的健全、有效的指挥、思想的发动等。在行政执行过程中,建立起精简、统一、效能的组织结构,防止机构臃肿重叠;配备精干、优秀的行政人员,为行政执行正确、高效进行提供重要的人才条件;科学、合理地划分行政权限,实现职、责、权、利的统一,有效地克服人浮于事、互相推诿现象的发生;健全各种工作制度,以保证执行行为的规范化;在统一指挥、统一意志的基础上,协调各种关系,以形成一种相互支持的合力;发挥思想政治工作的优势,充分调动人的积极性、主动性和创造性等,都是行政执行所必需的组织条件。行政执行的组织条件为行政执行提供了组织上的保证。

### （二）行政执行的手段

行政执行手段实质上是行政职能的实现方式,是指行政执行机关及其工作人员为完成行政任务，达到行政决策目标，而采取的各种措施和方法。行政执行的每一个环节都离不开一定的行政手段。行政手段运用得正确与否，直接影响着行政效果的好坏。行政执行活动的多样性，决定了行政手段的多样性。同时，各类行政手段在运用过程中，又分别以不同的形式表现出来。前面我们已经介绍了行政职能的实现方式主要有法律方式、行政方式、经济方式、行为科学方式四种，因此，行政执行的手段也就有法律手段、行政手段、经济手段、思想教育手段。

### 三、行政执行的任务和原则

（一）行政执行的任务

行政执行的任务是：贯彻国家的政策、法律、法令和上级指示、决定、决议等，有效地实现国家和政府的决策目标。为了保障行政执行任务的圆满完成，各级政府和政府的各个部门应采取从上而下一级抓一级的做法，层层落实，把行政工作任务落到实处。

（二）行政执行的原则

为了完成行政执行的任务，保证行政执行的效果，行政执行必须严格遵循以下基本原则：

**1. 服务原则**

这一原则要求行政执行活动必须要确立为促进经济发展服务，为巩固国家政权服务，为人民服务的观念。常言道：管理就是服务。在行政执行过程中，一方面，要努力做到公开、公正、方便、周到、满腔热情地为老百姓办实事、办好事，坚持以人民满意不满意、人民高兴不高兴、人民赞成不赞成、人民拥护不拥护作为衡量行政执行工作好坏的唯一标准。另一方面，在行政执行的过程中，必须不折不扣地服务和服从于法律、决策、政策。因为，在我国社会主义国家的前提下，法律、决策和政策是人民意志的集中表现，贯彻执行法律、决策和政策，是符合广大人民的根本利益的。

**2. 规范化原则**

依法行政是行政管理活动的基本要求。行政执行活动应遵循一定的行为规则。行政执行的规范化集中表现为行政执行活动的制度化和法律化。制度化是指完成行政执行任务必须要按照规程或行为准则办事；法律化是指以法律的形式规定执行机构及其权限，规定各种权能行使的人、财、物等条件，以法律的手段来解决行政执行过程中可能出现的各种问题，做到有法可依，有法必依，执法必严，违法必究。

### 3. 程序化原则

行政执行活动不仅要合法，而且还必须严格按程序办事。行政执行程序是指由行政执行行为的方式和步骤构成的执行活动过程。这要求行政机关及其工作人员为实现决策目标、完成任务，必须根据周密的执行计划和步骤，分轻重缓急，按先后顺序，有条不紊地做好工作，以取得预期的行政执行效果。

### 4. 效率与效益相统一原则

在行政执行的过程中，我们要求以最快的速度在最短的时间内圆满地完成行政决策目标。因此，所有办事拖拉、行政效率低下的现象都是与效率原则相违背的。在强调效率的同时，还必须重视效益。大量事实表明，一味追求速度，不重视质量和效果的做法是不可取的，会导致人、财、物和时间的巨大浪费，甚至会给行政执行带来严重的影响和障碍。坚持效率与效益相统一原则，是使行政执行顺利而有效进行的重要条件。

## 四、行政执行的地位和作用

行政管理的任务是要通过行政执行活动来完成，因此，行政执行效果如何，将直接影响着行政管理活动的质量和效率。行政执行的地位和作用主要表现在以下几个方面：

### （一）行政执行是实现行政决策的基本途径

行政决策是行政执行的依据，行政执行是行政决策的具体落实，一切行政决策只有通过行政执行才能得以实现。在全部行政管理工作中，最实际、最经常、最具体的活动就是行政执行。离开行政执行活动，再好的决策思想也只能是一种空想或是纸上谈兵。从这个意义上讲，行政执行是联系整个行政过程的核心，是实现行政决策最基本的途径。

### （二）行政执行是决策目标的实践检验过程

行政执行是依据行政决策所规定的目标、方向、步骤进行的，是实现行政决策目标的过程。从行政运行的角度看，行政执行是行政决策的后续，行政执行又是层层决策、层层执行的过程。行政决策是否正确，只能通过行政执行结果来检验。

### （三）行政执行的效果是评估行政管理工作的客观依据

行政执行效果是行政管理工作中诸要素或各环节效能的综合反映。行政执行的结果是判断一个行政单位工作成效的标准。通过行政执行，不仅可以检验行政决策本身，而且可以检验行政组织机构的设置是否合理、职责权限划分是否科学、领导者和行政人员的配备是否适当、人员的工作积极性是否充分发挥、具体工作制度是否健全、信息渠道是否畅通以及监督检查系统的工作是否得力等。

## 第二节　行政执行的过程

行政执行是一个复杂的过程，它由一系列环节所组成。这些环节主要包括准备阶段、实施阶段和总结阶段。

### 一、行政执行的准备阶段

行政执行的准备阶段是行政执行的基础，是使行政执行的前提得以实现的具体措施。如果说行政执行的前提侧重于解决行政执行所必需的主、客观条件的话，那么行政执行的准备阶段则是要解决如何具体地为行政执行提供前提条件的问题。其具体内容有思想准备、计划准备、组织准备、物质准备等。

（一）思想准备

思想准备是行政执行的思想基础，它是指通过宣传、动员等多种方式，使执行者和执行对象能比较全面和深刻地了解行政决策和法令的内容、意义，从而以正确的方法、积极的态度、旺盛的精力投入到行政执行中去。

思想准备的具体要求：一是明确目的。要从全局的高度阐明行政决策和法令所要达到的目的及其重要意义，最大限度地统一全体行政人员的思想认识，并努力转化为行政人员的自觉行动。二是了解计划内容。从思想上对行政执行计划中的任务、要求、方式、方法、进度、程序、期限等做到心中有数，使行政人员都能对自己所承担的行政执行任务有一个明确的认识，从而调动他们完成任务的主动性和创造性。三是广为宣传。行政执行不仅是行政人员的事情，而且还是广大人民群众的事情。要通过报刊、广播、电视等媒体广泛地宣传行政决策；通过召开座谈会、咨询会等形式把行政决策的意图等告诉群众，并虚心地征求他们的意见，以形成一个有利于行政执行的社会舆论环境。

（二）计划准备

计划准备是指编制具体的实施决策的行动计划。通过编制具体的步骤和具体的程序,使行政执行活动得以固定下来,成为规范和衡量行政执行活动的依据。行动计划一般包括情况分析、指导思想、工作任务、工作要求、工作方法、工作步骤、行动措施等。有人把计划的内容概括为"5WlH",即 What:行动的目标是什么? Why:为什么要采取这些行动? When:何时开始这些行动? Who:何人负责实施这些行动? Where:在何处或由何部门实施这些行动? How:如何实施这些行动?

行政执行计划的要求:一是对决策目标和任务进行科学的分解,做到既有统一协调的规划,又有各部门的具体分工负责,使之成为一个相互关联的任务体系。二是明确各项工作任务的轻重缓急和先后次序及完成期限,以做到分清主次,抓住主要矛盾,使之成为一个排列有序的行动体系。三是确定完成各项任务的主要方式、手段和要求。根据不同的行政执行活动,采取形式多样的方式和手段,使之成为一个合理、合法的工作标准体系。四是精密计算和筹划行政执行活动所需的人力、物力、财力等。既精打细算,又准备充足,使之成为一个统筹兼顾、各方面因素科学组合的完整体系。在制订计划时一定要留有余地,以便根据变化了的情况进行及时的调整。

(三)组织准备

组织准备主要是指建立与配备从事行政执行活动的机构和人员。通过这些机构和人员使行政决策和计划变成现实。

组织准备的内容包括:一是建立或确定执行机构。一般来说,应尽可能地依靠原有的职能机构,在必要的情况下,也可根据需要依法增加新的常设行政机构或临时机构,并明确执行机构的职责权利、隶属关系、编制规模等。二是配备行政人员。行政人员由行政领导与一般工作人员组成。行政人员配备的好坏将直接关系到行政执行工作的成败。配备行政人员的关键在于要坚持德才兼备的原则,要讲究人才的合理搭配,充分发挥人才的整体效应。三是制定严格的规章制度,使组织和人员的行动做到有章可循。通过建立行政工作责任制和岗位责任制,使每一个组织和个人都能清清楚楚地知道:应该干什么? 不应该干什么? 如何干? 干到何种程度? 按时、保量完成行政任务能得到什么奖励? 反之,要受到什么惩罚? 以有效地避免职责不清、相互推诿现象的发生。

(四)物质准备

物质准备即资金与各种办公物资的筹备、购置和分配。常言道:"兵马未到,粮草先行。"任何的行政执行都离不开一定的物质条件。

物质准备的主要内容:一是经费准备。要根据完成行政任务的实际需要编制经费预算,报送有关部门的领导审批。在经费预算批准后,按预算迅速地将经费下拨到各个执行部门,为行政执行活动提供充足的经费保证。二是办公设施准备。办公用品、通讯工具、交通工具、档案资料等都是行政执行活动的基本物质手段。在进行物质准备的过程中,要坚持以最小的投入获得最大产出的原则,做到既要经济又要适用,既要反对浪费又要保证最基本的物质需要。

## 二、行政执行的实施阶段

实施阶段是整个行政执行活动的关键。行政决策能否实现,法律法规能否得以贯彻执行,关键在于实施阶段的工作开展的好坏。行政执行实施阶段主要由指挥、沟通、协调、监督和控制几个环节组成。

### (一)行政指挥

行政指挥是指行政领导者将已经确定的执行计划通过命令和引导等方式,实现行政执行活动的全过程。行政指挥有口头指挥、书面指挥和会议指挥三种形式,需要遵守统一指挥、合理授权、指挥得当和权变指挥的原则。

有效指挥活动的基本要求:一是指挥必须统一,防止政出多门、多头指挥的现象发生。二是指挥必须有力,行政领导者应该拥有依法授予的指挥权。指挥权既不能滥用,也不能被随意剥夺。三是指挥权可以进行合理的分解。合理分解部分指挥权,把一部分指挥权授予下级去行使,是有利于有效指挥活动的实现的。授权,一方面,能减轻行政领导者的工作负担,使他们能把注意力更多地集中在涉及全局指挥的重大问题上;另一方面,也能调动下级的积极性,增强下级的责任心,让下级在具体的指挥实践活动中得到锻炼。当然,授权是有限的,授权只能在行政领导者的职权范围内进行。授权还要充分考虑下级的承受能力。

### (二)行政沟通

行政沟通也叫行政信息沟通,是指行政体系与行政环境之间、行政内部各部门之间、行政人员之间传达思想、交流情报和信息,以谋取行政体系和谐、有序运行的行为过程。行政沟通的目的是谋求行政体系在思想上的一致。

行政沟通的实质是行政信息的传递和处理过程。行政信息是反映行政管理活动和行政对象特征及其发展与变化情况的消息、情报、数据、资料的总称。行政信息具有客观性、流动性、广泛性、可开发性、共享性等特点。

获取和掌握丰富的行政信息是行政沟通的前提。行政信息在行政管理中具有重要的作用:第一,行政信息是行政决策的基础,丰富、准确而全面的信息是科学决策的前提和基础。第二,行政信息是行政沟通的脉络和纽带。从横向上讲,信息可以协调行政管理运行的各个环节，保证各行政部门的协调一致；从纵向上讲，信息可保证中央和地方、上级和下级之间的目标一致。第三，行政信息是行政监督、控制的依据。行政管理的监督、控制过程实质上就是行政信息的反馈过程。第四，行政信息是提高行政效率的一个关键性因素。行政管理主体能准确、及时、全面、有效地收集、加工、使用信息，就能促使行政机构高速、灵活地运转，提高行政效率。

（三）行政协调

沟通和协调是同一过程相对的两个方面。沟通是协调的前提，是求得思想上的一致；协调是沟通的结果，是谋得行动上的一致。只有有了思想上的统一，才能有行动上的一致。

行政协调有广义和狭义之分。广义的行政协调，包括行政系统自身的协调以及行政系统与行政环境之间的协调。狭义的行政协调仅指行政系统内部各方面的协调。这里的行政协调指的是狭义的行政协调。行政协调是行政机关为了顺利地实现行政决策目标，而谋求自身统一和谐，谋求自身各相关要素匹配得当、协作分工的一种行为。行政协调的目的是谋求行政系统内部行为上的一致与和谐。

行政协调是一种经常性、自觉性的活动。协调活动的任务在于：协调行政执行过程中出现的矛盾与冲突，以便在行政组织内部和外部形成一个互相支持、互相配合的人际关系。行政执行活动的复杂性决定了矛盾和冲突是不可避免的。协调是一种以温和的方式解决矛盾与冲突的好办法，它通过行政组织与行政组织之间、行政组织与社会其他组织之间、组织与个人之间、个人与个人之间进行信息交流与沟通，使矛盾得到及时的化解、问题得到有效的解决。

行政协调的作用主要是可以促进行政人员之间和谐、团结，避免精力内耗；可以使有关单位和个人了解彼此的需要和工作情况，避免工作脱节或重复；可以减少人力、物力、财力、时间上的浪费；可以改进业务处理的方法，提高工作质量。

（四）行政监督

行政监督是监督主体根据行政执行计划，对计划的执行情况进行及时的跟踪和检查，尽量使问题在萌芽状态之时即被发现。

监督活动的要求：一是对行政执行计划了如指掌，建立起评价执行情况和执行者完成任务情况的客观标准；二是经常深入实际，以便及时发现和察觉执行中存在的问题和偏差；三是执行监督者应根据存在的问题确定其性质，找出产生问题的原因，并提出相应的对策性措施。

（五）行政控制

行政控制是指行政领导者和工作人员为保证行政执行工作与计划相一致而采

取的管理活动。与行政协调不同,它不是针对各组织之间、成员之间的关系,而是针对一个组织实际执行的过程与计划出现的差距或偏离,进而采取纠正的行动。其目的是使各项活动保质、保量、按时完成,达到期望的目标。

行政控制根据不同的标准,可以进行不同的分类。如以控制范围为标准,可以分为宏观控制和微观控制;以控制的组织机构为标准,可以分为集中控制、分散控制和分级控制;以控制的时序为标准,可以分为事前控制、事中控制和事后控制。本书采用时序为标准。

行政控制一般有三种类型:一是事先控制,这主要是对行政执行准备阶段的控制,确保思想准备、计划准备、组织准备、物质准备到位。对仍然准备不到位的,要采取积极的措施予以解决。二是事中控制,这主要是对行政执行实施阶段的控制,对偏离行政执行目标和计划的实施行为应坚决地加以制止。三是事后控制,即通过信息反馈系统了解行政执行的效果,对在实施控制中未能发现的问题继续采取补救措施,使失误降到最低的限度。

### 三、行政执行的总结阶段

行政执行的总结阶段是指在行政执行工作结束后,对整个行政执行工作进行全面而又认真的总结。总结的目的是为了肯定成绩以获得经验,检讨缺点以明确教训,通过总结经验和教训,为下一轮新的行政决策提供实践材料。行政执行总结阶段的内容主要有:

(一)对行政执行活动进行全面的回顾和检查

对行政执行活动进行全面的回顾和检查即将既定指标或标准与执行结果进行对比,检查行政执行活动是否如期地实现了预定的目标;完成的进度与效果如何;在完成行政任务的过程中有哪些成绩与创新,存在哪些问题;对存在的问题采取了什么措施予以纠正;等等。在检查中一定要坚持实事求是,客观公正。

(二)对行政执行活动进行科学的评价

对行政执行活动进行科学的评价即在回顾和检查的基础上,依规定的要求和标准对行政执行的情况做出评判,并予以奖惩。例如,对在完成行政任务的过程中所采取的创新措施,评价其究竟新在哪里,有多大的影响力和作用力,所产生的效果如何;在纠正存在的问题时所采取的措施是否得力和及时,对问题的纠正程度有多大;有哪些行政组织和行政人员在行政执行活动中表现出色,有哪些行政组织和行政人员在行政执行活动中表现不良,并给予适当的赏罚。

### （三）认真总结经验和教训

对经验的总结，切忌就事论事，一定要上升到理论的高度去分析和研究，使之实现从感性认识到理性认识的飞跃，从而更具有现实的指导意义。对于失败的教训，同样要进行理论上的概括，从理论上寻找出失败的原因和根源，从而为新的决策提供前车之鉴。

## 第三节　行政执行的完善

### 一、影响行政执行的因素

人们在研判行政管理的状况时，往往会把注意力放在行政决策的研究与分析上。然而，大量的行政管理实践证明，由于行政执行是一个复杂的活动过程，在其实施中会受到各种因素的干扰，并不是所有的行政执行都能准确、圆满地实现行政决策的目标。行政执行也是行政管理成败攸关的重要问题，行政执行的好坏对于行政管理目标的实现也起着决定性的作用。了解影响行政执行的因素对于考察行政管理的过程与效果具有重大的意义。

#### （一）行政决策的质量

行政执行是对行政决策的执行，行政决策的质量如何将直接影响着行政执行。科学、合理的行政决策是行政执行顺利、有效开展的首要条件。行政决策的质量问题主要取决于以下两点：

第一，决策方案是否合理、是否具有科学性和可操作性。决策方案不合理、缺乏科学性和可操作性，一方面会增加执行的难度，执行很难实现决策的目标；另一方面，由于缺乏科学性和可操作性，就给执行者留下了很大的空间，增加了执行的随意性，结果可能导致执行走偏方向或走弯路的现象发生。

第二，决策执行的标准是否统一。决策标准是行政执行活动的准则之一，也是衡量行政执行结果的尺度。不统一的决策执行标准使行政执行活动缺乏统一的意志和行动，对行政执行结果也难以做出公正的评价。

因此，行政决策应有较强的科学性，一旦付诸实施就能获得较广泛的理解和支持。如果决策目标具体、明确，决策标准统一、清晰，那么在付诸执行时就能更有效地避免疑问或误解。

## （二）行政任务的复杂程度

因为行政目标所要解决的社会事务的重要性和复杂性程度不一样,所以具体行政任务也就各不相同,有轻有重,有大有小,有难有易,完成任务所需的人、财、物的数量各不相等,就是所遇到的阻力也各不相同。因而在行政执行过程中要涉及的机关和人员及所要完成的工作量等都会有所差异。决策所要解决的问题越简单,行政执行的难度就越小;反之,问题越复杂,涉及的单位、人员、利益关系就越多,所需调整的行为量就越大,行政执行的技术要求也就越高。

## （三）行政执行主体的状况

行政实施主体的状况主要从三个方面来看：第一,从行政执行的机构来看,其设置的合理与否、组织结构完善与否、权责体系统一与否、信息传递灵通与否等,都直接作用于行政实施。行政机关内部越是职责明确、制度健全、纪律严明、信息灵敏、风气良好,行政执行的效率就越高;相反,就会因自我阻碍而使行政执行举步维艰。第二,从行政执行的领导者来看,首要的是对领导者权威的服从度,良好的工作作风和方法是领导者重要的权威基础。此外,领导者自身的素质、领导艺术、工作经验及所作决策的合理合法性程度等都对行政实施起着关键的作用。行政领导者如果准备不足,在执行中偏离目标,就会导致执行中的"肠梗阻",最常见的是"上有政策,下有对策",站在局部利益上,为正确的行政执行设置种种障碍。第三,从行政执行的一般工作人员来看,行政执行人员的意向与工作态度、能力与精干程度,以及由这些所决定的对决策的理解程度和对工作情况的判断水平等,都影响着行政执行的效果。如果行政执行人员素质不高,对政策的认识上、理解上出现偏差,就会出现行政执行中的"走样"。

## （四）行政执行涉及对象的状况

行政执行涉及对象的状况主要是指人民群众的文化程度、知识水平、政策水平、承受能力等,这些因素都与行政执行有很大的关系。有些并非是决策问题,但当正确的决策不为群众所理解时,就很难被接受,在贯彻执行的过程中就可能比较困难。我国家庭联产承包责任制的初始阶段及相当地区的计划生育工作就是如此。这就需要附之以相应的手段,譬如宣传、教育、奖惩等。

## （五）行政执行中的资源状况

行政执行需动用一定的人、财、物。如果资源准备不充分,就会影响行政执行的正常进行。这里主要涉及三个方面：第一,上级机关未提供充足的资源或提供的资源迟迟不到位,就要求下级执行,执行往往会受阻;第二,某些行政执行部门挪用用于执行的资源,从而会影响行政执行的有效进行;第三,一些设置陈旧,不能满足社会发展的需要,也会影响行政执行的效果。

此外,行政环境的状况也是影响行政执行的重要因素之一。行政环境在此是从最广泛的意义上理解的,包括自然环境、文化环境、经济技术环境、政治环境以及工作环境。如果行政任务所面临的环境不同,那么行政执行的效果也会不一样。

## 二、行政执行中容易出现的问题

### (一)滥用行政权力

滥用行政权力的形式是多样的,主要有权力人格化,即行政权力职位化程度低,职位的权力变成了个人的权力;权力部门化,即组织设计存在缺陷,权力整合能力不足;权力神秘化,即机构臃肿,且权力运行不规范、不公开。

### (二)没有大局观,缺乏战略眼光

这主要表现在三个方面:第一,目光短浅,只顾眼前。有的领导者往往把主要精力集中在任期内要达到的短期目标上,很少对经济和社会发展中潜在的深层次问题做出预见性的判断,从而导致行政执行滞后于形势的发展。第二,简单复制。有些领导在行政执行中习惯照抄照搬上级文件,缺乏创造性。第三,缺乏全局意识。一些领导往往只从本部门的角度考虑问题,缺乏整体思维,导致力量相互抵消。

### (三)行政执行透明度低

执行透明度低就是通常所谓的"暗箱操作",不公开。这种"暗箱操作"可以包括执行主体不公开、执行内容不公开、执行方法不公开、执行范围不公开、执行程序不公开、执行结果不公开等。造成这些现象的原因,可能是工作作风不民主、不规范,也可能是行政执行者为谋取私利有意"暗箱操作"。

### (四)行政执行偏离政策目标

偏离政策目标就是不能达到预期的政策目标。造成这种问题的原因主要是:机构重叠、政出多门,具体的行政执行机关不明确;职责不清,行政执行机关之间互相推诿责任;执行机构间缺乏沟通协调;政策监督机制不够健全等。另外,行政执行中的本位主义、主观主义、利己主义等不良倾向也会造成偏离目标。

### 三、改善行政执行的对策

#### (一) 实现行政决策的科学化

为了保障行政执行的正确进行,行政决策不仅要正确,而且要具体、明确和规范,有统一的执行标准。行政人员只有在目的明确、方案具体、规范严格、标准统一的条件下,才能保证行政执行的正确性和高效性。

#### (二) 确立良好的执行理念

首先要树立大局意识和全局观念,树立"执行至上"的意识。全局观念就要求全国"一盘棋",克服本位主义观念,服从大局。"执行至上"就要对所做的决策坚决执行,重要的是不随意否定上届决策,不以创造政绩为目的。同时,要充分发挥执行主体的主动性、创新性,以现代的管理和人性化的理念开发潜能空间,做到决策与执行的完美结合。

#### (三) 建立精干高效行政执行人员队伍

政策效果与行政执行水平、行政执行主体的素质密切相关,所以要提高执行主体的行政执行水平和素质。首先,需要学习执行政策的专业知识及其相关知识;其次,要增强执行能力,这包括组织能力、协调能力、管理能力等;最后,还要提高行政执行者的思想政治素质,强化行政道德意识、自律精神,规范执行行为,自觉抵制各种腐朽思想的侵袭。

#### (四) 推进政务公开,提高行政执行透明度

通过政务公开,让群众及时了解各种他们所需要的政府工作信息和社会公共信息,同时更好地行使他们对政府工作的监督权利。这不但有利于政府工作本身,而且是维护群众知情与监督民主权利的需要。

#### (五) 建立有效的行政执行运行机制

有效的行政执行运行机制主要包括三个相互配套而又相对独立的基本环节:一是完善的决策程序;二是有效的行政执行制度;三是科学的行政执行评价监督办法。这三个基本环节构成了一个封闭回路,促使政策运行走上良性运行的轨道。此外,还要实行有效的监控,防止行政执行失控,这有利于根据变化的客观情况调整、完善政策。

#### (六) 加强行政执行资源的投入,改善行政环境

行政执行离不开相关的投入,行政执行投入的主要因素是资源。这些资源包

括有形资源和无形资源。有形资源主要指人力、物力和财力资源,而无形资源主要指公众的政治心理倾向和政治行为习惯。这些资源的投入对地方政府行政执行有着重要的影响作用。为了提高行政执行的效果和效率,必须注意通过资源投入,尤其是通过无形资源投入来创造政策的文化社会环境,为行政决策的科学性与执行的有效性提供保障。

**关键术语**

行政执行;行政沟通;行政协调;行政控制。

**思考题**

1. 简述行政执行的含义、特点及分类。
2. 行政执行在行政管理中的作用有哪些?
3. 试述行政执行、行政沟通、行政协调、行政控制的含义。
4. 影响行政执行的因素有哪些?改善行政执行的对策有哪些?

# 第八章 财务行政

**本章要点**

财务行政是行政管理的一个重要组成部分,是保证行政机关正常运转必不可少的基本条件。财务行政不仅是政府履行经济职能、对国民经济进行宏观调控的重要手段,涵盖经济、政治、文化、社会和生态文明等所有领域,而且是政府履行各项职能的基础和重要支柱。本章重点掌握:财务行政的含义、特点和原则,财务行政的地位和作用,财政收入和支出管理等。

## 第一节 财务行政概述

### 一、财务行政的含义

对"财务行政"的解释,有的定义过于宽泛,适用于经济学、财政学等广阔的研究领域;有的定义却很窄,只限于国家行政机关内部的经费管理活动。就行政管理学研究的特点而言,财务行政是指政府行政机关对国家财政收支和分配所进行的组织、调配、控制、监督等一系列管理活动。这种活动实质上是政府行政机关为国家聚财、用财、理财,属于对国家事务的管理,是政府实现其经济职能以及其他职能的表现。当然,这种活动也包括对所有由国家财政拨款的国家机关和行政事业单位行政经费的领拨、分配、使用实施的管理,但这方面的管理只是国家理财的一项具体内容。至于政府行政机关自身经费的领拨、分配和使用,则属于政府行政机关内部事务的管理,不属于财务行政的范畴。

这个概念包括四层含义：

第一，财务行政的主体是各级政府。在各级政府中，以财政部门为主，以税务部门、金库、有关专业银行和审计部门为辅，组成完整的财政管理系统。政府根据国家的大政方针、法律法规确定财务行政的指导思想和原则，制定财政政策，做出财务行政决策，并负责实施、执行财政政策和财务行政决策。其中，财政部门负责全面的财政收支管理和协调，税务部门专司财政税收，金库专司资金库存储备，专业银行专司资金配送流转，审计部门专司财政和财务监督。

第二，财务行政的客体是国家财政收入和财政支出。财政收支主要的目的是保证社会公共需要，它以各级政府的正常运转和有效履行行政职能为前提条件。各级政府是社会公共权力的代理人和执行者。在现代国家中，各级政府的各种行政职能是与社会公共需要密切相关的，各级政府必须从社会产品中占有一部分资金满足各种社会公共需要。每当社会发展产生一种新的公共需要时，就需要对社会分配过程进行相应调整以满足这种需要。

第三，财务行政的内容包括财政预算、预算会计、财政决算、财政审计四个方面。财政预算分为国家预算和地方预算，分别指国家财政和地方财政的收支计划；预算会计是指国家预算和地方预算执行过程中对财政收支情况的记录、反映和分析；财政决算也分为国家决算和地方决算，分别指国家和地方对财政收支计划执行情况的总结和报告；财政审计是指对财政收支的控制、考核和监督。计划、执行、总结、考核四个环节环环相扣，形成财务行政的整体内容。

第四，财务行政是借助于货币的特殊职能实现社会资源配置的过程。在现代社会中社会产品的主要分配形式以货币收支实现的价值分配。政府借助于货币的支付手段、价值尺度等特殊职能采用多种形式进行价值分配，包括预算、税收、信贷、价格、利润分配、补贴等。公共产品或社会产品从价值形态上可分为三个部分：一是生产资料耗费的补偿价值；二是劳动力再生产价值；三是剩余产品价值。财务行政收入的来源或其靠政治权力等强制手段集中分配的对象主要是第三部分，即剩余产品价值。它通过剩余产品价值的分配有效地控制国民收入以至整个社会产品的分配。在不同性质的国家中，财务行政的宏观调控手段有所不同，主要有运用指令性计划进行的直接调控和运用价格调节、金融调节、财政调节等各种经济方法进行的间接调控两种类型。

## 二、财务行政的特点和原则

### (一) 财务行政的特点

**1. 较强的政治性**

满足社会公共需要不仅是财务问题,而且是政治问题。公众需要通过一定的政治程序和立法程序表达其对社会公共需要的意见,并且监督检查政府解决此类问题的财政计划和执行活动。在西方国家,它决定了利益团体的政治偏好占优势。如美国的联邦政府官员就税收、国防和社会支出的议题展开争论;州政府官员主要在税收、教育、高速公路、惩治犯罪和社会福利等方面做出重要的抉择;地方政府在面对大量的支出项目、收入政策以及雇佣警察和社区服务人员时会感到棘手。因此,财务行政经常被看作一个计划、一种程序以及政治事件。同样的,它也可以作为一种控制、管理和计划的工具。就政治家或决策者而言,通过对公共部门收入和支出进行决策可以实现他们为公共组织工作,以满足选民愿望要求的职责。

**2. 广泛的强制性**

财务行政作为以国家权力为基础的资金收支的管理活动,不同于私人部门的财务管理,具有广泛的强制性和社会性。即政府为了保证其职能的实现,大都凭借公共权力,以政府的名义运用强制力量参与转化为价值形态的社会产品的分配,并对分得的那部分社会产品和公共服务进行管理和使用。任何社会成员和行政组织成员都有义务服从政府的财务行政管理。就社会成员来说,政府通过立法形式确定税种、税率和课税对象。凡是国家管理范围内的机构和个人,只要符合法定纳税条件的,必须依法纳税,偷税、漏税、逾期不交者要负法律责任。就行政组织成员来说,任何机构和个人都必须按照一定的计划和手续分配行政经费,不得任意动用,否则,也要受到相应的制裁。

**3. 严格的计划性**

财务行政作为对市场调节的补充,具有很强的计划性。财务行政的过程本身就是财政收支计划的制订和实施过程,都必须根据国情国力,按照轻重缓急,有计划地进行。在财务行政中,预算即计划,具有法律上的特性;未经审批的预算不拨款,无预算的支出不拨款,原定预算不敷开支时应事先调整或追加预算,经批准后方可拨款。这正是国家行为与企业行为的区别所在,企业的经营活动受市场调节,而市场调节易导致市场失灵,政府财政的计划性正是政府这只"看得见的手"的作用。

（二）财务行政的原则

**1. 统一领导，分级管理**

这一原则要求财务行政必须执行党和国家的路线、方针、政策，并根据本国国情合理划分中央和地方的财政管理权限。通常为了保证中央的统一领导，中央必须集中所有关系国家全局的管理权限。这是因为"中央的政治权威要有中央的经济权威作基础。没有中央的经济权威，中央的政治权威是没法巩固的"。同时，为调动地方的积极性，也一定要给地方因地制宜的管理权限。总之，这一原则要求财政体制建设适应社会主义市场经济的发展，实现"宏观控制，微观搞活"的战略目标。

**2. 一级政权，一级财政**

这一原则要求各级政府的财权和事权相统一。事权是确定财权的根据，财权则是实现事权的物质保证。财权与事权依法有效地统一，是各级政府履行职能的前提。财政管理体制必须与国家经济管理体制和政府层级设置相一致。财政体制是国民经济管理体制的重要组成部分，必然随着国民经济体制的变化而调整。同时，财政是政府实施其职能的基本手段。为了使每级政府履行其职能都有相应的物质基础，就必须让财政的分级管理与政府组织层级设置保持一致。

**3. 取之于民，用之于民**

这一原则要求财务行政坚持社会主义制度的性质和方向。既然社会主义财务行政是为人民当家做主服务、为人民的根本利益服务的，那么从人民中筹集的财政收入就应该全部用到为人民办实事、谋利益上。各级政府在财政收支活动中，要清醒地意识到，财政管理机关组织的财政收入再多，也是受人民的委托来管理的，应履行好为人民管好、用好每一分钱的义务，绝不能挤占、挪用国家财产。政府负有贯彻和执行的责任，广大人民群众享有监督的权利。

## 三、财务行政的地位和作用

在讨论财务行政的地位和作用时，以往的研究往往是从政府的经济职能角度展开的，认为财务行政是社会经济关系、经济政策、经济制度的综合反映，通过税收、发行公债、缴纳利润等形式筹集资金获得财政收入，并通过拨款、投资、补贴等财政支出的形式供应资金，以控制和调节社会生产、流通、分配、消费过程及政治经济活动，具有筹集资金、配置资源、调节分配关系和宏观调控等功能。党的十八届三中、四中全会围绕全面深化改革和全面推进依法治国做出的全新理论概括，站在新的历史起点上,对财政与财税体制进行了全新的定位。《中共中央关于全面深化改革若干重大问题的决定》(以下简称《决定》)认为:"财政是国家治理的基础和重要支柱,科学的财税体制是优化资源配置、维护市场统一、促进社会公平、实现国家长治久安的制度保障。"[①]这一定位既是对财务行政的地位和作用的新概括,也标志着财政与财税体制已经同国家治理紧密对接,是国家治理体系的一个重要组成部分。

## (一) 财政在国家治理中发挥基础性作用

《决定》指出:"财政是国家治理的基础和重要支柱。"这与过去我们常讲的"财税改革是经济改革的中心环节"是完全不同的,在认识上突破了传统的经济学思维,把财政放在治国安邦的高度去认识。从国家治理体系和治理能力现代化的角度来看,如果说财政是国家治理的基础,那么就表明财政改革是实现全面深化改革总目标的基础。这就意味着,财政不仅应在经济领域,而且应在社会领域、政治领域等国家治理的各个方面发挥其功能作用。财政作为国家治理的基础,若财政治理出了问题,就会动摇整个国家治理,甚至导致国家治理失效。

## (二) 财政是公平与效率的融合机制

《决定》强调:"科学的财税体制是优化资源配置,维护市场统一,促进社会公平,实现国家长治久安的制度保障。"资源配置、市场统一是效率问题,而社会公平则是现阶段社会关注的焦点问题。长期以来,效率、公平成为跷跷板的两端,成为理论和现实中很纠结的问题。其实,效率与公平不是哪一个优先的问题,而是从一个社会整体来看,实现两者的有机融合。在一定程度上,国家治理能力的强弱可以用效率与公平的融合程度来衡量。融合程度越低,越是一边倒,就表明公共风险越大;融合程度越高,越是有机结合,就表明国家治理越有效。从整体来衡量,市场与政府是有机的统一,效率与公平要有机融合,财政是不可或缺的载体。财政就是一个机制,像一根扁担,一头挑着效率,一头挑着公平,只有这个担子挑平了,才能往前走,挑着的担子才不会掉下来。这就是说,公平和效率只有有机结合了,经济才能发展,社会才能进步。

## (三) 财政是国家与社会的平衡机制

从国家与社会的关系来看,财政制度安排关系到国家的财政收入和社会的资金收入。这两个"收入"通过财政这个管道联结在一起,财政的任何制度安排都会

---

① 中共中央关于全面深化改革若干重大问题的决定[M].北京:人民出版社,2013:19.

对其产生影响。国家多收,国家的财政收入增加,可以提供更多的公共服务,避免更多的公共风险;但社会收入尤其是老百姓收入的增长水平会下降,影响老百姓生活质量的提高;相反,国家少收,老百姓的收入增长较快,国家的财政收入就会减少,可以提供的公共服务就会减少,公共风险可能扩大。这就涉及国家的财政收入和老百姓的收入的平衡问题,必须依据不同发展阶段的特定经济社会条件,找到一个黄金分割点。从当前来看,平衡两者的关系,就是要通过财政改革来实现。三中全会提出"改革税制,稳定税负"。这是基于当前现实条件提出的一个改革原则,也是当前条件下平衡两者关系的原则。稳定税负,实质上是稳定市场、社会的预期,表明财政收入增长要和经济增长相适应。财政收入的过快或者过低增长都可能造成更大的公共风险——要么是因加重税负造成经济进一步滑坡,要么是因公共服务缩减造成民众的更加不满。

(四)财政是发挥中央与地方两个积极性的保障机制

财政分权改革对实行两级治理,充分发挥中央与地方的两个积极性具有重要的推动作用。政府与政府的关系实质上就是政府治理问题。政府是国家治理最重要的主体,如何在政府之间特别是中央政府与地方政府之间形成一种合理的职责、权限分工体系,以及协同治理机制,是充分发挥政府在国家治理中作用的重要前提。财政体制是规范中央和地方政府间财政分配关系的制度安排,也是财政改革的重要内容。对于一个大国来说,由财政体制确定的一种合理的职责、权限分工体系,以及协同治理机制,是国家治理充分发挥作用的应有之举。从国家治理的视角看,国家治理实行两级架构:一级是国家(中央)层面,另一级是地方层面。从善治角度看,国家治理应实现协同治理。不同层面的财政体制要与相应级次的治理架构相匹配,这意味着财政改革应在两个层面展开:国家财政改革和地方财政改革。

## 四、以分税制为核心的财政管理体制

税收是国家财政收入的主要来源。税收征管是财务行政的重要环节。研究税收和税收制度,是财务行政不可缺少的内容。

(一)税收的含义和特征

税收是指政府为筹集满足社会公共需要的资金和国家机关运作的经费,依照法定的范围和标准,运用国家权力强制向公民无偿征收实物或货币的活动过程。税收的征收主体是国家,征税权属于国家。税收由国家通过法律授权政府行政组织的税务部门征取。税收的实质是国家参与国民收入的分配,是国家通过对社会产品的再分配取得财政收入,用以协调、平衡各种利益关系,是对经济进行宏观调控的方式和手段。

税收既是不同的社会分配关系的反映,又是社会再生产过程中的一个环节。其具有三个显著的特征:

**1. 强制性**

税收是由国家法律规定的、纳税人必须履行的义务,政府行政机关凭借国家权力强制性地要求纳税人履行,纳税人不履行义务,逃税、偷税、漏税者都属触犯国家法律,轻者予以强制执行,重者给予法律制裁。

**2. 无偿性**

无偿性是指国家与纳税人之间的关系。国家对纳税人征税不负有偿还义务,征税后税款即为国家所有,由国家支配,纳税人不得向国家请求偿还。当然,这种无偿性只是相对的。一方面,就社会整体而言,国家征收的税款相当一部分用于为社会公众提供包括社会福利、公共设施在内的公共产品,是对公民整体的偿还;另一方面,就纳税人而言,国家以提供公共产品的形式对公民的纳税部分地给予偿还,尽管公民所缴纳的税款与其所享受的公共物品数量之间没有对等关系。

**3. 固定性**

整个税收活动从征收对象、征收范围、征收依据,到征收数额、征收比例、征收程序,都由法律预先加以规定,严格按照法律进行,在一定时期内固定不变,具有相对的稳定性和连续性。

(二)税收制度

税收制度就是国家用以规范税收活动和行为的各种法律、法规、政策、措施的总和。它反映着一个国家的税收思想、原则和宗旨,是纳税人履行纳税义务和政府行政机关行使税收征管权的行为规范,也是对国家与纳税人在税收活动中形成的征纳关系加以固定。

税收制度的构成要素,反映的是税收征收活动的规范和行为及各相关环节,一般涉及纳税人、征税对象、税率、纳税环节、纳税期限、减税和免税、法律责任七个方面。

(三)税收管理体制

国家税收管理体制是国家税收制度的重要内容之一,也是国家财政管理体制的重要组成部分,反映的是中央政府与地方政府之间税收管理权限划分的关系模式和各自税收活动的范围与方式。从1994年起,我国实行的是以分税制为核心的财政管理体制。

**1. 分税制的含义及类型**

分税制是一种根据事权与财权相统一原则，在中央与地方各级政府之间划分税源，确定税收的权限、税制体系、税务机构和协调财政收支关系的财政体制。分税制是市场经济国家普遍实行的一种财政体制，是符合市场经济原则和公共财政理论要求的，也是市场经济国家运用财政手段对经济实行宏观调控的较为成功的做法。实行分税制的重点是在明确中央政府和地方政府事权的基础上，分别确定其财政支出规模、税收权限和税制体系。其实质是通过确定事权和税种划分，形成中央政府和地方政府两个相对独立的收入体系，为各级财政提供稳定的收入来源，是财权和事权相统一的体现。分税制的核心是分权、分税、分设机构。

分税制有两种形式：一种是彻底的分税制，通行于管理权限较分散的联邦制国家，如美国、意大利、澳大利亚、瑞士等国。这种分税制彻底划分中央和地方的税种和税源归属关系，不设共享税；彻底划分中央和地方的税收管理权限；分别设置中央与地方两套税务机构。另一种是不彻底的分税制，通行于管理权限较集中的国家，如英国、法国、日本、韩国等国。我国也实行这种不彻底的分税制。这种分税制在中央和地方之间对税种税源的归属不作彻底划分，在设立中央税和地方税的同时，还设立中央与地方共享税；中央政府拥有税收立法权，但地方政府拥有一定的税收管理权限和部分地方税立法权。

**2. 分税制的基本内容**

（1）划分中央政府和地方政府的事权与财政支出范围

政府事权是指政府从事各项事业管理的权限。根据事权确定政府的财政支出范围和收入来源，这是实行分税制的基础。政府财权要根据事权来确定，要求财权和事权相互统一、相互协调。否则，要么是没钱办事，要么是资金积压造成浪费。

我国各级政府的事权，目前大体上是这样划分的：中央政府担负国家社会政治事务和宏观经济的管理，地方担负辖区内的社会事务和经济管理。中央政府事权主要有三个方面：一是处理涉及国与国之间的公共事务，如国防、外交、国际援助等；二是处理国内的社会公共事业，如国家的教育、科研、卫生、体育和社会福利保障等；三是调节地区间的经济结构和产业结构，干预资源配置活动。

地方政府的事权范围主要有三个方面：一是区域性社会公共事业，如科、教、文、卫以及公共基础设施建设；二是区域性社会政治事务，如地方行政管理、法制建设、社会治安等；三是区域性社会经济事业，如协调本地区内经济的发展等。

(2) 划分中央政府和地方政府的收入来源

实行分税制,就是通过划分税种确保中央和地方都有比较稳定的收入来源。根据我国现行的新税制的划分,分为三个部分的内容:

一是将维护国家权益、实施国家宏观管理所必需的税种划为中央税,作为中央政府财政收入来源。其包括:关税,海关代征消费税和增值税,消费税,中央企业所得税,地方银行和外资银行及非银行金融企业所得税,各银行总行、各保险总公司等集中交纳的收入,中央企业上缴利润以及外贸企业出口退税等。

二是将适合于地方政府发挥征管优势和宜于由地方掌握的税种划作地方税,作为地方政府收入。其包括:营业税、地方企业所得税、地方企业上缴利润、个人所得税、城镇土地使用税、固定资产投资调节税、城市维护建设税、房产税、车船使用税、印花税、屠宰税、农牧业税、农业特产税、耕地占用税、契税、遗产和赠予税、土地增值税、国有土地有偿使用收入等。

三是把随着经济增长相应增加的税种作为中央与地方共享税,在中央和地方之间实行分率征收。其包括:增值税、资源税、证券交易税。

(3) 建立独立的政府分级预算,实行税务机构分设

其主要内容是在中央和地方之间进行彻底的预算管理权限的划分,预决算分别独立编制和审议执行;在划定各级政府事权和财权的基础上自收自支,自求平衡;强化预算法制化管理,将各级政府预算的编制、审批、变更、决算等全过程纳入法制轨道。在划分税源的同时,分别建立中央税收和地方税收两套税制,明确各级政府税收管理权限;分别设立中央和地方两套税务机构,分别征税。国家税务局负责征收中央固定收入和共享收入,地方税务局负责征收地方固定收入。

(4) 建立政府之间的转移支付制度

转移支付是指上级政府(主要指中央政府)的财政收入转作下级政府(主要指地方政府)的收入来源来支付本级支出。这项制度主要是为了:第一,为地方政府提供部分收入来源,弥补财政收支差额,增强其提供公共服务的能力;第二,中央政府通过财政转移支付这一手段,控制和调节地方政府的预算支出,使其为实现中央政府的宏观政策服务;第三,由于地区之间经济发展不平衡,通过转移交付制度可以促进社会公平目标的实现;第四,某些经济活动虽然发生在一个特定区域,但却与整个国家或地区有密切关系,这种活动理应按受益成本原则由有关地区共同完成,如重大水利工程等。这也需要上级政府对财力进行集中和转移,而规范的转移支付制度的基本内容应包括转移支付的形式、数量规模、支付办法等基本内容。

实行分税制是一项长期的改革任务。当前应当进一步完善以分税制为核心的财税体制,进一步合理界定政府事权,划清各级政府的支出责任,并以此为基础划分税种,加快政府之间转移支付制度规范化的步伐。

## 第二节 财政收入管理

### 一、财政收入的含义

财政收入是政府为满足支出的需要，依据一定权力的原则，通过财政渠道参与社会产品分配筹集起来的各项收入的总称。它是国家为了维持其存在和实现其社会管理职能，凭借政权的力量参与国民收入分配的活动。

我国的财政收入一般包括两大部分，即预算内收入和预算外收入。预算内收入指政府通过税收、收费等方式集中支配的纳入预算的财政资金。预算外收入指由各部门、各地区、各单位自收自支、自行管理使用的非集中性的财政资金。这部分资金虽然并不纳入预算，但也属于财政资金，构成财政收入的一部分。

按财政收入形式划分，通常把财政收入分为税收与非税收入。其中，税收根据税收征收管理权限在中央与地方政府的划分，又可分为中央税、地方税、中央与地方共享税。

财政收入的作用主要体现在：首先，财政收入作为满足政府公共支出的重要来源，是财政支出的基础。财务行政包括财政收入管理与财政支出管理。这两个过程是统一的。一般情况下，财政收入是财政支出的基础和前提，财政收入多，财政支出也就相应增加。其次，财政收入是实现国家宏观调控，保证政府职能顺利完成的物质保证。政府为了有效实现其职能，必须掌握相当数量的社会产品，而财政收入则是重要手段。最后，财政收入的稳定与有效获得是正确处理和协调各种利益关系的重要手段。财政收入的获得不仅是个如何取得资金的问题，在实际操作过程中，何时获得、取得多少、采取何种方式，都关系到征收者和给予者的利益。如果处理不好这个关系，就会贻误党的方针、政策的顺利贯彻实施，就会增加不必要的社会成本。这不但影响财政收入的效率，而且会影响资源配置的效果。因此，只有在组织财政收入的过程中正确处理各种物质利益关系，才能达到充分调动各方面的积极性，达到优化资源配置、协调分配关系的目的。

### 二、财政收入的原则

财政收入的原则是一个国家组织财政收入应遵循的基本准则。财政收入是与效率和公平两大问题相联系的,对于社会的稳定和发展有着不可低估的影响,因此必须正确选择财政收入的原则。

(一)立足发展经济,扩大财政收入来源的原则

要解决国家财政收入短缺和政府承担大量公共事务的矛盾,就必须首先从发展经济着手。发展经济的关键在于提高生产技术水平。生产技术水平的高低直接决定了一个国家投入和产出之间的比例关系。

(二)兼顾国家、企业和个人三者利益,规范中央和地方收入分配的原则

国家和个人、企业的根本利益是一致的,国家的利益是个人、企业的利益的前提。同样,中央政府和地方政府之间的利益关系也需要规范。中央政府和地方政府的收入分配取决于两者之间的事权划分,事权决定财权,在明确划分两者之间事权的基础之上,再规范收入分配体制。

(三)区别对待,合理负担的原则

区别对待,是指基于国家发展战略的需要,对不同的财政来源区别对待。一是可以对不同的地区有所区别,二是可以对不同的产业有所区别。合理负担有两层含义:一是受益者负担的原则,二是按能力负担的原则。

## 三、财政收入的结构

财政收入的结构是指财政收入在国民经济各部门、各行业和各地区的比例和数量。一个国家财政收入的所有制结构直接决定于该国的所有制结构。

财政收入的结构主要分为财政收入的形式结构和财政收入的来源结构。财政收入的形式结构包括税收和非税收入两种形式;财政收入的来源结构包括财政收入的地区结构、所有制构成、生产部门构成三种形式。

财政收入的形式结构是否合理,主要从三个方面判断:税收结构是否合理、非税收入结构是否合理、税收和非税收入之间的比例是否合理。

财政收入的来源结构是否合理,主要从三个方面判断:财政收入的地区结构是否合理,财政收入的所有制构成是否合理,财政收入的生产部门构成是否合理。

(一)财政收入的所有制构成

财政收入的所有制构成是指财政收入作为一个整体是由不同所有制的经营单位各自上缴的税收利润和费用等部分构成的。改革开放以前,公有制经济在我国经济中处于绝对优势,我国财政收入也是以国有经济为支柱的。国民经济恢复时

期,国有经济提供的财政收入占整个财政收入的50.1%,之后逐年下降。随着经济体制改革的深入,集体经济和其他经济成分有了较快的发展,提供的财政收入逐年增加,相比之下,国有经济提供的财政收入的比重有所下降。

(二)财政收入的生产部门构成

我国国民经济以农业和工业为主要生产部门,这两大生产部门创造的国民收入占国民收入总额的80%左右,所提供的财政收入在财政总收入中也占有较高的比重。农业部门通过以农业税和以工农产品剪刀差的形式提供财政收入。工业是财政收入的主要来源。改革开放以后,工业部门提供的财政收入占财政总收入的比重有所下降。第三产业部门提供的财政收入近年来增长很快,已占财政总收入的1/3左右。随着我国经济结构的优化和升级,第三产业在CDP和财政收入中的比重将会持续上升。

(三)财政收入的地区结构

财政收入按来源地的不同,可以分为不同地域或行政区划提供的财政收入。从这一角度分析财政收入结构可以看出财政收入地域分布状态。由于各种因素的影响,必然产生地区经济发展的不平衡,因此一国各地区的财政收入规模和结构必定存在差距。

## 四、财政收入的主要来源

(一)税收收入

税收所具有的自动调节经济和优化资源配置的职能使得税收成为首要的财政政策手段,这也加强了税收在财政收入中的地位。

(二)债务收入

债务收入包括:国内发行的公债、国库券,经济建设债券,向国外政府、国际组织和商业银行筹集取得的借款等。

公债是国家或政府以其信用为基础,在向国内外筹集资金的过程中所形成的债权债务关系,也就是说,国家或政府以债务人的身份,采取信用的方式,通过借款或发行债券等方式取得资金的行为。公债是国家举借的债,是国家为了筹措资金而向投资者出具的、承诺在一定时期内支付利息和到期还本的债务凭证。在我们现实生活中所指的公债大多是狭义的,即政府举借的债。一般把中央政府发行的债券称为中央政府债券或国家债券,简称国债;而把地方政府发行的债券称为地方政府债券,简称地方债。

公债的概念包含三层含义：第一，公债不仅具有偿还性，而且具有自愿性；第二，公债是政府调节经济的杠杆；第三，公债是一个特殊的债务范畴。

### （三）国有资产收益

国有资产收益，也叫经营性国有资产收入，主要是指国有资产管理部门以国有资产所有者代表的身份，以上缴利润、租金、股息、红利和权益转让等形式所得的收益。国有资产收益的形式主要取决于国家对国有资产的经营方式。在长期的社会主义建设过程中，我国的国有经济在国民经济中形成了庞大的规模，加之财政对国有企业的利润分配采取单一的利润直接上缴形式，因此，利润上缴曾经在我国财政收入中占有相当重要的地位。

### （四）政府费收入

这是指各级政府及部门所收取的各种费用和基金性收入，包括行政执法过程中收取的各种规费和公共财产使用费。大体有以下五类：

第一类，规费收入。规费是指国家机关在对居民或法人提供某种特殊服务或实施社会管理时，按国家规定向有关对象收取的一定费用。各级有关部门在办理、发放各种证照、簿册时，均按一定标准向有关单位或个人收取工本费和手续费，如工商执照费、公证费、护照费、商品检验费、商标注册费等。其目的是便于对某些特定事项进行管理，并对提供服务的机关的耗费进行适当补偿。通常将规费分为司法规费和行政规费两种。前者包括刑事、民事裁判费及遗产管理费等，后者包括检查费、证明费、特许费等。收取规费一般有两种标准：其一是根据政府提供的服务所需要的费用而定；其二是按照公众从公共服务中所享受的利益为标准。

第二类，公产使用费。这是按受益原则对享受政府所提供的特定公共产品或劳务（如国有山林等）相应支付的一部分费用。它也是财政收入的一个来源。

第三类，特别课征。这是指政府为新增加或是改造旧有公共设施，根据公众受益大小而按比例课征的收入，目的是用以补充工程费用的全部或一部分。

第四类，各种摊派性费收入。这是指政府以各种名义征收的基金，是一种"捐税"。

第五类，特许金。这是政府给予个人或企业某种行为或营业活动的特许权所取得的收入。

### （五）专项收费及事业收入

专项收费是指国家为特定公共项目运营需要收取的费用、基金等，具有受益税或使用费的特征。

事业收入，是指中央和地方政府所属事业单位按照预算管理的要求向财政上缴的业务收入。

（六）其他收入形式

其他收入形式是指上述几种收入之外的政府的各种杂项收入。比较常见的有罚没收入，即工商、税务、海关、公安、司法等国家机关和经济管理部门按规定依法处理的罚款和没收品收入，以及各部门、各单位依法处理追回的赃款和赃物变价收入。此外，还有社会各界对政府的捐赠。

## 第三节 财政支出管理

### 一、财政支出的含义及分类

财政支出是指为满足政府执行职能需要而使用的财政资金，是指国家财政将筹集起来的资金进行分配使用，以满足经济建设和各项事业的需要。其主要包括：基本建设支出、企业挖潜改造资金、地质勘探费用、科技三项费用、支援农村生产支出、抚恤和社会福利救济费等。

按不同的标准，财政支出可以划分为不同的类型。

财政支出按其用途，分为经济建设支出，科学、教育、文化、卫生事业支出，行政管理和国防支出，社会保障支出，债务支出五大类型。经济建设支出占据财政支出的首位。在全部经济建设支出中，基本建设和支持农业的支出占绝大多数，反映了国家财政参与经济建设的重点，如三峡工程、南水北调工程、西气东输工程等。科学、教育、文化、卫生事业支出主要包括这些单位的人员经费支出，设备购置、维护及公务费用支出。行政管理和国防支出是指用于政府机关、司法部门、驻外机构、军队建设、国防建设、国防科研方面的支出。社会保障支出是指国家财政为公民提供的社会保险、社会福利、社会救济、社会优抚的各种费用。债务支出是指用于偿还国家各种债务本息方面的支出。

财政支出按其是否取得等价补偿，可分为购买支出与转移支出。这种分类能较准确地分析政府公共支出对社会总需求的影响，为政府利用公共支出政策影响经济提供了理论依据。

财政支出按其使用部门划分，可分为国家社会管理部门支出、社会事业服务部门支出、社会生产经营部门支出。这种分类能表现出政府对不同的国民经济部门的政策取向和资源配置作用,为政府影响国民经济部门结构提供了依据。

财政支出按其最终使用结果划分,可分为积累性支出、消费性支出、补偿性支出。这种分类可以反映财政支出中的积累与消费的比例关系,并有利于通过财政支出促进整个社会中的积累与消费比例的合理化,为经济发展服务。

另外,财政支出按其具体用途划分,可分为不同的预算科目;按财政管理体制的要求,可分为中央财政支出与地方财政支出两大系列。

## 二、财政支出的影响因素

财政支出结构的形成受多种因素的影响,主要有以下几个方面:

### (一)财政收入总量

财政支出中,各种公共支出项目的满足程度首先受一定时期内财政收入的总量和增长情况的制约。财政多收可以多支,更多的财政支出项目也才能得到保证。但是这种制约关系的存在是以正常的税收和其他预算收入形式所形成的财政收入来衡量的,而不是建立在公债、向银行透支及财政性货币发行所增加的收入的基础上。因此,严格区分债务收入和正常的财政收入界限,取消财政向银行的透支和财政性货币发行,才能真正体现财政收入对财政支出总量及其结构的制约。

### (二)国民收入总量(或国民生产总值)

国民收入对财政支出的影响是通过对财政收入的影响来反映的。在正常情况下,国民收入增长,财政收支也会因此而增加。但由于政府可以通过公债的发行来增加财政支出,这又使财政收入与财政支出并不完全相等。在此情况下,财政支出可以超过财政收入进行分配,但这是对国民收入的一种有偿性调剂。这使国民收入的总量可以支持财政支出规模的扩大,并为财政支出结构的形成和调整创造条件。因此,财政支出占国民收入的比例更能反映财政分配对国民收入的占有额度和影响,也说明国民收入可以在一定范围内为财政支出的扩大及结构性调整提供条件,但不能超过一定的限度。

### (三)国家社会的基本需要支出和发展性支出

这主要指在计划年度内财政应保证的上年已达到的满足社会共同需要的支出,随生产发展和人口增长应相应增加的社会共同需要支出,为满足生产发展和人口增加而必须追加的生产性支出中应由国家承担的部分支出。这是决定财政支出结构的最基础的要素。这三部分支出共同形成财政支出的最低限量。除此之外,随着社会经济的发展和财政收入的增加,政府还应将一定的财政资金用于发展生产、提高社会共同消费水平等方面。这也会影响财政支出结构的调整。

### (四)经济发展规律与社会经济制度

国家实施不同的经济制度可能形成不同的财政支出结构。在计划经济制度下,财政支出结构以生产性支出为主要内容,而在市场经济制度下,财政支出则主要以满足公共需要和弥补市场缺陷为主要的支出内容。但是,现代市场经济制度实际上是一种混合经济制度,要求在发挥市场资源配置的基础性作用条件下,政府也应适当地发挥干预经济的作用。因此,这对现代市场经济国家的财政支出结构的形成也将产生直接的影响。

除此之外,国家政治制度在许多条件下也会对财政支出结构产生重大影响,这是因为财政支出结构的形成将对社会经济各个层面产生相应的影响,并造成利益的调整,运用不当可能造成国家社会的损失。因此,现代国家通常会规定一定的政治程序来规范财政支出的确定与调整。

## 三、财政支出的原则

### (一)经济效益原则

经济效益原则是指要通过财政支出使资源得到最优化配置,使社会资源实现最大的"效益"。这一原则包括两个方面的含义:一是社会资源在公共部门和私人部门之间的最优配置;二是由政府财政配置的资源在使用时也应以获得最大社会效益为原则。

### (二)公平原则

公平原则是指通过财政支出提供劳务和补助所产生的利益在各个阶层的居民中的分配应达到的公平状态,能恰当地符合各个阶层居民的需要。公平原则包括两个方面:一是横向公平,即同等对待同一层次的居民;二是纵向公平,即差别对待不同层次的居民。

### (三)稳定原则

稳定原则是指政府支出应有助于防止经济波动过于剧烈。财政支出之所以可以作为稳定经济的杠杆,是因为财政支出的增减会影响到社会需求的总量。

## 四、政府财政支出的内容

### （一）购买性支出

购买性支出是指政府为了满足全社会的公共需要，以购买者的身份在商品和劳务市场上购进商品或劳务时所发生的支出。购买性支出是国家财政支出的重要组成部分。

购买性支出主要包括基础设施支出、农业投资支出、行政管理支出、国防支出以及科学文教卫生支出等。

基础设施支出。基础设施主要是指关系到国民经济整体利益和长远利益的物质基础设施。基础设施包括两类：一是经济基础设施，二是社会基础设施。基础设施投资一般具有规模大、周期长、价值转移慢以及资本回收困难等特征，因此对其的投资和管理应该由政府来负责。

农业投资支出。政府财政对农业的投资具有两个基本特征：一是以立法的形式规定财政对农业的投资规模和环节，使农业的财政投资具有相对的稳定性；二是财政农业投资具有较明显的重点和较明确的界限。

行政管理支出。行政管理支出是国家财政用于国家各级权力机关、行政管理机关、司法检察机关和外事机构行使其职能所需的费用支出。按照我国对外正式公布的预算科目，我国的行政管理支出包括行政管理费、公检法经费、武装警察部队经费、对外援助支出、外事外交支出五大类支出。

国防支出。国防支出是指政府对所筹集的财政资金有计划地投向国防建设和军队建设方面的费用。国防支出包括国防费、国防科研事业费、民兵建设费和有关专项国防工程支出等。国防支出的需求来自于社会成员对安全的渴望。国防支出代表的是全体社会成员为消费国家安全这一公共产品而支付的一种成本。国防支出属于非生产性支出。在国家经济发展的基础上，应该使国防支出保持适度的增长；一定数量的国防支出应优化其分配结构，科学、合理地确定国防支出的投向。为使国防支出分配结构较为合理，必须合理确定几种主要的比例关系。

科学文教卫生支出。科学文教卫生支出是指政府用于教育、科技、文化和卫生保健等方面的支出，目的是提高国民素质，增进全民健康。政府应当为那些有助于提高全民文化素质的教育和文化事业出资，为基础科学研究出资，为卫生事业出资。除此之外的文教科学卫生事业，都可以由社会出资。当然，为了尽快改变教育或科技相对落后的现状，政府尽其所能加大经费投入也是必要的。

## (二) 转移性支出

转移性支出直接表现为政府财政资金无偿的、单方面的转移。它是经由财政将某个部门、集团和个人的部分收入转移到另一部门、集团和个人的手中。转移性支出的增加必然会同时增加部分消费者对商品和劳务的需求,从而将对社会购买力、储蓄能力和价格等产生不同程度的影响。转移性支出体现的是政府的非市场型再分配活动。在财政支出总额中,转移性支出所占的比重越大,财政活动对收入分配的直接影响就越大。转移性支出主要有社会保障支出和财政补贴两种形式。

**1. 社会保障支出**

社会保障是指国家和社会依据一定的法律和规定,通过国民收入的再分配,对社会成员的基本生活权利予以保障的一系列有组织的措施、制度和事业的总称。社会保障支出则是指财政用于社会保障方面的支出。财政的社会保障支出是与社会保障制度联系在一起的。各国的社会保障制度不同,相应的社会保障支出安排也就存在较大差别。但是,在现代社会中的任何社会制度的任何国家,社会保障支出都是财政支出的重要组成部分。社会保障体系主要由社会保险、社会救助、社会福利和社会优抚四个部分组成。

**2. 财政补贴**

财政补贴是指一国政府根据一定时期的政治经济形势及制定的方针政策,为了有计划地调节社会供求和社会经济生活,通过资金再分配给予生产者、经营者和消费者的一种财政性特定补助。财政补贴属于财政的转移性支付。从性质上看,它是一种与相对价格变动紧密相连的国民收入再分配形式。财政补贴具有政策性、时效性、灵活性的特点,是其他经济手段所不能代替的。

财政补贴按项目和形式分类,可划分为价格补贴、企业亏损补贴、财政贴息、外贸补贴、职工生活补贴、房租补贴六类;按其内容分类,可划分为实物补贴和现金补贴两类;按经济性质分类,可划分为生产补贴和生活补贴两类;按补贴环节分类,可划分为生产环节的补贴、流通环节的补贴、分配环节的补贴和消费环节的补贴四类。

财政补贴的主要作用体现在以下几点:

首先,稳定经济,稳定物价,安定人民生活。国家可以在生产、流通领域用价格补贴的办法弥补生产者和收购者的损失,以维持销售价格的稳定,保护消费者的权益。同时,在商品销售价格提高的情况下,可以通过直接发给职工生活费补贴,以维持职工原有的购买能力。再者,国家还可以通过降低收费标准以保障职工的消费标准。财政补贴稳定经济的作用还表现在有效地控制价格变动的连锁反应其次,调整产业结构,优化资源配置。财政补贴是一种财政资金的再分配,是资源从政府到企业或个人的单向转移,政府通过补与不补、补多补少的政策选择,直接或间接地影响企业的投资结构,从而使未来的经济结构发生变动,达到符合经济发展目标的要求。

第三,促进对外贸易增长。许多国家为了提高本国产品的竞争能力,占领国际市场,纷纷采用财政补贴方式,如出口补贴、低息贷款、提供低价运输条件以促进出口;同时,对本国急需的产品和先进技术可采用进口补贴、税式支出等财政补贴方式加以引导,以促进本国经济的发展。

最后,配合其他经济杠杆。价格、税收、信贷、工资等经济杠杆都处于调节社会经济生活的第一线,是国家干预经济运行的第一套工具。它们对社会经济生活的调节基本上是平行的。而财政补贴总是处于国家调节社会经济生活的第二线,是在其他经济杠杆调节之后进行再次调节。

### 关键术语

财务行政;税收;转移性支付。

### 思考题

1. 简述财务行政的含义、特点和原则。
2. 试述财务行政的地位和作用。
3. 简述财政收入结构及主要来源。
4. 简述财政补贴的主要作用。

# 第九章 行政机关管理

**本章要点**

行政机关管理是行政管理的重要组成部分。搞好机关行政,建立高效、廉洁、务实、现代化的办公厅(室),有利于直接提高行政绩效,减轻领导负担,协调行政机关与其他组织、群体的关系。科学、规范的机关管理是提高行政绩效的重要保证。本章重点掌握:行政机关管理的含义、特点、作用、内容和机关管理制度。

## 第一节 行政机关管理概述

### 一、行政机关管理的含义和特点

#### (一)行政机关管理的含义

机关,原意是指机械中控制全体的关键部位,其功能是发动和关闭,后引申到组织管理学中,泛指各类团体组织为实现其职能而在组织中设置的某些固定机构。这些机构在各自一定范围内负责指挥和控制该组织的活动,起着核心、枢纽的作用。人们一般就是根据机关的作为来判断一个组织的性质和特征。

广义的行政机关,指政府为实现其职能而设置的固定机构。其范围是:除政府的综合办事机构外,还包括它的各专业职能部门和其他直属单位。狭义的行政机关仅指政府系统中的综合办事机构,即办公厅(室)。

行政机关管理,也叫机关行政事务管理。由于行政机关有不同的含义,行政机关管理也就有广义和狭义之分。广义的行政机关管理,是指对行政机构内部事务和外部事务的管理;狭义的行政机关管理,主要是指运用一种科学方法对行政机关自身的内部事务进行管理。由此,行政机关管理主要是指各级政府内部的综合办事机构,对本单位综合性的日常事务、规章制度、工作秩序、机关环境、机关财物等所进行的管理。它不直接涉及政府对外的行政管理活动,也不是对本单位的机构设置、行政人员的配置和协调等方面的管理。根据行政管理学研究的问题,这里以狭义的行政机关管理为研究的对象,主要研究与办公厅(室)有关的一些原则、内容和技术,目的是提高行政机关的工作绩效,推动行政机关管理的科学化、法制化、现代化发展。

（二）行政机关管理的特点

**1. 政策性**

行政机关管理作为政府行政管理的一部分,必然要反映其性质与特征。因此,行政机关管理具有鲜明的政策性。行政机关管理工作虽然琐碎、具体,但大都涉及国家政策的落实与执行,高效率的执行政策和落实政策是行政机关管理的出发点和归宿。因此,机关行政人员必须加强自身素质修养,忠实、准确地理解、掌握和执行政策,做好各项行政机关管理工作。

**2. 服务性**

这是行政机关管理的最基本特点。各级行政组织内部设立的综合性办事机构,本质上就是服务性机构,其基本功能就是服务。这种服务,是指为领导的职责工作服务,为相关的各级部门和领导服务,为人民服务。就其服务的性质来说,它包括业务性服务、行政性服务和政策性服务;就其服务的内容来说,它包括物质和设施的服务、信息和精神文化的服务;就其服务的对象来说,它包括为本单位行政领导的决策和执行提供的服务,为上级机关和基层工作提供的服务,为机关全体工作人员的工作、生活提供的服务,为各种社会单位、社会团体、人民群众与本单位的沟通提供的服务等。服务工作的优劣,会直接影响到本级行政组织工作气氛的好坏和工作效率的高低。

**3. 综合性**

作为综合性管理部门,其综合性体现在政策的综合运用、业务的综合办理、技术的综合应用、信息的综合处理、后勤的综合保障等。也就是说,不仅对外要协助行政首长对社会公共事务进行管理,对内还要做好机关自身的管理。从联系上下到沟通左右、协调内外,从提供工作和生活服务到接待各方,由此决定了行政机关管理工作是多方面的,具有很强的综合性。

**4. 辅助性**

行政机关管理在面向社会的行政管理活动中,只是起配角和辅助作用。一方面,它是行政领导者的助手,可提出处理问题的参考意见和方案,但无权做最后决断;可对重要会议和有关大型活动负责组织,但没有主持权。它只是领导的参谋、助手,起着从属的作用。另一方面,面对其他各职能机构,它又是配角,它不直接处理有关具体事务,但却要为处理具体事务的各职能机构提供各种便利条件。

**5. 时效性**

行政机关管理工作具有一定的"枢纽"性质,起着上传下达、沟通的桥梁作用。只有快速、高效地提供服务和履行职责,才不至于贻误本机关及整个组织的工作,才能保证顺利地解决问题,实现行政管理的目标。为此,要求机关工作要有雷厉风行的作风,办事准确、及时、讲究时效。例如,紧急公文稍有拖延,就会贻误大事。对于有明确时间规定的工作事务,要严格按要求认真执行,以保证整个机关工作有条不紊地进行。

**6. 保密性**

行政机关管理人员由于接近领导人员,并且常常参与领导决策,接收上级政策指令,比一般人员提前获悉有关政治、经济、技术等方面的信息情报。因此,必须要按照国家的保密规则,严格保密。

## 二、行政机关管理的职责

行政机关管理的职责是由行政机关管理的性质与特点决定的。它是依法行政时所应承担的职责和所具有的功能作用。概括起来,它有以下五种职责。

(一) 指导职责

根据系统科学层级原理,层级不同,职责要求有别。这样,办公厅(室)层级不同,职责亦有较大差别。因此,较高级的办公厅(室)对下属机构的工作有指导职责。这种指导职责主要体现在:一是传达、制定有关方针、政策;二是对方针、政策做出解释;三是办公厅(室)是职能部门和下级组织的综合平衡机构,它在管理系统中的承上启下、联络左右的指导职责是非常突出的。

(二) 参谋咨询职责

决策是领导者的基本职责,但是领导者要做出正确的决策,单凭个人的经验和智慧是远远不够的,还需要借助各种辅助力量来协助自己决策。办公厅(室)靠近领导中枢,是直接为领导服务的,因此它是所有决策辅助力量中最特殊、最重要的一部分。在整个决策过程中,它可以发挥应有的参谋作用:决策准备时,可以根据领导的要求进行调研活动,提供准确、综合的决策信息,向领导提供可靠的决策依据和目标;拟订方案时,积极出谋划策,为领导推荐和评价方案;决策实施时,通过了解汇总执行情况,把信息及时反馈给领导,便于领导对方案进行修正和完善。

### (三)沟通协调职责

沟通协调是指经过中介的工作,使有关各方面相互配合,协调一致,为实现共同目标而努力。办公厅(室)在政府中,承上启下,联系内外,沟通四面八方,有力地发挥着沟通协调的作用。具体说来,有如下职责:一是统一步调。通过办公厅(室)集中各方力量,协同工作,努力实现行政目标。办公厅(室)工作人员要积极配合领导进行统一步调解说服工作,必要时可考虑采用行政强制手段。二是化解矛盾。由于各部门的具体利益和看问题的角度有差异,对同一政策、方案会产生不同的认识,这就可能会导致矛盾的产生,而这不利于公共行政组织上下、左右之间的团结协调。由于办公厅(室)是一个综合机构,处于相对超脱的地位,有可能站在公众的立场上来进行合法合理的劝解和协调,进而化解矛盾。三是合理安排。为了减少矛盾的产生,办公厅(室)应当协助领导班子安排好决策实施过程中的人和事,因为合理安排各项工作会使各职能部门都感到满意,进而将矛盾消除在萌芽之中。

### (四)后勤服务职责

它是机关管理职能的重要组成部分。这种职能主要是针对办公厅(室)内部而言的。其内容包括诸多方面,如公文管理、信息处理、物材管理、会议管理、机关环境管理等。后勤服务工作虽然具体、琐碎,但"兵马未动,粮草先行",政府工作的正常进行离不开它。搞好行政机关的后勤工作,能够调动工作人员的积极性,促进行政效率的提高。

### (五)监督职责

办公厅(室)的职责是对下属机构、人员的工作进行检查、考核和督促。其目的是使下属快速、准确、有效地实现行政目标。其主要内容有:一是监测工作进度,检查工作质量;二是督办,要求指令明确,处理果断迅速;三是排忧解难,办公厅(室)要帮助有关部门制定排忧解难的方法和途径。在无法解决困难时,要及时反馈给决策指挥者并进行决断。

## 三、行政机关管理的作用

行政机关管理是保证行政效率提高、行政管理职能实现的重要条件,在整个行政管理过程中发挥着巨大的作用。行政机关管理的作用具体表现在：

### （一）服务作用

搞好服务是行政机关管理的一个特点，也是其发挥作用的一种形式。首先，行政机关管理的服务作用表现在参与政务，当好领导机关或行政首长的参谋助手，为实现行政管理职能提供服务。具体的服务方式包括协助领导进行决策和指挥；提出建议或拟定决策方案，供领导者决断时参考；决策执行后，做好总结工作，为领导者实施奖惩和进一步决策创造条件。其次，行政机关管理的服务作用表现在为全体工作人员提供生活福利服务。

### （二）纽带作用

行政机关管理工作是保障政府职能顺利运行的一个枢纽，是对内沟通、对外联系的桥梁。这种纽带作用表现在对内可以做好行政协调工作，调动工作人员的积极性和创造性。通过综合办事机构的工作，纵向沟通，体现党对工作人员的关心，领导对下属的爱心，从而激发广大工作人员的工作热情；横向沟通，给全体工作人员创造一种团结、友爱的气氛和良好的工作氛围，减轻精神压力，开发工作人员的工作潜力。另一方面，行政机关管理工作又是对外联系的纽带，它每天都与社会各方面进行交往，因此提供周到、热情的服务可以对外改善和密切政府与市民、本部门与兄弟单位之间的关系，为实现政府的管理职能创造良好的社会条件。

### （三）保障作用

行政机关管理的保障作用表现在两个方面：一是为行政管理职能的顺利实现提供基础工作保障。一个政府部门要正常地进行职能活动，必须使各级领导和各类行政工作人员都具备基础性工作条件，如信息的加工、整理、传递，吃、穿、住、用的合理安排与保证。如果没有相应的秘书工作、财务工作等，一切行政管理活动都将无法展开。二是为行政管理职能的顺利实现提供物质保障。机关行政管理职能的发挥，必须借助于一定的物资设备和条件，诸如房舍的建筑、管理、维修，车辆的管理、调动，办公用品的购置、分配、保管等。这些都由政府内的后勤保障部门来承担。

## 四、行政机关管理的意义

### （一）有助于提高行政决策水平

高效率、高水准的机关管理，一方面，保证了领导机关和职能部门能够得到优质服务，从而节省了时间和精力；另一方面，还保证了领导机关和职能部门的领导者能够得到充分可靠和有价值的信息,这就会使得整个行政系统决策的效率和科学性得到提高。

### (二) 有助于各项行政职能活动的顺利进行

高效率、高水准的机关管理使得各个职能部门得到有效的后勤保障,从而保证了职能部门能集中精力完成专业工作、履行基本职责。同时,高效的协调工作保障了各职能部门之间的相互沟通,营造出良好的工作环境。

### (三) 有助于改进机关工作作风,克服官僚主义,提高工作绩效和工作质量

机关管理的一项重要任务就是制度建设和作风建设。制度的完善是机关管理行为规范化的保障,能促进管理能耗的降低,最大限度地克服官僚主义;工作作风的不断改进,有助于改进政府与公众的关系,增加公众对政府的信任和支持,从而降低了政府政策实施的难度和能耗。高效率、高水准的机关管理,不仅能提高了机关工作的效率和质量,而且能促进整个政府的工作效率和工作质量的提高。

### (四) 有助于调动机关工作人员的积极性、主动性和创造性

科学、高效的机关管理,能为全体工作人员提供良好的工作环境和生活环境,使其身心愉悦地进行工作,增强了其工作的积极性,从而也易形成良好的行政文化,增强工作人员的主动性和创造性。

## 第二节　行政机关管理的主要内容

### 一、办公事务

办公厅(室)的一般办公事务主要包括五个方面:一是对内参与政务;二是协调安排具体工作日程;三是落实查办工作;四是对外搞好接待服务;五是印章管理。此外,办公事务还包括上级领导临时交办的一些工作。

#### (一) 参与政务

办公厅(室)作为行政机关的枢纽和核心,其首要职责就是协助行政领导者制定决策,当好行政机关和行政首长的参谋和助手。通过帮助行政领导者收集、整理信息,拟订决策方案,起草决策文件,下达决策执行目标和计划,检查、督促决策的

贯彻落实情况,并将决策的贯彻落实情况迅速反馈给行政领导机关和行政首长,参与行政决策和执行的全过程,充分发挥领导者的"耳""目"作用。在参与政务时,要始终坚持以下几个原则:

**1. 实事求是的原则**

作为领导者的参谋,所言之事是实事求是地讲真话、讲实话,还是人云亦云、见风使舵,这是直接影响领导者决策的问题。我们不可能要求领导者自己掌握所有的第一手材料,自己对所有的行政信息都进行梳理,因此,参谋作用发挥的好坏对于行政领导者决策的正确与否往往起着举足轻重的作用。世界上的任何事物都有其客观规律,行政机关管理工作也不例外,也有其内在的规律性。机关工作人员必须善于研究和掌握事物发展的客观规律,要讲实事、讲真话,只有这样,才能起到领导者的参谋助手作用。

**2. 把握全局的原则**

把握全局,就是要站在全局的高度去帮助行政领导者思考问题、整理信息,要透过现象看本质,要处理好局部与全局的关系,为领导者做出正确决策提供准确而全面的信息。

**3. 重视政策研究的原则**

办公厅(室)的工作是一项政策性很强的工作,这就要求办公厅(室)的工作人员在参与决策时必须要重视政策研究,在深刻理解党和国家的方针政策的基础上,结合实际掌握政策。政策与策略是行政管理工作的生命,重视对政策的研究,是办公厅(室)工作人员的基本功。

(二)安排具体工作日程

作为行政领导者,在日常的工作中有许多的文件要审批、有许多的任务要开会布置、有许多的执行结果要检查、有许多的职能部门的问题要处理等。这些就要求作为参谋和助手的办公厅(室)对此进行具体的分解和安排,要根据轻重缓急做出具体的工作安排。因此,安排具体工作计划也是办公厅(室)的日常工作内容之一。

(三)查办工作

查办工作是指协助领导者检查本机关和所辖下属单位执行党和政府的方针政策及本机关决议、计划、指示的情况,敦促其落实的工作。查办是行政系统内的一种自我监督方式,它有助于促进党和政府各项方针、政策以及各项工作的落实,促进领导作风和领导方法的改进,克服官僚主义。做好查办工作必须注意查、办结合,不能只查不办,查不是目的,惩治违法乱纪现象、纠正不正之风、改进工作才是目的。

(四) 搞好接待服务

**1. 接待工作**

接待工作是指日常工作中对上下级与平级、外单位来本单位联系工作的接待。做好接待工作,可以及时、正确地处理接待中对方提出的问题,密切双方间的联系与合作,提高整个行政系统的工作效率;可以与上下左右各方面增进相互了解,搞好团结,这样不仅有利于本单位开展工作,还可以获得更多信息,了解更多情况,提高本单位工作的应变能力。接待工作是一项琐碎、细致的工作,要求接待人员要热情、诚恳、一视同仁,严肃、认真处理对方提出的问题,实事求是地向对方介绍情况和经验。

**2. 信访工作**

信访工作就是认真对待人民群众的来信来访。信访是社会公众直接与有关主管部门和领导的主动沟通,是政府了解民意和公众动态的一条重要渠道。倾听群众呼声,是社会主义国家的重要标志之一。因此,做好信访工作对维护人民当家做主的权利、发扬社会主义民主、密切政府同群众的关系、打击违法乱纪行为、树立政府形象具有十分重要的作用。建立和完善信访工作制度,是行政机关管理的一个重要内容。信访工作应该做到:及时拆封,热情接待;详细阅读,认真听记;妥善处理,及时反馈。

**3. 来访工作**

接待来访群众,是一项政策性很强、很细心的工作,办公厅(室)的工作人员的言行举止都会引起群众的关注,搞不好会造成误解,引起不满,给政府与群众之间的关系带来一些负面影响。接待来访群众的基本要求是:热情接待、耐心倾听、认真记录、有问必答、诚恳开导、解决落实。

(五) 印章管理

印章管理是对行政机关的公章和机关领导人的私章的管理。行政机关的公章代表该机关的正式署名,具有立法作用。私章是机关领导人的签名章,代表领导人的身份。文件盖上私章,就表示得到领导人的许可并担负责任。因此,印章需要由专人保管,在使用时应遵循保密要求,并建立印章使用制度。同时,印章的刻制、颁发都应严格遵循有关规定。

## 二、会议管理

会议是国家行政机关实施行政管理的重要手段。同时,它又是现代社会中人们进行各种政治活动、经济活动、文化活动和其他社会活动的一种重要方式。对国家行政管理来说,会议的作用是多方面的。会议可以集思广益,丰富领导经验,提高领导水平;会议也是贯彻党的群众路线、实现人民群众参与国家和社会事务管理的重要途径之一;会议又是各行政机关沟通信息、协调关系、实现监督检查的重要手段。

会议管理是指为端正行政机关的会风,提高会议效率和会议质量而采取的一系列控制和组织措施。其主要有两个方面:一是严把会议审批关;二是精心组织会议。

### (一) 严把会议审批关

会议是行政机关工作的一种重要手段,但并不是任何信息交流都需要通过会议来进行。会议太多,往往会使行政管理人员陷在"会议堆"里、陷入"会海"之中。为防止人为地制造"会海",要严格控制会议次数,严把会议审批关。要在会议规模、出席人数、会议经费、会议举办地等方面进行严格把关,控制好会议规模和出席人数,认真核定经费,尽量避免选择旅游景点开会,防止把工作会议变成"享乐会""旅游会"。

### (二) 精心组织会议

加强会议管理,要提高会议效率,提高会议质量。这是会议管理的核心问题。精心组织会议,提高会议效率和质量的措施有:

**1. 明确会议的特定目标和主题**

会议目标就是会议要达到的目的和效果。会议目标应该是具体的、实在的,而不应该是泛泛的、空洞的。明确了会议目标,还要确定会议主题(议题),即实现会议目标的核心问题。议题是为目标服务的,是会议准备工作的指针。

**2. 做好必要的准备工作**

充分的准备是会议能得以顺利进行并取得良好效果的保证。一般会议的准备工作包括:安排会议的时间、地点,拟定出席人员,安排接送,布置会场,确定会议程序,落实会议简报等。

**3. 严格控制会议经费**

政府及各部门的会议经费均需进行计划,并列入年度预算。各部门、各单位召开会议,均需从自己包干的会议费中列支,不得以任何理由将经费开支转嫁给基层,或摊派给企业部门。各行政机关对本单位与会人员的经费开支也要严格按照有关财经制度执行。

**4. 积极引导会议的顺利进行**

会议主办单位和会议主体者要对会议的进程实施引导、控制,以免会议时间过长或偏离主题。

**5. 机关工作人员应做好会议服务工作**

机关工作人员的会议服务工作可分为三个环节:会前、会中和会后。会前要准备好与会议内容有关的文件和资料,包括收集、印制、整理和分发。同时,做好各种服务性筹备工作,包括布置会场、安排食宿、组织活动等。会中的服务工作主要包括:检查、核对参加会议的人数,并根据会议的性质和重要程度组织催询和签到;做好会议记录和会议情况收集工作等。会后机关工作人员则主要负责如下工作:收回文件,汇总意见,按时上报;整理会议记录,形成会议纪要;做好会后善后工作等。

## 三、文书和档案管理

### (一)文书管理

#### 1. 文书管理的含义和特点

文书包括公务文书和私人文书两大类。国家行政机关的文书属于公务文书,它是国家各级行政机关在职能活动中为执行公务而形成并使用的各种文件材料的总称。文书管理就是指行政机关按照特定的程序和要求,制发和收办各式公文,组织行政信息传递、储存与处理的各种活动。

机关公务文书的内容一般包括标题、发文机关、正文、附件、机关印章与签署、发文日期、收文机关和公文编号等。特种公文还有绝密、机密和秘密等密级程度标记,急件、特急件和要求限时等缓急程度标记,以及阅读范围、对象和份数等标记。

行政机关的文书工作是一项复杂而细致的工作,它有自身的工作程序和特殊规律。一般来说,行政机关的公文管理工作包括以下几个环节:公文受理、公文制发和公文归档。

机关公务文书是行政机关管理各类事务的依据,与其他书面文字材料相比,它有着自身的特点:

首先,公务文书的发文主体是法定的。这种法定性体现在两个方面:其一,机关公文的制定、发布主体是法定的。文书的制定与发布可以以机关、组织的名义,也可以以机关、组织领导人的名义。国家各级行政机关组织都是依法建立的,机关或组织的领导人也都是经过法定程序产生的。其二,不管是以机关、组织的名义还是以机关、组织领导人的名义制定、发布的文书,都必须依法在自己的职权范围内进行,超越法定权限是无效的。

其次,公务文书的格式要求是规范的。机关公文无论是上行文还是下行文、平行文,无论是隶属机关间的行文还是非隶属机关间的行文,都必须遵循一定的程序规范要求,重点内容突出,语言准确、精炼,文风朴实。

最后,既定公务文书具有法定权威性。机关公务文书的内容体现的是国家的意志和国家的利益,是依据党的路线、方针、政策和国家法律而制定的,是以国家权力为后盾的,一经公布,就具有法定的权威性。个人有不同意见可以保留,但必须执行文件规定的内容。因此,既定的机关公文不仅对行政组织内的全体成员,而且对各级行政组织管辖下的企业、事业单位、社会团体和个人都具有约束力,表现出一定的权威性。

**2. 文书的种类**

由于行政机关职能的不同,机关公文有不同的形态,公文种类繁多。目前我国行政机关的公文有10类16种。在此,我们以公文发送对象为标准,将机关公文分为三类:

上行文——报告、请示、报表、建议书、意见书、申请书和请愿书等。它是下级机关、一般工作人员或人民发给所属的上级机关、领导或主管机关的公文。

下行文——命令、指令、指示、决定、决议、规定、条例、布告、公告、通告、批复等。它是上级机关、领导或主管机关发给所属的下级机关、一般工作人员或广大民众的公文。

平行文——函、通报和笺函等。它是平级或不相隶属的机关、人员之间发送的公文。

**3. 文书的作用**

公文在行政管理中具有重要的作用。法规性公文是根据法定的职权和手续拟制颁发的,是宣传、贯彻国家各种法律、法规的重要方式之一,受到国家权力的保护,可强制执行,这类公文具有规范、约束的作用;指示、意见、通报等形式的公文,往往是法规精神的具体化,对下属单位起领导和指导的作用;公函、通知、介绍信等形式的公文具有联系和知照情况的作用;请示、报告、批复、通知、协议等形式的公文,具有依据和凭证的作用;宣传提纲、通报、总结等形式的公文,具有联系沟通、宣传教育的作用。

## （二）档案管理

**1. 档案与档案管理的含义**

档案是国家行政机关及其公务员在职能活动中形成并为历史记录保存起来以备查考的文件材料。

档案的形式多种多样。文字档案是主要形式，它包括文件材料、电报、手稿、书信、会议记录等一切书面形式。其他的档案还有技术图纸、画片、照片、影片、录像、磁带、软盘等形式。

文书与档案有着密切的关系。文书是档案的重要源泉和组成部分，经过处理的文书在档案中占较大的比例和重要的地位，档案主要由文书和其他音像资料转化而来；另外，文书转化为档案是有条件的，并非所有的文书都需要和可能转化为档案。文书是档案的前身，档案是文书的归宿，有查考利用价值的文书保存起来即成为档案。因此，文书是档案的基础，档案是文书的精华。

档案在行政管理中具有重要的作用，主要表现在两个方面：首先，它具有凭据作用。档案是历史的真实记录，在查考、研究历史问题，纠正、处理历史遗留的冤、假、错案方面，其作为凭证的依据作用是无可替代的。其次，它具有借鉴和参考作用。档案对研究现实问题、制定现行工作方针、政策具有重要的借鉴和参考价值。

档案管理是指行政机关按照一定原则和要求，设立专职部门和人员，对档案从归档、保管到提供、利用等一整套工作。

**2. 档案管理的内容**

行政机关档案管理工作的具体内容包括档案的收集、整理、鉴定、保管、提供利用、统计和移交档案馆这七个相互联系的环节。其中，档案的收集是对各行政机关在行政管理活动中形成的大量文件进行挑选，集中保存，从而充分发挥这些文件的作用。档案的整理是指对繁多、复杂而又零乱的机关工作资料，按照一定的原则进行分类以便于保存和利用。档案的鉴定就是对收集、整理起来的档案进行识别、精简、去粗取精。档案的保管就是对具有保存价值的档案采取必要的保护措施，延长其利用时间。为方便查找、利用，还需要对档案进行编目，为使保管、利用等各方面工作做到心中有数，就必须做好统计工作。档案的利用是档案工作的出发点和归宿，可以说，档案不为社会所需要、利用，档案工作也就失去了存在的意义，档案管理的其他各环节都是围绕"利用"而开展工作的。移交档案馆即对具有永久保存价值的档案，在机关档案室保存一定年限后，必须向国家档案馆移交。

**3. 档案管理的原则**

机关档案管理，就是按照科学的原则和方法使机关档案保持完好，为机关工作

提供服务,为国家积累档案史料。我国在长期实践中形成了行政机关档案管理工作的基本原则:

首先,坚持集中统一原则。按照集中统一管理原则,国家全部档案要分别集中在各机关档案室、档案科和各级档案馆,不得分散保存或任意转移销毁。有关档案部门要指导监督、检查本机关文书材料的归档工作。建立借阅制度,有关机构或人员如果要查阅档案资料,必须按照规定的管理程序填写调阅单,并经主管人员批准,再向档案室或档案馆调阅档案。

其次,坚持完整、安全原则。档案完整要求档案收集全面、管理完备,保证档案齐全,维护档案完好,保持其有机联系。档案安全体现在防止档案损坏,延长使用寿命和保证档案不丢失、不失密、不泄密。完整、安全是对档案管理工作的基本要求。

最后,坚持方便利用原则。方便利用原则要求档案管理能够迅速检索、快速调阅,为机关领导、基层单位或科研搞好服务。

**4. 档案管理应注意的问题**

行政机关搞好档案管理工作,应注意如下几个方面的问题:

第一,按照一定要求做好档案接收。接收档案时应注意:文件材料齐全、完整;档案已立卷整理;履行签字手续。

第二,及时维护档案。档案的维护与保管应注意:保管设施安全;定期检查、及时修补;编制检索目录、工具。

第三,做好档案的移交工作。对具有永久保存价值的档案,在机关档案室保存一定年限后,必须向国家档案馆移交。

## 四、机关行政经费管理

机关行政经费管理是指对本单位行政经费的领拨、开支的计划、分配、控制和监督等活动。行政单位所需经费由国家预算供给,因此,行政机关必须按照国家财务行政中规定的会计、审计等制度,管好国家预算拨款,为本单位的工作展开服务。机关行政经费管理通常包括预算管理(单位预算编制、执行和调整)、财务管理(支出管理、收入管理、定员定额管理、费用开支标准)、财务活动分析、财务监督等方面的内容。财务管理对国家行政机关的建设、工作的开展、生活条件的改善等起着重要的物质保障作用。

机关行政经费管理有以下特点:

首先,财务工作具有很强的预算性,行政管理所需各项资金都要事先编制预算,经上级主管部门审批,才能拨款,有些拨款还必须专款、专拨、专用。

其次,行政机关资金开支涉及政策问题,并且影响到行政管理目标的实现,因此必须严肃财经纪律,按国家有关政策、制度进行管理。

再次,行政机关从国家领取的行政经费结构是相对稳定的,一般来说,这些费用的支出变化是不大的。财务管理可根据这一特点有计划地支持行政机关的自身建设,加强其薄弱环节,提高行政管理效能。

最后,财务工作的分配与监督两个职能密不可分,财务部门和群众互相监督。

机关财务管理要坚持以下原则:精打细算,厉行节约,把钱用到最需要的地方;量入为出,留有余地;保障供给,搞好服务;按计划、制度、规定用款等。当前我国治理经济环境、整顿经济秩序,行政机关要合理、节约地支配行政经费,尤其要控制会议经费、差旅费、购置费与其他办公经费,要勤俭办事,严禁用公款请客送礼,严禁私分国家财物。

## 五、后勤总务管理

后勤总务管理是指行政机关对本单位的办公条件、办公设施及日常生活事务的管理。其目的是为行政机关提供必要的物质条件和后勤保障,为行政工作人员创造良好的工作环境和生活条件。

机关后勤总务工作涉及的范围十分广泛,内容十分繁杂,大致包括:基建、交通、采暖、医药、水电、车辆、饮食等。其服务对象不仅有机关内职工的衣、食、住、行、用、生、老、病、死,也几乎同所有社会各部门发生联系。机关后勤总务工作具有多面性、社会性、综合性、服务性的特点。

行政机关做好后勤总务工作,必须遵循以下原则:

一是保障供给原则。后勤总务管理的基本任务就是向行政机关提供所需的物资,做好后勤保障工作。因此,行政机关的后勤服务部门应对其他各部门所必需的物品进行及时供应、及时维修、合理保管,保证一切行政工作的有序进行。

二是勤俭节约原则。厉行节约、勤俭办事是一切行政管理都必须遵循的一项基本原则。根据这一原则的要求,机关后勤总务工作应做到少花钱、多办事、不攀比、不浪费,使每一分钱的边际效益最大化。

三是有利工作原则。为机关行政工作的开展提供必要的物质保证,创造有利的工作条件是后勤总务管理的最终目的。因此,后勤总务工作人员的一切活动都必须首先考虑到对行政管理工作的影响。从住房管理、设施用品的装配到车辆管理、生活保障都应以满足工作需要为目的。

四是方便生活原则。为职工的生活创造良好的条件,提供各种方便,这在行政机关后勤总务管理中占有重要地位。这些问题的适当解决,可以解除职工的后顾之忧,稳定职工情绪,从而调动他们的工作积极性。

五是逐步推行社会化原则。后勤总务工作走向社会化,这是机关后勤总务管理工作发展的必然趋势。实现机关后勤总务管理的逐步社会化主要有两大举措:一是充分利用机关现有的服务性设施,去为社会提供有偿服务;二是行政机关要广泛借助社会力量为自己服务。

## 第三节　行政机关管理制度

### 一、行政机关管理的制度和规范化

把权力关进制度的"笼子",是近年来各地实践中加强制度建设和制度规范化的形象表达。2013年7月,习近平在西柏坡调研时指出:"这里是立规矩的地方。党的规矩、制度的建立和执行,有力推动了党的作风和纪律建设。"这虽是针对党建工作的谈话,但实际上也是对管理工作制度化建设的要求。近一个时期以来,中央分别就改进工作作风、密切联系群众提出了"八项规定、六项禁令"和"三严三实"等一系列要求。这些都强调了制度建设和制度规范化的重要性,制度不好,好人也会犯错误。行政机关要做到科学化的前提,就是要实现制度化,用制度来规范行政人员的行为。

(一) 行政机关管理的制度和规范化的含义

行政机关管理的制度,也可以称为规章制度,主要包括两个方面:一是由国家法律、法令、政策所明文规定的有关制度、决定、条例,如《中共中央办公厅、国务院办公厅关于加强县以上领导机关秘书工作人员管理的规定》等;二是行政机关内部制定的有关机关内部管理的规章制度。

规范化是指建立和健全各种规范体系,使人的行为都能严格按规范行事。规范化不仅仅表现为各项规范的建立与健全,而且还表现为制定各种行之有效的措施去保证规范的实现。

(二) 实现行政机关管理规范化

常言道,没有规矩不成方圆。任何一个机关,如果要实现行政机关管理的目标,完成行政机关管理的任务,就必须建立明确的、具有可操作性的规章制度。没有规章制度或规章制度不健全,都有可能导致机关行政工作陷入无序的状态。规章制度是规范组织行为和明确工作程序准则的文件。制定规章制度的目的,是用规范性的准则来统一和约束行政机关内部全体人员的行为,使每个工作人员都能明确自己的工作责任和工作标准,严格遵守工作程序,并以此作为检查和监督行政人员行为的依据。对于那些不按规章制度办事、行为不符合规范的工作人员,必须进行批评教育,直至追究其行政责任和法律责任。

为了实现机关行政规范化,一方面,要求在制定规章制度的时候,应尽可能地做到规章制度简单明了,易记易行。所制定的规章制度不仅要具有可操作性,而且要具有可行性,必须符合客观实际。若标准定得太高,一般人难以做到,结果必然使规章制度流于形式,成为一纸空文。另一方面,机关制定的规章制度应以正式文件的形式予以公布,必要时应汇编成册,以便于掌握和寻找。尤其是那些直接面对社会和服务公众的窗口部门,其规章制度还应主动向老百姓公开。这不仅使群众能一目了然地知道该部门及其工作人员的职责范围和工作程序,而且还有利于将这些政府部门及其工作人员的行为置于群众的监督之下,通过群众的监督促使公务员的行为趋于规范。

## 二、行政机关管理制度的种类

行政机关管理制度的种类归纳起来,主要有如下几个方面:

(一)行政责任制

行政责任制是行政机关管理制度的核心,它制约和影响着其他的行政制度。行政责任制作为规定国家行政机关职位、职权和职责的管理制度,是我国机关工作的一项根本制度。行政责任制具体包括工作责任制和岗位责任制两个方面。其中,工作责任制是岗位责任制的基础,岗位责任制是工作责任制的落实。

**1. 行政工作责任制**

行政工作责任制是规定行政机关内部各部门、各机构的职位、职权和职责,调整这些部门、机构之间的责权关系的管理制度。这一制度通过定权责、定编制、定任务、定考核等措施,使各部门、各机构职能配置合理,权责落实,推进机关管理工作向科学化的方向发展。

**2. 行政岗位责任制**

行政岗位责任制是规定行政机关内部各个岗位的职权、职责,调整各个岗位之间的职、责、权、利的关系,实现行政工作人员自我约束、自我管理的制度。这一制度通过定岗分工、明确权责,促使行政人员各司其职、各负其责、遵纪守法、忠于职守,促进行政效率的提高。

**3. 实行行政责任制的原则**

实行行政责任制应遵循的原则有:

一是"因事定岗,以岗定员"的原则。落实行政责任制,关键在于使每个工作人员明确自己应该干什么。"因事定岗,以岗定员",强调的就是按工作任务或工作目标来确定职位,按职位的要求来选择人员,以有效地防止"因人设事、人浮于事"等现象的发生。

二是职、责、权、利相统一的原则。实行行政责任制,不仅要根据岗位确定职权、职责的范围,还应明确规定每个职位应完成的任务及完成任务后所得的报酬,根据任务完成的情况来确定奖惩。保证职务到人、权力到人、责任到人、利益到人,做到事有人管、管事有权、权连其责,利绩相关。只有这样,才能有效地落实行政责任制。

三是责任制、考核制、奖惩制相结合的原则。实行行政责任制,一定要坚持定期考核,并且根据考核结果给予奖惩。如果没有将考核制、奖惩制与责任制相配套,责任制就很容易流于形式。这是因为职、责、权、利四个方面的关系是不可能自动变为现实中的工作秩序的,行政责任制所形成的竞争机制也只有通过考核和奖惩才能发挥作用。考核是对工作人员履行职责、完成任务的权威性认定,奖惩是在考核的基础上对工作人员工作实绩和利益的确认。只有通过严格的考核和赏罚分明的奖惩,行政责任制才能得到真正的落实,才能形成你追我赶、争当先进、奋发向上的风气。

## (二)行政机关管理的其他制度

在确立行政责任制的基础上,各具体的办事部门还应根据其不同的工作性质和工作要求,制定出各自的办事制度。这些制度主要有:

一是办公事务制度。包括建立日常的请示报告制度、审批制度、保密制度、作息制度、考勤制度、办事程序制度等。

二是行文办文制度。要根据国务院办公厅发布的《国家行政机关公文处理办法》,结合各单位的实际情况,制定出适合本单位的行文办文制度。通过制度对公文种类、写作格式、呈报手续、审批手续、编号等做出明确的规定,使行文办文有章可循。

三是接待制度。接待制度一般由内宾接待制度、外宾接待制度、会议接待制度、外来公务接待制度等一系列制度组成。在上述的各项接待制度中,应明确规定接待的规格、费用的开支、陪同的人数等,这样才能使机关的接待工作做到热情、有礼、周到、方便、勤俭、节约、规范。

四是信访责任制度。其具体内容有接访制度、汇报制度、交办制度等。该制度可使信访工作有章可循,逐步走向规范化。

五是会议管理制度。其包括会议审批制度、会议成本核算制度、例会制度等。在会议成本核算制度中,要认真计算会议成本。在完善例会制度方面,应将例行会议的议题、人员、议事规则、审批手续等从程序上确定下来,以提高例会的效果。

六是后勤管理制度。后勤管理制度涉及的面比较宽。在车辆管理方面,应建立车辆保养检查制度、调度制度、检修制度、用车审批制度、安全保管制度、材料管理制度等;在财务管理方面,要建立预算制度、财务开支审批制度、外事经费使用制度、内部审计制度;在办公用品管理方面,应建立由保管、采购、领取、清库、核查、维修等内容组成的一系列制度,如库房管理制度、日常所用的低值易耗品的包干制度、非易耗品的专人专管制度等,使办公用品的供应做到及时、方便、节约。

## 三、行政机关管理制度的改革

机关行政工作不可能是一成不变的,它必须随着社会经济发展和国家职能的转变而转变。从我国目前的情况来看,对机关行政科学化和现代化的要求越来越高。因此机关行政制度的改革应与行政机关的科学化和现代化相适应,立足于制度创新。

机关行政制度改革的主要内容:

一是在办公事务方面,应根据机关行政手段现代化、信息化的特点,尽快建立起机关信息管理制度,以保护计算机系统的安全,促进计算机的应用与发展。

二是在会议管理方面,必须要下大的决心,从完善各种制度入手,努力解决长期以来困扰行政机关的"会海"问题。例如,可以制定相应的责任追究制度,对那些随意召开会议或以开会为由到处游山玩水、肆意挥霍公款的要认真查处,对情节严重的要给予必要的行政处分。

三是在行政文书管理方面,要根据社会发展的需要,在保证质量的基础上,提高办文的速度,以提高行政效率。现在有的行政机关根据本地区、本部门的实际,先后制定出了"十二天办文制""二十四小时办文制"的制度,很受人民群众的欢迎。

四是在信访制度方面,应制定出便民、利民的信访管理制度,从过去被动地等群众上访改为主动地到群众中去了解情况、听取意见,变上访为下访,变接访为约访,变复访为回访,密切政府与人民群众的联系。

五是在后勤管理方面,应与逐步建立适应市场经济要求的后勤管理体系的改革目标相适应,建立和健全各种制度。我们认为,后勤管理改革的目标在于使机关的后勤管理实现社会化,以成立机关后勤服务中心的形式,使机关后勤管理走企业化和社会化之路。因此,在后勤管理的制度改革方面就应该进行积极的探索。例如,推动机关后勤服务中心经营企业化,制定单位财务管理制度,建立和健全成本核算制度,对收入和支出进行严格管理;推动机关后勤服务社会化,建立和探索用人、用工制度改革,完善管理人员的聘任制和全员劳动合同制,等等。

**关键术语**

行政机关管理;文书管理;会议管理。

**思考题**

1. 简述行政机关管理的含义、特点、作用。
2. 行政机关管理的主要内容包括哪些?
3. 如何实现行政机关管理规范化?
4. 简述行政机关管理制度的种类。

# 第十章 行政法治与行政伦理

**本章要点**

作为约束人们行为的两大利器——法律法规和伦理道德,同样也是约束政府行政行为的两大利器。依法行政,对行政行为承担相应的法律责任,是各国政府行政活动的一个显著特征。而依法行政又是受公正和公平等行政伦理观念支配的。行政法治的要求是依法行政;行政伦理则是对行政中行政行为进行规范,是一个国家法律制度在行政管理活动中的具体体现。本章重点掌握:行政法治的含义、基本内容,行政法治建设的意义及环节,行政伦理的含义、特征、类型及作用。

## 第一节 行政法治概述

### 一、行政法治的含义及基本要求

(一) 行政法治的含义

行政法治,也叫依法行政,是指国家机关为实现行政管理职能,必须根据法律规范的规定取得、行使行政权力,并对行政行为的后果承担相应的责任。所以,行政法治是行政组织结构法治、行政职权法治和行政行为法治的总称。行政法治是一个国家法律制度在行政管理活动中的具体体现。由于各国的国家性质不同,政治制度各异,因此,世界各国的法制及行政法制各有其不同的特点和要求。

## （二）行政法治的基本要求

我国是社会主义国家，党的十八届四中全会通过的《中共中央关于全面推进依法治国若干重大问题的决定》，明确提出："坚持系统治理、依法治理、综合治理、源头治理，提高社会治理法治化水平"，从依法治国的高度，进一步深化了十八届三中全会关于创新社会治理体制的部署，明确回答了"社会治理的根本抓手是法治"[1]，就是"有法可依，有法必依，执法必严，违法必究"。这四个环节是紧密相连、密切配合的，形成了我国社会主义法治的统一整体。社会主义的行政法治是社会主义法制在行政管理活动中的具体体现，因此，加强行政法治建设，必须做到：

**1. 有法可依**

这是依法行政的前提和基础。为了保证依法行政的原则得到真正的贯彻执行，我国十分重视行政立法工作，建立了相对完备的、具有中国特色的社会主义法律体系，以适应社会主义现代化建设的客观要求。例如，我国已陆续建立和完善了国务院和地方人民政府组织法、国家公务员法、行政处罚法、国家赔偿法、行政复议法、行政许可法、行政监察法及行政管理其他的法律法规。

**2. 有法必依**

这是依法行政的核心。法律是人们行为的准绳，起着规范人们行为的作用。行政管理要做到有法必依，首先，要求国家行政机关公职人员，特别是行政领导干部，要正确处理权与法的关系，决不允许任何人把人民通过法律赋予他的、用以维护人民利益的职权当作特权，凌驾于法律之上。这就是说，一切国家机关，特别是执法机关及其工作人员，在工作中必须严格依法办事，遵循和执行法律，不允许以权代法、以言代法或徇私枉法。其次，要求所有行政管理相对人也必须在法律规定的范围内活动，不得有超越法律的行为。

**3. 执法必严**

这是依法行政的关键。这就要求国家行政机关及其工作人员必须严格执行法律，严格按照法律的规定办事，坚决维护法律的权威和尊严。为了做到执法必严，必须提高行政执法人员的政治和业务素质。政治素质是指作为行政执法人员必须具备对人民高度负责、刚正不阿、敢于排除各种干扰同违法行为进行斗争，甚至不惜以身殉法的崇高品德。业务素质是指行政执法人员必须具有法律知识和相关的专业知识，能够熟练掌握和运用有关的行政管理法律、法规和规章。因此，培养一

---

[1] 蔡辉. 法治是社会治理的根本抓手[J]. 学术研究，2015(2):43-47.

支政治素质高,业务上过硬的行政执法队伍,是加强社会主义行政法制的一个至关重要的问题。

**4. 违法必究**

这是依法行政的保障。"违法必究"是指一切国家机关、组织、公务员或公民如果违反了法律,都应毫不例外地按照法律的规定承担相应的法律责任,受到法律的制裁。要做到"违法必究",必须保证行政执法人员的执法行为不仅要合法,而且要合理,防止冤、假、错案的发生;同时,提高行政执法人员的执法水平,对违法犯罪行为及时发现、及时查处。要做到"违法必究",还必须反对各种特权,实现法律面前人人平等。

这四个方面是互相联系、互相制约的有机整体。有法可依是前提和基础,有法必依是核心,执法必严是关键,违法必究是保障。

## 二、行政法治的原则

### (一)责任行政原则

行政法治的首要基本原则是责任行政原则,它是实现法治行政的基础。所谓责任行政,是指国家行政机关必须对自己所实施的行政活动承担责任,整个行政活动处于一种负责任的状态,不允许行政机关只实施行政活动而可以对自己的行为不承担责任。责任行政主要包括下列内容:

第一,责任行政原则的基本目标是实现行政活动的有责任状态。行政活动并非毫无拘束,可以任意所为,而是有着基本的责任所在,根据行政行为的性质、种类的不同,需要确定相应的责任。责任行政原则的基本要求是:政府机关的每一个人都必须对自己的行为负责,不论职位的高低,也不论其工作的性质,有行为必有责任。

第二,责任行政原则要求必须有明确的主体。责任行政原则首先体现在行政组织方面。行政组织是一个庞大的系统,包括各种不同级别、管辖不同地域、具有不同职权的众多行政机关以及工作人员;这些组织和人员必须权限划清,职责分明,从而使每一个行政行为都能准确地判明究竟为何者的责任,否则,责任行政很难实现。

第三,责任行政原则要求将行政机关的各种活动与责任相连,不存在无责任的行政活动。权力与责任是行政活动的两面。行政活动既需要权力,也需要责任,在授予其权力的同时,就应当明确其责任,无责任就无授权,权力与责任必须一致。在以往的行政活动中,甚至在某些法律规范中,往往只见授权,不见责任,或者是规定的权力多,明确的责任少,致使行政规范往往难以落实。

第四,责任行政原则要求建立实现责任的法律制度。责任行政原则不仅要求有法定的责任形式,而且要求有实现这些责任的法律制度。一旦行政机关的活动违反法律规定,责任即从法律规定转为现实状态,诸如行政诉讼制度、行政复议制度、行政赔偿制度,都是实现责任行政的法律制度。假如没有这些法律制度,责任行政将变得毫无意义。行政机关依其违法行为的形式和所造成的后果分别承担不同的责任,违法的行为应撤销,造成损害的行为应当赔偿。只有通过这样的法律制度,才能实现法定的责任。

(二)行政合法性原则

行政合法性原则是指行政机关的活动必须遵守法律。法律规定了行政机关活动的权限、手段、方式,行政活动都必须以法律为依据,法无明文规定者,不得为之,违法者必须承担相应的责任。行政合法性原则主要包括下列内容:

第一,行政活动只能在法定范围内,依照法律规定进行。行政机关不能自由地采取行动,只能在法律授权的范围内采取措施。法律规定了每个行政机关的组织和权限、行政活动的方式和手段,行政机关只能依据法律规定行事,超越权限的行为是无效的行为。

第二,行政行为必须符合法律。① 行政行为必须证据充分。行政行为的做出必须基于一定的事实,在法律上所谓的事实就是指证据,因此法律相应规定了每一种行政行为做出时的事实、证据要件。只有符合这些要件,行政行为才是合法的行为。② 行政行为不能超越法定权限。权力是行政行为的核心,也是实施行政行为不可缺少的要素。只有享有行政权力,才能有行政行为。只有享有哪一种权力,才能有哪一方面的行政行为。行政权力总是有一定限度的,法律也对此做出了明确的规定,有的限制其时间,有的限制其空间,有的限制其行使权力的方式和手段等,行政行为不得超出该界限,否则即属于不合法。③ 行政行为必须符合法定的程序。行政行为要保证正确,都有与其行为性质相适应的程序要求,为此法律明确规定了每一种行政行为所要经过的程序。如行政处罚,法律规定必须经过传唤、询问、取证和裁决四个程序,否则难以保证行政处罚正确。行政行为的实施必须符合法定的程序,这也是合法性原则的内在要求。

(三)行政合理性原则

行政合理性原则是指行政行为的内容要客观、适度,符合公平、正义等法律理性。在行政法中,行政合理性原则是实际行政活动中的客观需要。行政行为固然应当合法,但是,任何法律都有限度。首先,法律不可能规范全部行政活动。行政活动的对象向来复杂多变,法律不可能也不应该对全部行政活动都做出缜密的规定,所以行政机关需要一定程度的自由裁量权。如行政活动中遇到某些紧急情况,行政机关就可以自行斟酌选择,采取适当的措施,做出合理的决定。其次,法律对行政活动的规范不可能面面俱到、详细无遗,所以需要给行政机关自由裁量的余地。在行政实践中,不可能出现两次完全相同的情况,行政机关需要根据具体情况采取特定情况下较为合理的措施。行政合理性原则主要包括下列内容:

第一,行政行为必须符合法律的目的。任何法律的制定都是基于一定的社会需要的,为了达到某种社会目的,所有的法律规范都服务于该目的。法律授予行政机关某种权力,或者规定某种行为的具体内容,都是为了实现该立法的目的。因此无论有无成文的法律规定,行政机关运用法律都必须考虑到该法律的目的所在,必须符合法律的目的。法律给予行政机关自由裁量权正是为了有效地实现立法的目的,凡不符合法律目的的行为都是不合理的。

第二,行政行为必须有合理的动机。行政行为的动机必须符合法律的要求,出于善良的动机,而不能以执行法律的名义,将行政机关的主观意志,甚至包括个人的偏见、歧视、恶意等,强加于公民和社会组织,从而使行政行为具有双重动机。这就要求行政机关出于公心,不抱成见,平等地对待所有的被管理者。

第三,行政行为必须考虑相关的因素。行政行为的做出涉及多种因素,合理的行政行为应当考虑相关因素,不应当考虑与行为无关的因素。因此行政机关做出行政决定时,应当全面考虑行为所涉及的因素,尤其是法律、法规所明示或默示的因素,不能以无关的因素作为依据,这样才能使行政行为有充分、合理的依据,而不忽视法律的要求,不超越法律所规定的范围,做出不合理的决定。

第四,行政行为必须符合公正原则。公正是社会的普遍要求,因而也成为法的一般原理。无论有无成文法作为依据,行政机关在进行活动时,必须符合公正,才能够行政合理。

## 三、行政法治的基本内容

### (一) 行政组织法定

行政组织法定也称行政主体法制。行政法治,首先表现为行政组织管理的法制,即行政组织的性质、任务、职权、组成、活动方式,以及成立、变更、撤销等,均由法律予以规范;其次表现为行政管理人员法制,是指行政人员(国家公务员)的录用、任命、晋升、奖惩、待遇等一律由国家公务员法规定。行政机关组织法和国家公务员法通常统称行政组织法。行政组织及行政人员的产生以及活动,必须依据行政组织法,这是依法行政的重要内容。行政法治不能把行政组织自身的依法管理排除在外,否则依法行政将失去基础和保障。很难想象,一个自身无法、无序的政府,能够依法、有效地管理社会。

应当指出的是,行政组织法定中的法,应当主要指法律。在我国,就是全国人民代表大会及其常务委员会制定的法律或通过的决议。行政组织的设置和国家公务员的管理,是国家的基本政治制度,应当由国家法律予以规范,而不能由各级政府或者政府领导人自行决定。

### (二)行政运行法制

行政运行法制即国家行政机关的行政行为,均依据法律,并遵循法定程序。行政运行法制是行政法治的核心内容。行政运行法制主要是指国家行政机关在管理社会、处理与行政相对人的关系过程中依法行事。这里所说的"法",既包括实体法,也包括程序法。正因为如此,行政运行或动态行政是行政法治研究的重点。

### (三)行政法制监督

行政法制监督即国家和社会监督行政机关的各种法律制度的健全和完善,并真正得到实施。也就是说,国家行政应当处于严密和强有力的监督网络中。国家行政机关及其公务员的违法行政能被及时发现和纠正,受到不法侵害的行政相对人,包括公民和社会组织,能够得到相应的救助。

行政组织法定、行政运行法制和行政法制监督,构成了一个完整的行政法治体系,三者相互关联、相互促进,缺一不可。其中,行政组织法定是基础,行政运行法制是核心和关键,行政法制监督是保障。

## 四、行政法治建设的意义

一段时间以来,随着人口、资源、环境和福利等一系列社会问题日益凸显,以及为解决市场经济规律无法克服的矛盾,政府职能得以扩大。在这种情况下,行政权的扩张也不可避免,行政法治必然要承担起保障行政权有效运行的重要功能,行政法治须在行政管制与社会自治、公平与效率、秩序与自由、公益与私益之间,寻求一种稳定与均衡。由此,我们认为,行政法治的意义可以概括为以下四个方面:

### (一)规范和控制行政权,实现法治行政

法治行政的核心内涵即政府守法,要求规范与控制行政权,防止行政权的盲目扩张和恣意滥用。其具体包括三种途径:首先,由行政组织法规定行政组织的设置、职权范围和公务员权责等内容,防止行政权力的无限扩大,使之限定在必要的

范围内。其次,通过行政程序法规范行政权的运行方式。行政权对于行政相对人权益的影响,不仅取决于其职权的范围,而且取决于权力行使的规范性程度。如果行政权的行使有严格的程序规范,遵循一整套公开、公平、公正的程序规则,那么其对相对人权益的威胁就不会很大;相反,则可能对相对人的权益造成重大威胁。因此,行政程序法是行政法的重要组成部分,它是保证行政权正确、公正、有效行使的重要手段。第三,通过行政监督、行政救济制约行政权的滥用。行政组织法和行政程序法是事前控制行政权范围和事中规范行政权行使的依据,以防止行政越权和滥用职权;行政监督和行政救济则是事后对行政权力的制约。

### (二) 合理界定行政职能,维护相对人的合法权益

随着现代社会行政事务的增多,行政职能越来越复杂,行政权力越来越大。不仅公民个人从摇篮到坟墓离不开行政机关的管理和服务,而且市场和社会领域更受到行政权力的介入。在这种情况下,规制行政作为主要行政手段,被政府广泛应用到市场和社会各领域。行政权力的扩张,侵蚀着公民、社会组织和市场组织的自主领地。对此,应当从两个方面解决问题:第一,合理地界定政府的行政职能,凡是社会个体或组织能够通过市场机制解决的问题,政府就不要将其纳入自己的职能范围;第二,在合理界定行政职能的基础上,对其设定边界,因为行政权力和其他权力一样,具有很强的渗透性和扩张性。如果不对其设定边界,行政权就很可能不适当地扩张开来,导致侵犯相对人合法权益的后果。

维护相对人的合法权益,不仅要通过法律对行政权予以制约,而且要从积极的方面给予公民维权的武器。行政诉讼制度就体现了对行政权的制约和监督。

### (三) 保证行政改革成效,促进政府治理能力的提高

由于行政权的扩张,"行政国家"的弊端愈加显现,各国政府都遇到不同程度的"财政危机""管理危机""信任危机"。这就要求我们重新审视政府的职能,对政府角色再定位。变由"全能"政府为"有限"政府,将属于市场调控的职能交给市场,把属于社会调整的功能还给社会。政府转为采用法律、政策等手段整合行政、市场、社会等多方面的资源和力量,走多中心的治理之路。

围绕这一理念,要求政府进行多种多样的制度设计,包括放松管制、地方分权、民营化、公共化、公共事务的外包、行政机构的精简等。这些制度的设计,有赖于相应法律制度的建立,特别是行政法制的健全,如政府机构组织法、地方分权自治法等。只有从法律制度上加以规范,才能保证政府职能的真正转变,并阻断权力回流的通路,从而保证行政改革的成效。

## （四）维护社会的稳定与发展，促进民主与法治

社会的稳定与发展建立在平等、自由、秩序和责任的基础上。没有平等、自由，公民的个性就受到约束，公民的积极性和创造力就得不到发挥，也就不会有社会的发展。没有秩序和责任，就会潜伏许多不稳定因素，容易造成公民与政府的对抗，也就不会有社会的稳定。健全行政法治的宗旨就在于营造一个平等、自由、有秩序和有责任的社会，这无疑会有利于社会的稳定和发展。

# 第二节　行政法治建设

依法治国是党领导人民治理国家的基本方略，法治是治国理政的基本方式，所以要更加注重发挥法治在国家治理和社会管理中的重要作用，全面推进依法治国，加快建设社会主义法治国家①。

依法治国的重要组成部分就是依法执政，要求国家行政管理活动纳入法治的轨道。而行政法治的基础就是行政法制的健全。行政法治和行政法制实际上是一个问题的两个方面。行政法制强调有关国家行政的法规制度，是一种静态的表述；行政法治强调的是在进行国家治理过程中对法的精神的体现和对法规制度的遵从，是一种动态的表述。行政法制是实现行政法治的前提，行政法治是行政法制追求的目标。因此，行政法治建设实际上就是行政法制建设，是静态制度建设的动态活动表现。

## 一、行政立法

### （一）行政立法的含义

关于行政立法的概念，有两种不同的理解：一种是从立法的内容和实质的角度来界定行政立法，认为凡是国家机关制定的有关行政管理方面的规范性文件的行为，统称为行政立法；另一种观点则是从立法活动的主体的角度来界定行政立法，即凡是国家行政机关依照法律规定的权限和程序制定有关行政管理方面的规范性文件的活动，统称为行政立法，它的主体是特定的国家行政机关。本书采用的是后一种观点。

---

① 习近平.在首都各界纪念现行宪法公布施行30周年大会上的讲话[EB/OL]. http://news.xinhuanet.com/politics/2012-12/04/c.

这个概念包括以下几层含义：

首先，国家行政机关是行政立法的主体。其他非国家行政机关，诸如国家权力机关、国家司法机关和其他社会组织均不能成为行政立法的主体。

其次，行政立法是国家行政机关的抽象行政行为，而不是具体行政行为，即国家行政机关制定具有普遍约束性行为规则的行为。因为这些行为规则不是针对某个具体的人或事项的，而是针对所有的一般性事项的。

再次，行政立法是国家行政机关在法定的权限内的行为。所谓法定权限，是指：一是行政立法必须根据宪法、法律或有权机关的授权。国家行政机关非在宪法、法律赋予的权限范围内、非经授权而进行的立法是非法的行为。二是在自己的职权范围内。每个行政机关都有自己的职权范围，行政立法作为行政行为的一种，必须在自己的职权范围内进行，否则越权无效。

最后，行政立法是国家行政机关按法定的行政立法程序所进行的行为。行政机关必须严格按法定程序立法，违反行政立法程序而制定的行政法规和规章是不具有法律效力的。

（二）行政立法的性质

我国的行政立法属于从属性立法。所谓从属性立法，是指在法律体系中，行政立法居于权力机关所制定的法律之下的地位，即从属于宪法、法律，不得与宪法、法律相抵触。原因在于国家行政机关的性质。我国的国家行政机关是国家权力机关的执行机关，行政机关的所有活动都必须从属于权力机关的意志，其中包括行政立法活动。

行政立法的从属性表现在两个方面：一是行政立法的权限必须根据宪法和法律的有关规定，不得与宪法和法律相抵触；二是行政立法受宪法、法律和有权机关的监督。一旦与宪法、法律的要求相抵触，将被审查和撤销。行政立法的从属性保证了国家法律体系的内在统一、和谐。

（三）行政立法的特点

行政立法的从属性决定了行政立法具有双重性特点。行政立法既具有立法性，又具有行政性。

一是行政立法的立法性。行政立法的立法性主要体现在：① 行政立法是有权的国家行政机关以国家的名义制定规范性文件的行为；② 行政立法制定的行为规范属于法的范畴，对行政管理主体、客体都具有规范性、强制性等法的特征；③ 行政立法必须遵循相应的立法程序，程序合法是其中的重要内容。

二是行政立法的行政性。行政立法的行政性主要体现在：① 行政立法的主体是国家行政机关；② 行政立法所调整的对象是行政管理事务及与行政管理事务有关的事务；③ 行政立法的目的是执行权力机关制定的法律，实现行政管理职能。

（四）行政立法的类型

根据不同的标准，可对行政立法做不同的分类：

**1. 根据国家行政机关行政立法的权力来源划分，可分为职权立法、一般授权立法和特别授权立法**

职权立法是指行政立法主体依照宪法和有关组织法规定的职权，就职权管辖范围内的事项进行的立法。这种职权立法是国家宪法、法律的具体化，它本身不能创设实体上的权力与义务。政府职权立法要根据宪法和法律而制定，是一种执行性的立法活动。

一般授权立法又叫委任立法。它是根据宪法和组织法以外的其他法律的授权所进行的立法活动。我国许多法律明确授权国家行政机关制定某一方面的行政法律规范。

特别授权立法是指国家最高权力机关将本应由它制定某一方面法律的立法权特别授予国家最高行政机关即国务院行使。国务院依据这一特别授权进行的立法就是特别授权立法。与职权立法和一般授权立法不同，特别授权立法的立法权限不是来源于某项法律的规定，而是通过国家最高权力机关做出专门"规定"形式授权。因此，特别授权立法较之前两种形式的立法来说数量不多，它往往适用于国家最高权力机关因某个立法事项的经验不足，或社会关系尚未定性、制定法律的条件尚不成熟的情况，因此，特别授权立法是具有典型的"实验性"立法的性质。

行政授权立法对弥补我国立法数量不足的缺陷，使社会关系能及时得到法律规范的调整，做到有法可依；对国家权力机关摆脱繁重的立法任务的困境，做到重大原则有权力机关立法解决，次要问题由授权立法解决；对细化法律、法规的原则规定，有效保障法律、法规的贯彻实施，都起到了积极作用；并且还为国家权力机关日后的立法积累了经验，提供了条件。

**2. 根据行政立法的内容和目的划分，可分为执行性立法、补充性立法和实验性立法**

执行性立法是指为了执行法律、行政法规或地方法规，根据授权而制定的实施办法或者实施细则。执行性立法不得与授予其权力的法律、法规相抵触。

补充性立法是指在法律、法规或者上级机关制定的规范性文件制定较为原则时，授权某行政机关制定的补充规定。补充性的规范性文件使原则具体化，使不明确的规定更加明确，以便使授权文件更具有可执行性。

实验性立法是指立法机关将本应当由它自己行使的立法权限授权行政机关制定暂行条例或者暂行规定，待条件成熟后，再由立法机关上升为法规或者法律。实验性立法即前面所述的特别授权立法。

**3. 根据行政立法的主体划分，可分为中央政府行政立法和地方政府行政立法**

中央政府行政立法指中央政府机关即国务院及其各部门制定的行政法规和部门规章的活动。立法的内容主要涉及全国范围内的普遍问题。

地方政府行政立法是指一定层级的地方政府制定地方政府规章的活动。其主体主要包括省、自治区、直辖市的人民政府以及省、自治区、人民政府所在地的市和国务院特批的较大的市的人民政府。

### （五）行政立法的程序

行政立法程序是指行政机关依照法律的规定，修改和废止行政法规和规章的活动方式和步骤。根据《国务院组织法》《地方组织法》和国务院办公厅发布的《行政法规制定程序暂行条例》的有关规定，行政立法程序大致包括如下几个阶段：

**1. 编制规划**

行政立法规划指的是行政立法机关根据国民经济和社会发展计划所规定的任务，编制立法项目，确定各项立法工作的安排。在我国，行政立法规划有五年规划和年度规划两种。

**2. 起草草案**

把列入规划的需要制定的行政法规和规章，由人民政府各主管部门分别草拟法案。起草法规和规章草案时，应当注意与已有的法规及规章的衔接和协调，避免上下、左右、前后立法的矛盾和冲突。

**3. 征求意见**

行政法规和规章草拟后，在经过国家行政机关内部充分协商、取得一致意见的基础上，还应广泛征求有关部门的意见，对于涉及其他主管部门的业务或者与其他部门关系密切的规定，应当与有关部门协商一致。同时，还应广泛征求公民、法人和其他社会组织的意见，以使行政法规和规章的出台更有群众基础和社会基础。

**4. 审议通过**

行政法规、规章草案定稿后，要送发政府法制部门（如国务院法制局）审查。审查的主要内容有：内容是否符合党和国家的方针、政策；是否符合国家有关法律的以往法规的规定；是否具体、明确、适当和切实可行；文字是否准确；是否符合上报手续制度等。审查通过后写审查报告,国务院发布的决定、命令和行政法规要提交国务院全体会议或常务会议审议通过。

**5. 签署发布**

行政法规、规章通过后,必须经制定机关的行政首长签署并公开发布、公之于众。

## 二、行政执法

### (一)行政执法的含义及其特点

行政执法是行政机关实施法律、法规的行为。行政机关为保证宪法、法律、行政法规、行政规章等规范性文件得以实施,针对行政管理对象采取的具体行政行为,即行政执法。

行政执法的特点主要体现在三个方面:第一,行政执法的主体是各级国家行政机关及其工作人员,国家行政机关工作人员的执法行为不是本人的行为,而是依法行使行政管理职能的行为。第二,行政执法行为的结果直接影响公民、法人和其他组织的权利和义务。第三,行政执法行为的做出是在不争取公民、法人和其他组织的同意的前提下进行的,因而具有主动性。

### (二)行政执法行为

行政执法行为必须遵循"有法可依、执法必严、违法必究"的基本原则。行政主体在行政执法活动中的具体行为方式多种多样,如行政许可、行政确认、行政裁决、行政处罚、行政强制执行、行政复议等。这里着重介绍行政处罚、行政强制执行、行政复议和行政裁决。

**1. 行政处罚**

所谓行政处罚,是由特定的国家行政机关,依法对违反行政法规,尚不够刑事处分的人所做的制裁。实施行政处罚的行政机关是特定的有法律授权的行政机关。行政机关处罚权限的大小也要依法而定,超越法定权限的处罚无效。

行政处罚的目的是对违法者的惩戒和教育,保证国家行政管理的实际效果,从而维护公共利益和社会秩序。行政处罚的形式主要有:警告、罚款、拘留、没收财产、停止营业、吊销执照或许可证等。

由于行政处罚是以对违法行为人的人身自由、财产、名誉或其他权益的限制或剥夺为制裁手段的,所以,要求行政机关在实施处罚时要遵循错罚相当、一事一罚、依据法定程序处罚的原则,体现法治的要求。

### 2. 行政强制执行

行政强制执行是指行政管理对象（公民、法人、其他社会组织）不履行行政义务时，有关国家行政机关依法强迫其履行义务的行政行为。行政强制执行的方法主要有两种：间接强制执行和直接强制执行。

间接强制执行又分代执行和执行罚两种。代执行，即在当事人不履行法定的义务时，国家行政机关将此项义务交给他人代为履行以达到统一目的的行政执法行为。他人代为履行所需费用由当事人负担。执行罚，即当事人不及时履行他人不能代为履行的法定义务时，行政机关可以采取苛以财产上新的给付义务的办法，促使其履行义务。例如，对不按时纳税的义务人，除交税款外加收千分之五的滞纳金，直至纳税人完税为止。

直接强制执行是指义务人不履行法定的义务，行政机关在采用代执行、执行罚等间接强制执行办法不能达到目的时，或在紧迫情况下来不及运用间接强制执行的办法时，可以对法定的义务人的人身或财产加以强制，促使其履行义务。

行政强制行为的产生是以行政管理相对人不履行法定的义务为前提的，强制的目的在于促使义务人履行义务，以维持社会稳定，所以只要义务人不履行义务，行政强制手段就可以多次反复使用。

### 3. 行政复议

行政复议是公民、法人或其他社会组织认为行政主体的具体行政行为侵犯其合法权益，因而依照法定程序和条件向做出该行政行为的上一级行政机关或法定机关提出申请，由受理申请的行政机关对该具体行政行为进行复查并做出复议决定的活动。行政复议是一种行政司法活动，是解决行政纠纷的途径之一。它是对遭到侵害的行政管理对象的一种补救措施。

行政复议是一种特殊的行政行为。它具有如下基本特点：第一，行政复议主体的特定性。行政复议是由法定的行政主体进行的。第二，行政复议行为的应申请性。行政复议采用"不告不理"原则，即没有行政管理对象的申请，就没有行政复议活动的产生。第三，行政复议的标的主要是具体行政行为。具体行政行为是指行政主体针对特定对象就特定的事项做出的处理决定。行政复议是对具体行政行为的合法性和合理性的审查。第四，行政复议结果的非终局性。行政复议是国家行政机关的一种内部监督方式，若对行政复议结果不服，仍然可以通过司法程序来解决。

### 4. 行政裁决

行政裁决是国家行政机关依照法律授权，对公民、法人和其他组织之间发生的与行政管理机关的民事、经济纠纷进行裁决的行政行为。行政裁决是行政机关司法职能的行使方式。随着现代社会经济、技术的快速发展,行政管理的领域不断扩充,与行政管理活动密切相关的民事、经济纠纷随之增加,而许多争议和纠纷具有很强的技术性和复杂性,法院受专业知识的限制,往往不能快速处理这些纠纷。行政机关由于掌握专门知识,具有处理纠纷的技术条件,于是一部分裁决的职能转移到了行政机关。行政裁决的对象只能是与国家行政管理活动相关的民事、经济纠纷。行政裁决的主体需要法律专门授权,没有法律授权的行政机关不能成为行政裁决主体。行政裁决的行政机关只有接到公民、法人要求裁决的申请才能进入行政裁决程序。行政裁决的结果具有法律效力,为使行政裁决公平、公正,司法机关对行政裁决具有司法监督权。

## 三、行政诉讼

### (一)行政诉讼的含义和特点

行政诉讼是公民、法人和其他社会组织认为行政机关和行政机关工作人员的具体行政行为侵犯其合法权益,在法定期限内向人民法院起诉,由人民法院按司法程序审理并裁决行政纠纷的活动。

行政诉讼具有如下特点:第一,行政诉讼中的被告只能是行使行政管理职能的行政主体,原告则是公民、法人或其他社会组织;第二,行政诉讼的标的只能是国家行政机关的具体行政行为;第三,原告提起行政诉讼必须是由于认为国家行政机关的具体行政行为侵犯其合法权益,而不是不适当;第四,行政诉讼的原告又必须在法律、法规规定的期限内向有管辖权的人民法院起诉。

### (二)行政诉讼的受案范围

行政诉讼的受案范围就是人民法院受理行政案件的范围。它是指人民法院对行政机关的哪些行政行为拥有司法审判权,或者说公民、法人或其他社会组织对行政机关的哪些行政行为可以向人民法院提起诉讼的法定界限。

根据我国《行政诉讼法》第十一条的规定,我国人民法院受理行政案件的范围是:对拘留、罚款、吊销许可证和执照、责令停产停业、没收财务等行政处罚不服的;对限制人身自由或者对财产的查封、扣押、冻结等行政强制措施不服的;认为行政机关侵犯法律规定的经营自主权的(如乱摊派、滥集资、无偿平调以及侵犯法定人事管理权等);认为符合法定条件申请行政机关颁发许可证和执照,行政机关拒绝颁发或者不予答复的;申请行政机关履行保护人身权、财产权的法定职责,行政机关拒绝履行或者不予答复的；认为行政机关没有依法发放抚恤金的；认为行政机关没有履行法定义务的；认为行政机关侵犯其他人身权、财产权的。

## （三）行政诉讼的作用

行政诉讼是实施行政管理法规的一种重要手段。行政诉讼的任务在于保证司法机关查明事实，解决纠纷，适用法律审理行政案件，以保护某个组织和公民的合法权益，促进行政管理的民主化和法制化。行政诉讼作为我国的一项法律制度，在国家行政管理中具有重要的作用。

**1. 行政诉讼是保护公民、法人或其他社会组织合法权益的重要手段**

通过行政诉讼活动，可以保证人民法院及时纠正行政机关及其工作人员的违法行为，保护公民、法人或其他社会组织的合法权益。这是国家对行政机关的一种司法监督制度，也是对行政管理相对人的一种司法保护制度。当行政管理相对人的合法权益受到侵害时，只要在人民法院的受案范围内，都可以通过行政诉讼的途径得到一定程度的补救，得到保护。

**2. 行政诉讼是维护和监督国家行政机关依法行使职权的重要措施**

人民法院通过对行政案件的审理和裁决，在维护公民、法人或其他社会组织的合法权益的同时，对国家行政机关的作用有两点：一是维护国家行政机关依法行使职权，二是监督行政权的行使。所谓维护，就是通过审判活动，判决维持行政机关的正确决定。所谓监督，就是指人民法院在调查和分析的基础上，及时发现和纠正行政机关的错误决定，防止行政机关滥用职权。人民法院的维护和监督活动，有助于促使行政机关依法行政，提高行政工作的质量。

**3. 行政诉讼是加强我国行政法治建设的重要环节**

在行政诉讼活动中，人民法院通过审理和裁决行政案件，不仅可以辨别行政行为是否合法，维护行政管理相对人的合法权益，而且通过审判活动，还可以发现和指出行政法律规范中的疏漏和不完善之处，促进行政立法工作的改进和提高。另外，还可以完善行政执法程序，增强行政执法力度，保证行政司法的公正、有效。这一切都将推进我国的行政法治建设。

## 第三节 行政伦理

### 一、伦理与行政伦理

（一）伦理的含义

从语义学的角度看，伦，是指人与人之间的交往与关系；理，意指在处理人与人之间的交往与关系时所应遵循的当然原则。伦、理二字合起来使用，是指人们处理相互关系时所应遵循的行为准则。

对于伦理的含义，众说纷纭。如有的学者认为，所谓伦理，就是指在处理人与人、人与社会相互关系时应遵循的道理和准则。也有的学者认为，伦理一般是指一系列指导行为的观念，是从概念角度上对道德现象的哲学思考；它不仅包含着对人与人、人与社会和人与自然之间关系处理中的行为规范，而且也深刻地蕴涵着依照一定原则来规范行为的深刻道理。英国《韦氏大辞典》对于伦理的定义是：一门探讨什么是好、什么是坏，以及讨论道德责任与义务的学科。归结起来，伦理有广义和狭义之分。广义的伦理范畴，不仅涉及人与人、人与社会、人与自身的伦理关系，而且也涉及人与自然的伦理关系。而狭义的伦理是指传统的伦理范畴，主要涉及的是人与人、人与社会、人与自身的伦理关系。

（二）行政伦理的含义

由于对伦理的认识不同，国内外的学者也从不同的角度对行政伦理含义做出了解说。各种定义侧重点不同，但核心要素是一致的。从基本共识的角度讲，行政伦理是关于调整国家与社会、行政机构之间，以及国家公务员系统内部成员之间相互关系的行政行为规范的总和。这一概念包括以下几个方面的含义：

第一，取决于现代民族国家中政治与行政的紧密关联性，国家意志的执行（行政）和国家意念的表达（政治）有其内在的一致性，所以行政伦理在本质意义上也是一种政治伦理。

第二，就行政主体的有机构成讲，行政伦理由行政组织伦理和行政人员伦理构成。前者是行政机关整体的伦理约束、导向的机制，后者是行政机关人员，即公务员的伦理观念。

第三，在行政伦理的规范表现形式上，行政伦理由主观的伦理意识、习俗化的伦理规则和制度化的伦理法则等构成。

在西方,对于行政伦理的研究始于20世纪30年代到60年代,当时行政管理学和行政管理实践的发展对伍德罗·威尔逊的政治、行政"二分学说"产生了较大的冲击。在这样的背景下,人们开始把注意力转向公共行政中的责任、效率等伦理问题。20世纪70年代,随着公共行政实践中伦理问题的出现,行政伦理问题逐渐引起了人们的重视,在随后作为公共行政理念的变革的新公共行政运动和新公共管理运动中,行政伦理的地位不断提高,行政伦理的作用也不断加强,相关的理论研究也越来越多。

## 二、行政伦理的特征

行政伦理的特征是由行政伦理的内涵所决定的。行政伦理的特征主要表现在:

### (一)行政伦理的政治性

伍德罗·威尔逊的《行政学研究》将政治和行政截然分开,民选的政治家专司政策的制定,行政官僚的任务专指执行政策,"政治、行政二分论"一度被西方国家奉为金科玉律。然而任何制度设计都不可能使两者泾渭分明,"公共部门的行政或管理并非存在于真空之中,公众、政府的政治领袖及其公务员之间,由于制度安排和政治上的相互作用,彼此有非常密切的关系而且紧密地联系在一起"[①]。可见,政府行政不可能游离于政治之外。因此,行政权力作为公共权力的组成部分必然反映统治阶级的意志,为统治阶级的统治提供行政支持,行政权力、行政人员的伦理规范要符合统治阶级的需要。国家公务人员的道德规范是其政治规范的具体体现,并且许多政治规范本身就是公务人员的道德规范的具体内容。

### (二)行政伦理的自律特性

行政伦理表现为公务员应具备的道德品质,而公务员是有特定身份的人员,因此,行政伦理更多地表现为公务人员在管理公共事务过程中的自我约束。国家公务人员在履行行政职责时,对责任的强烈意识形成处理公务的判断标准。角色定位是否准确,个人利益与公共利益是否混同,部门利益与整体利益是否一致,当这些问题产生并可能出现冲突时,良心、信仰、正义、责任等品性就自觉地结合在一起,帮助公务人员做出选择。行政伦理的目的就是帮助公务人员养成优秀的道德

---

① 休斯 O E.公共管理导论[M].北京:中国人民大学出版社,2001:263.

品性,并且成为行政自觉的、首选的价值出发点。当行政行为在实施前,并在面临选择时,行政伦理指导做出正确的决定;在行政行为进行的过程中,行政伦理随时预防行为的偏差;当行政行为实施后,行政伦理起评判作用,违背行政伦理规范的行为受到谴责,符合伦理规范的行政受到推崇,进而更加强化对行政伦理的认同与自律。所以行政伦理建设的主要任务是充分发挥其自律机制的作用,这是一个国家行政管理水平的重要指标之一。

### (三) 行政伦理的他律特性

这是指公务人员的道德规范常常以法的形式规范下来,强制公务人员在行政活动中必须依据一定的准则、标准,按照一定的模式进行,这些规定不允许公务人员进行选择,要无条件遵守和奉行,否则要受到国家的处罚和制裁。在行政过程中,公务员代表人民行使管理公共事务的权力,这种权力足以影响各种资源的分配、利益的平衡,并且公务人员常常受各种利益诱惑和侵蚀,因此,仅靠公务人员的良心、舆论的影响是不足以使公务人员自觉自律的,要使权力受到制约必须借助于更高的权力,也就是法律的强制力,进行外部规制。这些约束公务人员的伦理规范一般散见于国家宪法、法律、规章和制度中,或专门制定的行政人员伦理规范。可见,行政伦理的他律作用在于为公务人员明示出其所应遵从的道德底线。

### (四) 行政伦理的变动性

行政伦理受各国的传统文化、社会文化的影响,每个国家每个民族都有不同的思维定式和行为标准,即使是同一国家,在不同的社会发展时期,社会文化、思想观念的变化也会反映到公务人员的行为和观念中,所以行政伦理也显示出其动态性特征。行政伦理的标准、内容不是一成不变的,会随着时代的发展、环境的变化而变化。但是代表民意行使公共管理权力的行政职责所应有的道德原则不应丧失,现实中行政管理所暴露的伦理问题将更加使人们关注行政伦理的发展,丰富行政伦理的内涵。

## 三、行政伦理的分类

从行政伦理的主体及行政伦理的体系考察,行政伦理包括国家公职人员伦理、行政组织伦理及政策伦理。

### (一) 国家公职人员伦理

行政机关是由公职人员个体组成的,每一项公共政策的推行都要落实到具体的公务人员身上,公职人员以政府的名义行使权力,因此行政人员的思想品德非常重要。国家公职人员伦理具有两层含义:一层含义指公职人员个体伦理,另一层含义指行政管理作为一种职业的职业伦理。就个体而言,它指行政人员的职业信念、职业态度和思想品质。职业信念指公务人员对行政管理的价值、目标的高度认同,并希望通过自身的职业行为实现这种价值追求,它反映出公务人员个人的情感态度、价值标准和理想。公务人员的职业信念直接影响其对工作的热情及思想品德的形成。一个缺乏公务职业信念的人,很难对工作抱以极大的热情,很难去努力工作,也很难以行政目标的实现为自我实现的目标。职业态度指公务人员从事职业活动所具有的敬业精神。公职人员的职业态度是建立在信念基础上的,对信念的追求必然反映为以积极的态度对待责任、对待权力、对待利益,热情地为人民服务。因此,"公仆"意识只有真正内化于公务人员的自觉中,公共服务的水平和效率才会提高。思想品质指公务人员的道德意志,如忠实、乐观、勇气、公正等。它们可以使政府高效运转,保持活力,维护社会公平。

公职作为特殊的职业要求行政人员遵守该职业的行为规范。行政职业道德就是通过履行职责,对国家权力主体负责,为广大国民谋取利益。公务人员所从事的工作是神圣的,其责任在于维护公共利益。从国家利益和公众利益出发,尽职尽责,坚持原则,秉公办事,是职业道德的体现。

(二) 行政组织伦理

随着行政管理学的发展,行政伦理学的研究由个人伦理层面转向组织伦理层面。

**1. 组织制度**

行政组织伦理首先体现在制度上,组织是公职人员发挥作用的工作环境,组织制度是这种工作环境的重要内容,制度设计中行政人员主体地位的体现对行政人员的道德行为产生重大影响。韦伯从效率原则出发的官僚制设想可以说推动了工业化社会的飞速发展,但是其大机器式的设计强调机器的联动与控制,把人限定在机器构造内,不停地机械运转,使得组织管理中的僵死、缺乏弹性和低效越来越明显。它限制了人才发挥的空间,遏制了组织的创造性、创新性。后来的组织行为理论认为官僚组织中的个人比起追求公共利益的价值目标更热衷于追求个人权力。"个人在组织内寻求发展的政治行为使其将大量的时间和精力耗费在寻求个人发展上,而不是用来完成指定的任务,这将导致整体组织效率的降低。当官员对其职位的忠诚超过了他对民选政府的忠诚,并热衷于和其他部门及机构的竞争时,管理就很可能达不到最佳点。"①组织制度的价值导向决定着组织激励的方向,20 世纪末行政改革浪潮对官僚制的否定成为了焦点,各国纷纷进行组织扁平化、取消中间层级等新的尝试,但是都限于对官僚制的修修补补,没有找到取代官僚制的更好的制度模式。并且这些渐进式的改革的成效还有待于实践的检验,从提出问题到解决问题还有一段漫长的路程,毕竟官僚制是建立在合法性、合理性基础之上的。

### 2. 行政责任

责任与权力是相关的。行政组织掌握公共权力就意味着一种责任或义务,就要对政府负责,对公民负责。行政责任是指行政组织或行政人员违反行政组织及其行政管理工作的规定,违反法定义务和职责是所必须承担的责任。行政责任包括法律责任、政治责任、社会责任和道德责任,因此,行政伦理从一定意义上讲就是关于责任的伦理。"责任是建构行政伦理学的关键概念"②,行政责任包括主观责任和客观责任两个方面。主观责任就是对前述行政人员的职业道德的反映,是对职业的忠诚,对法律的尊重,以行政良心、信仰、价值观支配行为的选择,而不是外部力量的驱使。主观责任使公务人员对制度不是盲目地服从,当制度的权威与内心的信念、良知发生冲突时,具有责任感的公务人员会选择对道德服从。库珀将行政客观责任概括为:首先对组织的上级和下级负责,其次对民选的官员负责,最后对公民负责,这些义务关系的层级是递加的;他认为负责任的行政人员要从实践和伦理两个角度为自己的行为负责,但伦理职责必须是最终占优势的③。行政管理组织是公共权力的委托人,承担着公共管理的主要角色,组织制度决定了组织任务和使命,组织层面的伦理责任就是组织的客观责任。

### 3. 组织文化

组织文化是组织的氛围,它是相对于组织的正规制度而言的,对组织中成员的行为具有很大的影响力。一个团结向上、风气正直的团体中,歪风邪气会没有市场,即使行为偏离制度的人也会受组织气氛的感染而纠正行为。而一个邪气占上风的组织,会压制正义,背离道德,甚至走向制度的反面。现实中不少的案例常常是组织中一个人的腐败问题的背后隐藏着一个堕落的集体,或一个成员正义的检举行动而遭受集体的攻击等。因此组织文化中领导的品德和行为具有重要的引导作用,首先表现在领导是否品德高尚,其次表现在领导的行为是否以身作则,行为

---

① 休斯 O E. 公共管理导论[M]. 北京:中国人民大学出版社,2001:50.
② 库珀 T L. 行政伦理学:实现行政责任的途径[M]. 北京:中国人民大学出版社,2001:62.
③ 库珀 T L. 行政伦理学:实现行政责任的途径[M]. 北京:中国人民大学出版社,2001:65.

和说教是否一致。例如：行政人员的道德行为是否得到领导的鼓励，行政领导是否广开言路，提倡民主，领导在分配报酬、晋升、选举中是否公平，标准是否统一，等等。良好的制度固然重要，组织文化也是保护制度的重要因素。

### （三）政策伦理

政策伦理是指政策制定时的道德选择。它是指政策制定过程中伦理价值是否存在并起的作用，是以公共利益为先，还是以个人的偏好影响决策。政策的制定必然涉及公共利益和个人偏好。政策伦理就是要处理好两者之间的关系，通过正义的选择，实现社会利益和社会负担的合理分配。因此，政策伦理就是对政策伦理的选择。人们对政策伦理的选择受各自的价值观的左右。政策伦理的选择应反映社会核心的价值观，应把政策选择的社会效益作为选择的价值取向。

## 四、行政伦理的作用

### （一）行政伦理的规范作用

行政伦理作为一种规范，对于规范的对象事实上是一种过程，是指外在于主体的行为要求，即规范转化为主体内在需要的过程。这就是说，规范通过接受或内化学习过程之后，它不再是外在于主体的行为要求了，而已成为主体自身的行为取向标准。这种规范的接受或内化过程是在作为执行规范的主体同作为外在于主体的客体影响，通过主体的能动的反应活动（认知与体验）构建起一定的品德心理结构而实现的。社会规范的接受，是在主、客体相互作用的活动中，通过内在心理的变化（品德心理结构的形成、发展）而实现的。

### （二）行政伦理的导向作用

"导向"是指引导、指导、领导事物发展的方向。行政伦理对公务人员行为具有导向的功能，体现在规定其行为的价值取向、明确的行动目标，以及确立完善的规章制度和正确的行为方式。导向功能同时也包括对公务员的约束、自控、凝聚。通过制度文化、伦理道德规范约束全体公务员的言行，使公务员在一定的范围内活动；公共管理部门通过公务员认可的价值观而获得的一种控制功能来达到行政文化的自我控制；行政文化将公务员紧紧地联系在一起，同心协力，共同奋斗，具体通过目标凝聚、价值凝聚、理想凝聚来实现。

### （三）行政伦理的选择作用

伦理是一定的社会对道德（观念及规范）的选择，行政伦理同样如此。这种选择包括以下几个方面：一是指一定的社会主体的选择，这些主体可以是阶级、集团、政党、统治者等,或一定的社会(制度、形态);二是有目的的选择,是一种自觉的、有目的的选择,是根据一定的目标、理想和要求、一定的政治企图和方向、一定的价值观念和哲学观世界观;三是对道德的选择,要使道德在社会、公共领域以及社会各人群中传播和规范,使之具有普适性和有效性,就需要超越个体的更为强力的以一种社会自觉的方式和力量,在全社会范围内实现规范和秩序。

### (四) 行政伦理的内省作用

行政伦理具有内省功能,是一种特殊的道德情感和道德反思。当人们对荣誉感到道德情感上的满足时,便会产生荣誉感;当人们对耻辱感到自惭和痛心时,便会产生廉耻心。知耻是自尊、自爱的表现。求荣避辱是追求崇高道德理想的积极行为。因此,健康的伦理诉求将成为公务员个体内省的合理选择。

**关键术语**

行政法治;行政伦理;行政责任;行政立法;行政诉讼。

**思考题**

1. 简述行政法治的含义及基本要求。
2. 简述行政法治的基本内容。
3. 简述行政执法的含义及行政执法行为方式的类型。
4. 简述行政诉讼的含义及作用。
5. 简述行政伦理的含义、特征及作用。

# 第十一章 行政监督

**本章要点**

行政监督是国家行政管理体系的一个重要组成部分,它既是行政职能顺利实现的重要手段,也是行政机关依法行政、提高效率、减少腐败的重要保证。在国家治理现代化和全面深化改革的进程中,强化行政监督显得尤为重要。本章重点掌握:行政监督的含义、特点、意义和作用,我国行政监督的体系构成及其完善。

## 第一节 行政监督概述

### 一、行政监督的含义和特点

#### (一)行政监督的含义

监督,原意为监视、督促,后引申为监察、督导。在行政管理过程中,通常要实施两种监督:一种是为了保证行政管理的权威性、统一性和有效性,由行政机关对相对人遵守国家法律、法规,执行政策、法令等情况进行监督,简言之,就是行政机关对相对人的监督,称为监督行政;另一种是为了保证行政管理活动的合法性、合理性和公正性,特定的组织或个人对行政机关及其工作人员是否依法行政进行的监督,称为行政监督,这是本章研究的重点。行政监督又有广义和狭义之分。广义的行政监督是指一切行政机构的活动同时受到来自行政机构内部的监督以及整个政治体系包括立法机关、司法机关和其他不同利益集团、公众舆论的监督。狭义上的行政监督是行政机关法定的职能机构依法对国家行政机关及其工作人员实施的监督,是行政机关的内部监督。本章采用的是广义的行政监督概念,即行政监督就是指各类监督主体依法对政府行政机关及其工作人员行使行政权力的行为是否合法、合理所实施的监察和督导活动。

从定义中我们可以看出,行政监督这个概念包含如下几个要点:

第一,行政监督的主体,包括一个国家中的执政党和非执政党在内的政党组织,立法机关、行政机关和司法机关在内的国家机关,以及各法人团体、群众组织和社会公众。

第二,行政监督的对象,是行政机关及其工作人员在实施行政管理时运用或行使行政权力的一切公务行为,即行政行为,包括行政立法行为、行政执法行为、行政司法行为。

第三,行政监督的内容,是检查行政机关及其工作人员的行政行为是否合理、合法、公正、有效。具体地说,在我国,行政监督的内容主要是检查行政机关及其工作人员在实施行政管理的过程中,对党的路线、方针、政策和国家的法律、法规、政令的执行情况,行政权力运用和行使的情况,以及行政任务的完成情况和行政目标的实现情况。

第四,行政监督的目的,是及时发现行政机关及其工作人员工作中的不足与缺陷,以及他们的违法、违纪行为,有效地防止和纠正行政管理活动中出现的偏差与失误,促使行政机关和国家公务员严格依法行政,尽职尽责,充分发挥政府的职能,更好地为国家各项事业的发展服务,为人民的生产、生活服务。

(二)行政监督的特点

行政监督的含义决定了其具有如下特点:

**1. 对象具有特定性**

行政监督不是指所有的国家机关和工作人员,而是特指行政机关的行政行为和行政工作人员的职务行为。在我国,行政监督的对象既包括各级国家行政机关及其工作人员,也包括由国家行政机关任命的国有企事业单位的领导人员,以及其他国家机关从事行政管理活动的人员。

**2. 主体具有多元性**

行政监督的主体,不仅包括国家权力机关、司法机关、国家特设的行政机关、政党等,而且包括所有政治、经济、文化及社会其他方面的法人、团体、组织、单位和公民个人。

**3. 性质具有法制性**

行政监督的性质是监督主体对行政机关及其工作人员的一种法制监督。其法制性表现在：第一，各监督主体的地位及其监督权力由宪法和法律确定，监督的范围、内容和途径由国家法律予以设定，监督的方式和手段由国家法律加以固定，监督的程序由国家法律规定。各监督主体依法享有监督权，按法定范围和法定程序对行政机关及国家公务员的行政行为实施监督，并受到国家法律的保障。主体享有的监督权是法律赋予的，要严格依法按程序进行。第二，行政监督是对行政机关及其工作人员在行政活动中的合法性、合理性和公正性的监督，重点是执法监督。

**4. 监督具有目的性**

加强行政监督的目的在于保障社会主义民主和法制，促进行政机关及其工作人员依法行政、合理行政，改善和强化行政管理，提高行政效率，推进廉政建设。

## 二、行政监督的类型

行政监督的种类较多，按照不同的标准和不同的角度，可以划分为不同的类型。不同的监督类型又有不同的监督手段和监督内容。

（一）按监督主体划分，可分为外部监督和内部监督

外部监督是指来自行政机关以外的监督，包括政党监督、国家监督、社会监督和公民监督。

内部监督是指行政体系内部各机关、各部门之间互相监督，包括上级机关与下级机关之间的相互监督，行政机关内部专业监督部门对各工作部门的监督，以及某些职能部门在自己的职能范围内就某一方面事项对其他部门的监督。

（二）按监督作用划分，可分为事前监督、事中监督和事后监督

事前监督是为防患于未然，在行政机关和国家公务员的行政行为实施之前，对其抽象行政行为或具体行政行为的合法性和可行性实施的监督。

事中监督是为了及时发现问题，纠正偏差，在行政机关和国家公务员实施行政行为的过程中，对其行为的准确性和规范性实施的监督。

事后监督是为了总结经验和教训，在行政机关和国家公务员的行政行为实施完毕以后，对其行为的正确性和有效性实施的监督。

（三）按监督内容划分，可分为法律监督和工作监督

法律监督主要是对行政机关和国家公务员实施或执行宪法、法律、法规的情况

进行监督,包括对行政机关制定和实施执行行政法规及行政规章的情况进行监督。

工作监督是对行政机关和国家公务员在行政管理活动中的各项工作包括日常工作实施的监督,尤其是对关系国计民生或某一行政区域内经济社会发展中重大事项的处理情况实施的监督。

（四）按监督方式划分,可分为一般监督和专业监督

一般监督是对国家行政机关全部行政管理活动实施的全面、综合监督,包括对行政机关管理国家政务、社会公共事务及其自身内部事务的全过程实施的普遍监督。

专业监督是对行政机关某一项专业性工作实施的业务监督。这种监督通常由国家权力机关的某一专门机构(如我国的人大常委会内设立的专门委员会)或行政机关中某一专业主管部门(如财政、人事部门)实施,其监督的内容只涉及行政机关某一方面的活动。

## 三、行政监督的原则

行政监督的原则指的是监督主体在实施行政监督过程中一以贯之、必须遵守的准则。根据我国法律规定,结合行政监督目标,我们认为行政监督的基本原则应包括以下四点:

（一）民主性原则

在行政监督中坚持民主原则,就是要充分发扬社会主义民主,确保人民群众当家做主、管理国家和监督政府的权力。行政监督工作要广泛地依靠人民群众,听取人民群众的意见、建议和批评,要让群众广泛地参与监督工作,为此,国家行政机关的政务活动公开、透明,让人民群众享有知情权,以便进行有效的监督,要建立和健全人民群众参与监督的各种民主渠道,建立法定的民主监督程序,以利于人民群众行使监督权。

（二）法制化原则

行政监督必须以事实为依据,以法律为准绳来进行。首先,行政监督的一切问题,如主体、对象、客体、程序、权限等都要以法律的形式规范;其次,行政监督主体实施监督都必须严格按照法律规范来进行,保证行政监督结果的公正性。

（三）经常性原则

行政管理活动是经常性的,那么要发挥行政监督的作用,保证国家行政机关依法、合理行政,就必须对行政管理的每个领域及其全部过程进行经常性的监督。也

就是说,必须把行政监督贯穿于行政管理过程的始终,绝不能把行政监督当成一种临时性的应急措施。

(四)实效性原则

行政监督必须讲求实效。具体地说,就是及时、有效地保护国家、集体利益和公民个人的合法权益,绝不允许出现"虚监""漏监"现象,同时对监督过程中出现的问题,要及时采取合法、有效的措施加以解决,对国家行政机关及其工作人员能够起到有效的教育和防范作用。

## 四、行政监督的程序

严格的程序是行政监督高质、高效的保证。我国行政监督的程序是根据《中华人民共和国监察机关调查处理政纪案件办法》的规定设置的,通常包括以下几个阶段:

(一)立案

行政监察机关根据情况,认为有违法违纪、确实需追究责任的,经过一定的批准手续,便可立案。

(二)调查

根据案情组成调查组,制订调查方案,广泛搜集证据,运用证据,认定事实,写出汇报。

(三)审理

核实证据材料,分析案情。确定违法违纪的性质,提出处理意见,写出正式报告。把定性处理意见与本人见面,听取申辩。

(四)处理

各级案件审理委员会接到报批的案件后,召开会议,进行审定。属本部门职责范围内的,要受理,并指定专门审理人员承办,然后召开审理会议进行集体审理,提出审议报告,提请审理委员会审批。

## 五、行政监督的意义和作用

(一)行政监督的意义

目前,随着社会的发展和形势的变化,行政监督在国家生活中的地位越来越重要。在新时期,行政监督对于实现中华民族复兴的中国梦意义尤其重大。

**1. 加强行政监督,有利于政府勤政廉政建设**

政府的勤政廉政建设,关系到国家各方面事业的发展,关系到政府的形象和人心的向背。勤政才有效率,廉政才有希望。我国是社会主义国家,党和政府的宗旨是全心全意为人民服务,国家公务员都是人民的公仆,权力来源于人民,是为人民的利益服务的。加强行政监督,增强国家公务员的公仆意识、勤政意识、廉政意识,将他们的活动置于广大人民群众的监督之下,可以有效地促使其为人民服务,促进其勤政廉政建设。

**2. 加强行政监督,有利于保护人民的合法利益**

我国的行政机关代表的是国家和人民群众的利益,其行政行为如果违法和出现过失,直接损害的是人民群众的利益,并将导致党和政府在人民群众中威信的降低。为了防止这种现象的出现,就必须加强行政监督,及时地发现问题,纠正错误,保障国家和人民群众的利益。

**3. 加强行政监督,有利于提高行政绩效**

行政管理的核心就是绩效问题。通过行政监督,可以保证行政管理过程中行政机关和国家公务员行政行为的规范性,节省时间;同时,增强了行政管理过程的透明性,调动了国家公务员工作的积极性,使绩效提高。

**4. 加强行政监督,有利于政治民主建设**

国家政治体制民主化程度的高低,取决于行政体制民主化程度的高低。加强行政监督,可以对行政权力加以有效的制约,克服官僚主义和腐败现象;同时,吸收人民群众参政、议政和督政,使我国的政治体制更加合理,运作更加高效,从而促进社会主义民主政治的发展。

（二）行政监督的作用

行政监督的最终目的是要保证行政系统的合法性和公共政策的有效性,而要实现这个目的离不开行政监督体系在运行过程中所发挥的各种作用。它们主要包括以下四个方面:

**1. 预防作用**

预防作用主要是通过对行政机关及其工作人员的事前监督,提前发现行政行为不当或过失的潜在问题,并且能够通过监督的实施对行政机关和国家公务员加以及时的提醒,帮助他们把行政管理中的问题、偏差和失误消灭在发生之前。同时,增强了行政行为的可预见性,使行政机关及其工作人员提前看到行政行为的后果,从而促使行政管理在一个规范的、合理的范围内进行,这样就大大减少了行政行为出现违法和过失的几率。鉴于行政管理的复杂性,事先预防措施要做到针对性强、具体、明确。

**2. 补救作用**

这是行政监督的重要作用之一。通过行政监督,能够对行政管理中出现的偏差和失误及时加以纠正,对行政机关和国家公务员的不当行政行为予以制止并责令其改正,促使行政机关就行政监督发现和揭露出来的问题总结教训,制定出相应的整改措施,以尽可能地挽回不良的影响和损失,以免造成更大的损失。

**3. 评价作用**

行政监督的过程,同时也是一个评价的过程。通过行政监督,能对行政机关的工作和公务员的德、勤、绩、能、廉做出恰当的评价,即对行政工作是否依法合理、是否体现社会主义的民主法制原则,行政机关的工作人员是否尽职尽责、努力工作、廉洁奉公、遵纪守法,国家行政机关各部门之间是否相互协作与配合等方面,做出正确的评价,并据此实施行政监督。同时,通过这种评价,还可以激励国家行政机关及其工作人员的积极性和创造性,使其不断开拓进取,不断提高行政管理效能。

**4. 完善作用**

行政监督通过对行政管理过程中的违法违纪行为和失当行为及时进行揭露和批评,并做出撤销或更正的决定,促使国家行政机关及其工作人员在行政管理活动中,坚持合法、合理的行为,纠正违法、失当的行为,可以促使政府在实现行政目标中总结经验,吸取教训,建立和健全规章制度,堵塞漏洞,改进行政管理工作,提高行政效率,从而使国家的行政管理活动更趋完善。

## 第二节  我国行政监督的体系

我国的行政监督是广义上的监督。它是指党和国家及人民群众依照法律规定,对各级国家行政机关及其工作人员的行政活动进行全面、系统的监察和督促。它是国家实施行政管理的重要手段,体现了国家行政管理的社会主义本质和特点。

### 一、政府内部监督体系

政府的自我监督是指政府行政机关系统内部各机构、部门之间的相互监督。

自我监督是行政监督中最经常运用的一种监督形式,外部的其他监督有时也要通过行政机关内部的监督来实现。

内部监督体系是指行政机关内部组成的行政监督系统,即由中央到地方各级行政机关组成的统一的、相对独立的内部监督系统。由于国家行政机关在行政管理活动中的优势,所以内部的监督体系能提高行政效率、克服官僚主义等,是最直接、最有效的监督。内部行政监督主要包括一般监督、行政监察和审计监督三种形式。

### (一) 一般监督

一般监督指国家行政机关以行政隶属关系和机关协作关系为基础而发生的监督。其包括三类:一是上级行政机关对下级行政机关的监督,这是自上而下的监督;二是下级行政机关及其工作人员对上级行政机关及其工作人员的监督,这是自下而上的监督;三是平行的行政机关之间的监督,这是一种横向的监督,指无行政隶属关系和业务指导关系的地方各级人民政府之间的监督和政府内部工作部门之间的监督。由于行政监督的主体就是行政机关自身,所以这种监督实际上也是一种行政行为,比其他的监督形式更为直接,监督权限也相当广泛,监督也是经常性的。

一般监督的形式包括日常监督、职能监督和主管监督三种形式。监督的中心任务是提高行政效率。

日常监督指上下级行政机关之间对于日常工作的双向监督。上级行政机关监督下级行政机关是为了使上级机关的政令畅通,保证行政任务的完成;下级行政机关对上级行政机关的监督主要是指下级行政机关人员对上级行政机关人员违法乱纪的检举和控告。日常监督的主要方式包括报告、检查、审查和调查等。

职能监督指政府各职能部门就其所主管的工作,在自己的职权范围内对其他部门所实施的监督,而不管部门之间是不是有直接领导关系。例如,财政部就其所主管的国家财政收支情况对各部委、各地区实施的监督等。

主管监督指政府的各职能部门,在自己的职权范围内就其所主管的工作,对其他工作部门所进行的监督。这种监督主要包括国务院各部委和直属机构对地方各级人民政府相应的工作部门所进行的监督和上级地方人民政府工作部门对地方各级人民政府相应的工作部门所进行的监督。这些监督有的属于领导关系,有的属于业务指导关系。监督的权限和范围,因关系的不同而有所区别。

总体看来,政府机关内部的这种自我监督是最直接、最有效的,因为它是行政机关依照上下级隶属关系而建立的。这种自我监督是有权威的、高效率的,因为在这种隶属关系中,上级机关对下级机关有指挥权,并且可运用行政的、经济的手段来实现其指挥意图。但是仅靠政府内部的自我监督还远远不够,实际中存在内部消化、家丑不外扬、护短回避等现象,一定程度上阻碍和干扰了监督的实现。因此要通过其他手段和途径来加强行政监督。

（二）行政监察

行政监察是指由在行政系统内部专门设立的行政监察机关,对政府机关和公务员进行监督的活动。这里涉及以下五点:

第一,监察机关的机构设置和地位。监察机关是在本级人民政府中同其他部门平行的一个机构。根据《中华人民共和国行政监察法》(简称《行政监察法》)第七条规定,国务院监察机关主管全国的监察工作。县级以上地方各级人民政府监察机关负责本行政区域内的监察工作,对本级人民政府和上一级监察机关负责并报告工作,监察业务以上级监察机关领导为主。

第二,监察机关的产生和内部机构。国家监察部部长由国务院总理提名,全国人民代表大会决定任命。地方监察部门厅、局长由本级正职领导人提名,本级人民代表大会任命。监察机关的派出机构负责人或者派出的监察人员由派出他的机关任命、调动,但应当事先征求驻在地区或部门、单位的意见。

第三,监察对象和管辖范围。根据《行政监察法》第十五条规定,国务院监察机关对下列机关和人员实施监察:国务院各部门及其国家公务员;国务院及国务院各部门任命的其他人员;省、自治区、直辖市人民政府及其领导人员。根据《行政监察法》第十六条规定,县级以上地方各级人民政府监察机关对下列机关和人员实施监察:本级人民政府各部门及其国家公务员;本级人民政府及本级人民政府各部门任命的其他人员;下一级人民政府及其领导人员。

第四,监察职责。根据《行政监察法》第十八条规定,监察机关为行使监察职能,履行下列职责:检查国家行政机关在遵守和执行法律、法规和人民政府的决定、命令中的问题;受理对国家行政机关、国家公务员和国家行政机关任命的其他人员违反行政纪律行为的控告、检举;调查、处理国家行政机关、国家公务员和国家行政机关任命的其他人员违反行政纪律的行为;受理国家公务员和国家行政机关任命的其他人员不服主管行政机关给予行政处分决定的申诉,以及法律、行政法规规定的其他由监察机关受理的申诉;法律、行政法规规定由监察机关履行的其他职责。

第五,监察程序。根据《行政监察法》第二十九条规定,监察机关按照下列程序进行检查:对需要检查的事项予以立项;制订检查方案并组织实施;向本级人民政府或者上级监察机关提出检查情况报告;根据检查结果,做出监察决定或者提出监察建议。重要检查事项的立项,应当报本级人民政府和上一级监察机关备案。

（三）审计监督

审计机关对本级各部门(含直属单位)和下级政府预算的执行情况和决算以及其他财政收支情况进行审计监督。审计机关依照法律规定独立行使审计监督权,不受其他行政机关、社会团体和个人的干涉。

审计监督是根据有关经济资料和国家法规,按照一定程序,由审计机关审核、稽查有关单位的财政、财务收支活动、经济效益和财经法纪的遵守情况,并做出客观、公正的评价或结论的综合经济监督活动。审计监督的目的是督促和帮助财务行政部门的财经活动纳入法制轨道,维护经济秩序,严肃财经纪律,加强财经管理,提高财务行政的效率。这一工作进行时要遵循政策性、针对性、客观性和独立性原则。这里涉及以下四个要点：

第一,审计机关的机构设置和地位。《审计法》第二条规定,国家实行审计监督制度。国务院和县级以上地方人民政府设立审计机关。

第二,审计机关的产生和内部机构。《审计法》第七条规定,国务院设立审计署,在国务院总理领导下主管全国的审计工作。审计长是审计署的行政首长。《审计法》第八条规定,自治区、直辖市、设区的市、自治州、县、自治县、不设区的市、市辖区的人民政府的审计机关,分别在省长、自治区主席、市长、州长、县长、区长和上一级审计机关的领导下,负责本行政区域内的审计工作。

第三,审计对象和管辖范围。国务院各部门和地方各级人民政府及其各部门的财政收支,国有的金融机构和企业事业组织的财务收支,以及其他依照《审计法》规定应当接受审计的财政收支、财务收支,依照《审计法》规定接受审计监督。审计机关对前款所列财政收支或者财务收支的真实、合法和效益,依法进行审计监督。

第四,审计职责。根据《审计法》第十六条至二十六条的规定,审计机关的职责有：审计机关对本级各部门(含直属单位)和下级政府预算的执行情况和决算以及其他财政收支情况进行审计监督。

审计署在国务院总理领导下,对中央预算执行情况和其他财政收支情况进行审计监督,向国务院总理提出审计结果报告。地方各级审计机关分别在省长、自治区主席、市长、州长、县长、区长和上一级审计机关的领导下,对本级预算执行情况和其他财政收支情况进行审计监督,向本级人民政府和上一级审计机关提出审计结果报告。

审计署对中央银行的财务收支进行审计监督。审计机关对国有金融机构的资产、负债与损益进行审计监督。

审计机关对国家的事业组织和使用财政资金的其他事业组织的财务收支进行审计监督。

审计机关对国有企业的资产、负债与损益进行审计监督。

对国有资本占控股地位或者主导地位的企业、金融机构的审计监督，由国务院规定。

审计机关对政府投资和以政府投资为主的建设项目的预算执行情况和决算进行审计监督。

审计机关对政府部门管理的和其他单位受政府委托管理的社会保障基金、社会捐赠资金以及其他有关基金、资金的财务收支进行审计监督。

审计机关对国际组织和外国政府援助、贷款项目的财务收支进行审计监督。

审计机关按照国家有关规定，对国家机关和依法属于审计机关审计监督对象的其他单位的主要负责人，在任职期间对本地区、本部门或者本单位的财政收支、财务收支以及有关经济活动应负经济责任的履行情况进行审计监督。

## 二、外部行政监督体系

我国政府外部监督体系是指除行政机关以外的其他监督主体所构成的监督系统。其主要包括政党的监督、国家权力机关的监督、国家司法机关的监督、社会团体的监督、公民的监督和社会舆论的监督等。

### （一）政党监督

政党监督是指政党对行政机关及其公务员的行政行为进行监督。我国政党除了执政的中国共产党之外，还有参政的民主党派，都属于政党监督的主体。

**1. 中国共产党的监督**

我国宪法规定，国家行政机关接受中国共产党的领导和监督。中国共产党对行政机关实行监督的具体方法和手段主要表现为日常工作监督和专门机关的监督两个方面。

（1）日常工作监督。一是通过党的各级委员会，经常地、系统地了解和研究国家行政机关执行党的路线、方针、政策和宪法、法律等情况，对出现的问题及时纠正。二是通过行政机关内部的全体党员模范性地遵纪守法、依法行政和提高工作效率来实行全面、系统的监督。

（2）专门机关的监督。这种监督是指党的各级纪律检查委员会对行政机关的监督。党的各级委员会均设有纪律检查委员会，在进行监督方面，主要是对党员行政工作人员的行为进行经常性的监督，接受社会对其违法行为的控告和申诉，并给予相应的党纪处分,同时有权向行政机关提出建议,给予相应的政纪处分。

在我国,中国共产党的监督对行政机关及其成员的监督具有特别重要的意义。这可以从两个方面加以理解:一方面,我国宪法所确认的四项基本原则,第一条就是坚持中国共产党的领导。从这个意义上说,执政党对政府及其官员的监督是一种依据宪法原则所实施的监督,因而可以认为是一种国家法制监督。另一方面,社会主义国家行政机关工作人员多数是执政党党员,这就使党对行政的监督不仅具有权威性,而且范围较为广泛。

**2. 各民主党派对行政机关及国家公务员的监督**

各民主党派的主要职能就是民主监督、参政议政和政治协商。因此民主党派的监督形式和主要内容也是通过这三项内容而落实的。监督的形式有:

一是,通过人民政协或该党在人民代表大会中的党员的代表,协商国家大事,参与国家大政方针的制定和国家事务的管理,参与政府工作并对政府机关的活动提出批评和建议。

二是,通过该党党员以及主办的各种报纸刊物对各级政府的行为提出批评和建议。

## (二) 立法监督

立法监督,也就是国家权力机关的监督。立法监督是指国家立法机关对行政机关和工作人员实施的行政行为的监督。在我国,主要是指各级人民代表大会及其常务委员会对各级人民政府行政行为和国家公务员公务行为的监督。人民代表大会是我国最具权威的国家权力机关,包括行政机关在内的其他国家机关都由人民代表大会产生,都对人民代表大会负责并向其报告工作,都在人民代表大会及其常务委员会的指导和监督下开展工作。因此,在我国,立法监督,即国家立法机关的监督,是最具权威性和最具法律效力的监督。

其监督方式有:

一是国家权力机关听取和审查政府工作报告。在各级人大每次举行例会时,本级人民政府主要负责人一般都作政府工作报告,以便于国家权力机关进行审查。这类由政府机关向权力机关所做的报告,一般都要通过权力机关以表决或决议的形式来表示法律上的认可或否定。这已经成为我国的一项制度。

二是国家权力机关的法制监督。全国人大及其常委会有权立法,有权监督宪法和法律的实施,有权撤销国家行政机关制定的、同宪法和法律相抵触的或不当的行政法律、行政规章和地方性规章等。

三是国家权力机关通过行使罢免权实施监督。国家权力机关有权提议罢免本级政府的组成人员，对于不称职或不适合担任某一行政领导职务的人员进行罢免。

四是国家权力机关通过人民代表的质询和视察工作进行监督。人民代表有权向行政机关和工作人员提出质询，受质询的机关和个人必须负责答复。人民代表有权通过视察工作的形式对国家行政机关进行监督，被视察的机关和个人对人民代表提出的正确意见必须迅速改进或办理。

五是国家权力机关通过设立专门的机构实现监督。我国宪法规定，权力机关认为必要的时候，可以组织特别问题进行调查处理，并做出相应的决议。

监督权的行使涉及人大与"一府两院"的关系，涉及中央与地方的关系。制定监督法需要处理好这些关系，要能够准确地反映出我国的政治制度和国家体制，准确地把握人大监督的特点，充分发挥人大监督的优势。人大与"一府两院"既有监督的关系，又有支持的关系；人大既要依法实施监督，又不能代行行政权、审判权、检察权。人大与"一府两院"都是中国共产党领导下的国家机关，虽然职责分工不同，但它们的工作出发点和目标都是一致的，即都是为了维护国家和人民的根本利益。这是我国政治制度的特点和优势。《监督法》正式实施之后，将从监督形式、监督内容和监督效果几个方面加强人大的监督力度。

### （三）司法监督

司法监督是指国家司法机关对政府行政机关及其工作人员实施行政行为的监督。在我国，国家司法机关包括人民法院和人民检察院。它们都是有人民代表大会产生并对其负责的国家机关。它们在国家司法活动中对政府行政机关及其工作人员的行政行为的监督，都由人民代表大会通过法律授权。

在司法监督中，由审批机关进行监督的主要有：审理行政案件，审理与国家公务员的行政行为有关的刑事案件；审理与国家公务员的行政行为有关的民事案件。在司法监督中，由检察机关进行监督的主要有：实施法纪检察；提出司法建议。

### （四）社会监督

社会监督是公民个人、社会团体及群众组织对行政机关及其工作人员在行政管理活动过程中是否坚持依法行政所进行的监督。社会监督是我国行政监督体系中一种十分重要的监督形式，是人民当家做主管理国家的重要形式，是人民群众参与管理国家事务的重要途径。

社会监督与前面所讲的监督形式相比，最大的不同在于：社会监督主体所进行的监督不直接产生相应的法律后果，不具有国家强制力。也就是说，只有当人民群众的意见被有关国家机关采纳以后，并以行政机关的名义对行政机关及其工作人员实施监督时，才能产生相应的法律后果。

**1. 公民的监督**

在我国,公民的监督是指我国公民依法对国家行政机关及其公务员实施的民主监督。公民的监督主要采用以下形式:

(1) 举报。这是公民个人监督的主要形式,即公民根据发现和了解的情况,采取举报方式对行政机关及其工作人员的监督。其具有及时性的特点。国家要为公民举报提供便利条件,如建立举报电话、举报中心(站)、举报网。对于当面举报的要保守秘密,以免被打击报复。

(2) 信访。它是指公民个人通过写信或要求接见面谈等形式对行政管理活动实施的监督。在我国,信访制度是联系群众、改进和加强政权建设行之有效的传统工作制度。在我国,县以上的各级人民政府中都建立了信访机构,负责受理公民的申诉、指控,听取其批评和建议,最后转给有关部门处理。人民群众通过向行政机关写信和要求见面会谈,表示愿望,提出意见和批评。它是人民群众监督行政机关行政管理活动的一种重要方式。

(3) 控告和申诉。它是指公民个人在自身的合法权利遭到侵害、受到不公正的处分或处罚时,向有关机关以口头或书面形式控告违法者,要求维护自己权利的行为。这也是宪法赋予公民的一项基本权利,既有利于保护自身的合法权益,又有利于纠正国家行政机关和国家公务员在行政行为中由于服务意识差和处理方法欠缺所造成的不良后果,提高党和政府在人民群众中的威信,还有利于社会主义制度的稳定。

(4) 批评和建议。它是指公民通过各种形式对国家行政机关及其工作人员在决策、施政和具体工作上的行为发表意见、反映情况的行为。这是人民群众主人翁意识日益增强的结果,有利于提高行政效率,减少政府政策失误对公民造成的损害。国家行政机关要想法设法创造条件,使公民有机会表达自己的意见。

**2. 社会团体的监督**

在我国,社会团体的监督是指人民政协、工会、共青团、妇联、村委会、居委会等各种社会团体对国家行政机关及其公务员的行政活动所进行的监督。它们实施监督的方式有:召开会议,以口头或文字的形式向有关机关提出要求、建议和批评;对个别行政人员提出申诉、控告和检举等。社会团体是监督政府活动的重要力量。

**3. 社会舆论的监督**

社会舆论的监督是指通过社会公众的议论评价和报刊、广播、电视等新闻媒介对国家行政机关及其公务员的行政行为实施的监督。其包括公民批评和新闻舆论监督。它能使政府管理活动置于公众和舆论的监督之下,从而达到监督的目的。

为加强监督，中共中央纪律检查委员会、监察部于2005年12月28日公布了中纪委信访室、监察部举报中心举报网站的网址（www.jubao.gov.cn），旨在加强群众监督，全面推进中国反腐败工作。

因为舆论监督具有公开、及时、影响面广的特点，一旦与其他监督方式相结合，就会发挥更好的监督效果。但是对于这种监督形式，有几点需要特别注意：① 要合法。在行使舆论监督的权力时，要有责任和法制意识。② 要看社会效益。任何舆论监督都应该是正当的，不能恶意中伤，要发挥其正当的社会作用。③ 要有监管。舆论监督首要的就是"自由"，但政府不能放弃对言论的监管，要建立规范舆论监督的制度，尤其对通过互联网发表言论的个人和组织，要加强监管。

## 第三节 我国行政监督体制的完善

行政监督体制是指行政监督机构的设置及其隶属关系、行政监督主体间的权限划分及其运行等方面的体系和制度的总称。中华人民共和国的建立，社会主义制度的确立，为建立新型的社会主义中国行政监督体制奠定了基础。

### 一、我国行政监督制度的历史

#### （一）我国古代的监察制度

我国古代的监察制度主要由御史纠察制度、言官谏诤制度和地方监察制度三部分构成。

御史纠察制度是中央的监察机关，对以宰相为首的百官在施政中有无违法行为进行考察。秦王朝时期设御史大夫寺；汉代专设御史台为中央监察机构；唐代御史台设置御史大夫，下设三院；明代改御史为都察院，于都察院外又设有独立监察权的六科给事中组织，分别纠察百官、辨明冤枉、提督各道；清代沿袭明制，强调监察的独立性。

言官谏诤制度，是我国古代监察制度中的一大创造。自秦汉以后就设置掌言谏之类的官职。尤其唐代初期，重视谏官的作用，建立了谏官随宰相入阁议事的制度，设置门下省，职掌谏诤辅弼。

地方监察制度也是我国古代监察制度的一种。历代王朝对地方监察十分重视。秦代在全国各郡设常驻监御史；汉代把全国分成十三部监察区；唐代分十道监察区；明代增置监察御史百余人，分十二道巡按全国，权力极大；清代，总督与巡抚由监察大员变成了地方最高行政长官。

总的看来，我国古代监察制度，对维护中央集权和国家统一，维持国家机器有效运行，维护君主专制，调整统治阶级利益，督促官员廉洁从政方面起过一定作用。

### （二）我国近代的行政监督

1840年鸦片战争后，封闭的国家之门被敲开，随着各种外来因素的影响，西方资产阶级民主政治的主张对我国传统的监督体制产生强烈冲击且不断渗透，使之发生深刻变化。近代，民主革命的先行者孙中山先生在《五权宪法》中指出："五权"即立法权、司法权、行政权、考试权、监察权，意在建立独立于行政系统之外的监督机构。

### （三）我国当代行政监督体制的发展

随着新中国的成立，我国行政监督制度也建立起来了，并逐步形成内外结合的人民监督体制。行政监督体制的发展大体上经历了五个阶段：

**1. 行政监督体制形成时期：1949～1954年**

1949年9月，第一届全国政协会议通过了《中国人民政治协商会议共同纲领》（简称《共同纲领》）。《共同纲领》第十九条规定："在县、市以上的人民政府内设立人民监察机关，以监督各级国家机关和各种公务人员是否履行其职责，并纠举其中之违法失职的机关和人员。"

1949年11月，党中央又做出了《关于成立中央及各级党的纪律检查委员会的决定》，在党内原纪检机构的基础上成立了中央纪律检查委员会，并相继在县以上各级党委成立了纪律监察委员会。

各级人民监察委员会、人民检察机关和党的纪律检察机关的设立，为社会主义中国行政监督体制的建立奠定了基础。但由于这五年是新中国行政监督体制的初创时期，因而也存在着行政监督机构不太健全、监督法规尚不完善、监督人员配备不足且缺乏行政监督经验等方面的问题。

**2. 行政监督体制调整时期：1954～1959年**

1954年9月，第一届全国人民代表大会通过了《中华人民共和国宪法》，确立了人民代表大会制度是国家的根本政治制度，中央和地方各级人民代表大会是国家权力机关。同时根据宪法，政务院改为国务院。宪法明确授予人民代表大会及其常务委员会对行政机关及其行政人员的监督权。

根据1954年全国人大会议通过的《中华人民共和国国务院组织法》，原人民监察委员会改为中华人民共和国监察部。同时,地方政府监察部门也进行了适当调整。在省、直辖市、设区的市人民委员会中设置监察厅,县和不设区的市及市辖区不设监察机构。

1954年,根据宪法制定的《中华人民共和国检察院组织法》规定,国家设立最高人民检察院和地方人民检察院。人民检察院是国家的法律监督机关。最高人民检察院有权对国务院所属各部门、地方各级国家机关和工作人员以及公民是否遵守法律行使检察权。地方各级人民检察院有权对地方国家机关、国家机关工作人员和公民是否遵守法律实行检察、监督。

至此初步确立了国家权力机关、行政监察机关、检察机关对行政机关及其工作人员的监督以及党的纪律检查机关的党纪监督和人民群众的民主监督,初步建立了社会主义中国的行政监督体制。

**3. 行政监督体制瘫痪时期:1960~1978年**

20世纪50年代末,由于种种原因,尤其是受到当时极"左"思潮的影响,中国行政监督体制陷于瘫痪。1959年,国家监察部被撤销。1975年,检察机关被取消,检察机关的职权由各级公安机关行使。与此同时,党的各级监察委员会也相继被撤销,监督权失去法律依据,从而导致行政监督组织体系陷于瘫痪,行政监督体制受到了严重破坏。

**4. 行政监督体制恢复时期:1978~1993年**

十一届三中全会后,国家政治生活逐步走向正常,国家行政监督机构、制度也得以恢复和发展,率先建立了各级党委领导下的纪律检查委员会。各级纪委的产生,由过去的同级党的委员会选举改为由党的各级代表大会选举,领导体制由过去受同级党委领导改为同级党委和上级纪委双重领导,并有权对同级党委及其成员实行监督。

国家权力机关的行政监督主体资格在1978年的宪法中重新得到了肯定,1982年修改的宪法重新明确了全国及地方各级权力机关的监督权限。国家检察机关也得以恢复,但不再行使对行政机关的一般监督权。同时,根据1982年的宪法,国家设立审计机关,实施审计监督。

在此期间,国家监察机构的建制也得到了恢复和确立。1986年11月27日,第六届全国人民代表大会常务委员会(简称人大常委会)第十八次会议通过了《关于设立中华人民共和国监察部的决定》。1987年,国家监察部重新组建。1988年,各省级人民政府的监察厅(局)相继成立,地、县两级人民政府的监察机关也在此基础上建立起来。

行政监察机关的重新组建，审计机关的设立，国家权力机关监督主体地位的重新肯定以及党的纪律检查机关的恢复，使中国行政监督体制得以重建并加强。至此内部监督和外部监督相结合的体制形成。

**5. 行政监督体制发展时期：1993年至今**

中国共产党第十四次全国代表大会（简称中共十四大）之后，伴随着改革开放和市场经济体制的逐步深化与成型，原有的监督体系已经不再适应经济社会的发展要求。党中央对原有的行政监督体制和政府内部监察制约机制进行了改组，考虑到大部分领导干部都是中共党员，并结合当时反腐败斗争和增强行政监督能力两个方面的需要，将党的纪律检查组织和国家的行政监督机构合并起来确定了以一个机构、两个机关为基础构架的行政监督体系，也就是通常所说的"一套班子，一批人员，两块牌子，两种职能"的党政合一的行政监督体系。

合署之后的中央纪委接受党中央的领导，并履行党的纪律检查和政府行政监督两种职能，对党中央全面负责。原本负责行政监督的国家监察部则依旧隶属国务院行政管辖。各个地方的行政监察机构与党的纪委合署后，接受所在政府、同级党委和上级纪检监察机关的多重领导。

2007年9月13日，中国国家预防腐败局正式成立。其主要职责有三项：一是负责全国预防腐败工作的组织协调、综合规划、政策制定、检查指导；二是协调指导企业、事业单位、社会团体、中介机构和其他社会组织的防治腐败工作；三是负责预防腐败的国际合作和国际援助。

由上可知，我国行政监督经历了不平凡的发展历程，已形成了较全面的监督体系，取得了卓有成效的成果，我国行政监督法制的效能和水平正在不断提高。

## 二、我国行政监督体制存在的问题

我国行政监督的制度化、体系化发展在促进政府依法办事、转变政府职能、提高公务员素质等方面发挥了不可或缺的作用。但是，同时也必须看到，我国行政监督制度还不够完善，与建设社会主义民主政治、实现社会主义和谐社会目标尚有较大距离，在实际运行过程中暴露出了许多明显的不足和问题。近年来，行政腐败案件的高发、频发与监督不力存在必然联系。当前的行政监督体系存在缺陷和不足，这在民间、学界乃至国家高层达成共识。因此，中国共产党第十七次全国代表大会（简称中共十七大）、中国共产党第十八次全国代表大会（简称中共十八大）都一再强调要完善监督体系，要对权力尤其是行政权力进行更深层的监督与制约。概括起来，当前行政监督存在的突出问题如下：

## (一) 行政监督立法滞后

行政监督必须依法进行,健全的监督法律体系是保证行政监督效能充分发挥的法律基础。由于种种原因,我国的行政监督立法进展缓慢,致使行政监督的法律制度供给不足:一是重要的行政监督法律空缺,完整的行政监督法律体系尚未形成,缺乏一些必不可少的行政监督法律法规。二是在一些专门监督中,由于法律规范缺乏明确的监督范围和监督程序,造成监督权的运行往往无章可循。如人大监督权涉及的一些重要领域就缺乏法律规范,对人大行使监督权的形式和程序、监督对象违法行为的法律责任和处置方式等都缺乏可操作性的规定,致使多年来人大对一些司法案件监督的程序和处理方式难以理清。三是一些监督主体的监督权缺乏保护措施。近几年来,一些新闻记者采访难的问题屡见报端,有些受到行政权力的干预,有些受到当事人的阻拦,有些甚至遭到围攻和殴打。这表明监督主体的监督权急需得到法律的保护。

## (二) 行政监督主体独立性不够

任何权力制约机制的有效运行都毫无例外地取决于其地位的独立和足够的权力,独立性是行政监督的本质特征和内在要求。我国的《行政监察法》《行政诉讼法》《审计法》等都规定了有关行政监督主体依法独立行使监督权,不受其他行政机关、社会团体和个人的干涉,其目的就在于保障行政监督活动的有效性。但从目前各行政监督主体的实际情况来看,大多处于附属地位而缺乏必要的独立性,制约职权和手段不够强大,因此,监督缺乏力度。如从中共十四大之后,行政监察机关与党的纪律检察机关合署,总称为纪检监察机关,由单纯的行政监察机关变成了党政机关。新的监督机构不再直接向同级人民政府和上级监察机关负责,而是直接向同级党的纪委常委会负责。纪委成了监察机关的直接领导机关。但一个不容忽视的问题是纪委本身在接受同级党委和上级纪委领导的同时,又因其人事、财务关系都受同级政府管辖,还必然受到同级政府的掣肘。我国现行的《行政监察法》第七条规定:"县级以上地方各级人民政府监察机关负责本行政区域内的监察工作,对本级人民政府和上一级监察机关负责并报告工作,监察业务以上一级监察机关领导为主"。这种模式实际上造成了目前的行政监督机关要受本级党委、本级政府和上级纪委的三重领导,在行政权明显强于监督权的前提下,党政领导干预或者阻碍监督活动的现象就很容易发生。

## (三) 行政监督体系职责不清、功能不强

经过多年来的不断建设,我国已形成了较为系统、全面的多元化行政监督体

系,监督主体、方式和渠道多,这是我们取得的成果。但是,从实践来看,由于政府机关内外各种监督之间的关系还没有理顺、职责不清、功能不强,各种监督主体都不同程度地存在监督权限、方式、程序、范围等不够明确、具体等问题,彼此又缺乏联系和沟通,工作中往往各自为战,尚未形成一个严密有序、分工合理、协调互动、运行高效的有机整体,使监督工作难免存在"交叉带"和"空白带"。例如,目前我国行政监督体系中承担反腐保廉职能的专门监督机构有三家:一是党的纪律检查委员会,二是政府系统的监察机构,三是隶属检察院的反贪污贿赂工作局。根据有关规定,三个机构监督的职能范围是按监督对象的身份及其违纪违法的严重程度来划分的:纪检部门监督的是全体党员,监察部门监督的是政府机关公务员,反贪部门监督的是违反刑法的贪污贿赂分子。但在行政监督实践中,由于监督对象中的公务员大多数是党员,而且相当多的贪污贿赂行为的违纪违法后果在审理之前难以预先界定,所以很难做到按对象的身份和违纪违法的严重程度来确定监督机关,这就造成了有的问题多方插手,有的事情无人过问,有时还会导致在案件受理、查办、移送、处理等工作环节中相互间的冲突和矛盾。

(四)行政监督偏重于追惩、实际功效不大

行政监督是一项经常性工作,应当贯穿于政府机关及其工作人员行政行为的全过程。根据行政监督发生的不同阶段,可将监督分为事前监督、事中监督与事后监督三个阶段。这三个阶段的监督实际上是三种不同形式的监督,具有不同的监督效果。它们在重大行政权运行过程中是不可偏废的三个环环相扣、缺一不可的环节,任何一个环节的缺失都可能引发行政权的严重失范。只有将事前监督的防范性与事中监督的实时性和事后监督的惩戒性结合起来,才能充分发挥行政监督的防范性、实时性和惩戒性,才能构建事前、事中、事后三种监督方式的三道有效防线,进而确保行政权力运行过程的合法性和有效性,强化行政监督的监察与督促的效果。但是,长期以来,我国行政监督的方式比较单一,监督主体一直将监督工作的重点放在"查错纠偏"上,偏重于追惩性的事后监督。一旦问题发生了,就会对社会产生危害或不良影响,就会给国家和人民利益造成损失,这个时候再进行查处和惩罚。这往往忽略了行政行为发生前的预防和行政行为过程中的控制。

事实上,行政权力的滥用和腐败问题往往发生于行政行为的整个过程,所以最有效的监督应该是问题发生前的预防和控制,必须建立起对行政权力使用过程的全方位监控机制。"要加强对权力运行的制约和监督,把权力关进制度的笼子里,形成不敢腐的惩戒机制、不能腐的防范机制、不易腐的保障机制。"①

---

① 习近平.在十八届中央纪律检查委员会第二次全体会议上的讲话[EB/OL] http://news.sina.com.cn/c/2013-01-22/114726094446.shtml.

### （五）公民监督作用的实际效力低

公民监督是合理合法的，但是有些行政机关存在着不重视甚至是蔑视公民监督的现象和问题。有些行政领导者及公务员甚至对公民的监督打击报复、刁难甚至威胁，这种状况使公民监督名不符实，效力受损。同时，公众参与意识匮乏，监督意识不强，不能正确行使法律赋予自己的监督权力，不懂得怎样行使宪法赋予自己的监督权力。当公民或法人的利益受到主管行政机关的侵犯时，不知道如何进行行政诉讼，只得给新闻、信访部门写信，寻求解决。

## 三、完善我国行政监督体制的措施

在社会转型和改革的关键时期，在国家治理现代化的进程中，新、旧体制的交替容易出现法律法规尚未健全、政策界限不够清楚、管理环节衔接不够等问题，这些都为以权谋私和违法乱纪的人提供了可乘之机。目前，由于以权谋私和违法乱纪的手段越来越隐蔽，程度越来越严重，给新形势下的行政监督工作提出了挑战。为此，我们必须大力改革行政监督工作的力度。根据我国国情，当前行政监督改革主要应抓好以下几个方面的内容：

### （一）加强监督立法，严格依法监督

行政监督立法是依法实行行政监督的前提和基础。只有尽快建立和健全各种行政监督法规，才能为积极有效的行政监督提供基本的规范程序，做到有法可依，减少监督的盲目性和随意性，这也是建设民主法治国家的基本要求。从我国目前行政监督法规的现状来看，1986年全国人大常委会通过了《关于设立中华人民共和国监督部的决定》；1987年8月国务院颁布了《关于在县以上地方各级人民政府设立行政监察机关的通知》；1990年12月国务院颁发了《行政监察条例》。虽然相继颁布了上述监督法规，但目前还没有一部类似于国外的《廉政监督法》《财产申报条例》等监督法规。加强行政监督的立法，是进一步完备行政监督制度的重要任务。如果有关行政监督的法律、法规、条例、实施细则等更完备，监督机构就能更有力地实施行政监督。

### （二）理清行政监督的职权范围，加大权力机构的监督力度

加强行政监督必须在科学地调整国家机构之间的关系、合理地划定职权界限的同时，明确监督机构与行政机构的职权范围，划清各行政监督部门的职权范围，形成完整的分工制约机制，明确行政监督的独立地位，使行政监督从结构到范围上对行政机关及公务员偏离轨道的行为进行有效的制约和防范。坚持用制度管权管

事管人,坚持决策权、执行权、监督权既相互制约又相互协调,完善各方面监督制度,确保行政机关按照法定权限和程序行使权力。

充分发挥国家权力机关对政府的监督作用,是实现行政监督有效性的关键环节。因此,要创造出合适的环境,使人民代表大会能独立、负责地行使其监督和制约权。要注意提高人大代表的参政议政能力,加强和完善人大代表质询权。建立政府领导人责任制,建立职业代表制。在立法重大决策和人事任免方面,其他组织和部门的工作不能替代人大的作用,必须要通过人大按照法定程序审议通过,然后交有关部门执行。

(三)加强事前监督和事中监督,形成不能腐的防范机制

行政监督活动是通过事前监督、事中监督、事后监督这三个连续的环节来步步设防的。其中,事前监督相比事中监督是积极、主动的监督,必须大力加强。事后监督是消极、被动的监督,对国家行政来说,虽然也不可缺少,但是等到损害事实造成后再处理,容易贻误工作。因此,最积极、最稳妥的办法是加强对行政活动的事前监督和事中监督,做到事前严要求,事中勤督促,尽最大可能杜绝行政活动中的一切漏洞,减轻事后监督的负担。这是社会主义行政监督应遵循的一条原则。

(四)加强舆论监督,充分发挥公民监督的作用

要充分发挥新闻舆论的监督作用。舆论监督是监督体系中的先锋和桥梁。它的优点是时效性强,辐射面广,透明度高,威慑力大。与其他监督主体相结合,会产生无法替代的巨大监督力量。"主权在民"是现代民主政治的基本原则。我们是社会主义国家,人民当家做主,政府代表公众进行社会管理。公民监督既是社会监督的一种重要形式,又是对国家行政权力进行监督的源泉和基础。公民对政府实施监督,是公众对自身权力委托的必然结果,是权力主体行使权力的根本体现,是权力主体对权力行使者保护的有效制约途径,也体现了我国人民当家做主的政权性质。要建立和健全各种公民监督制度,如信访、协商对话等制度,保障公民监督的落实。对公民的意见、建议、批评、要求和申诉、控告要认真对待,力求"事事有交代、件件有结果"。充分发挥公民监督作用,提高其监督水平,是完善社会主义民主的重要方面。

(五)增加惩处力度,严肃党纪国法

随着社会经济的深入发展,在党政机构掌握大量资源的前提下,行政腐败作为一个严重的社会问题已日益凸显出来。腐败现象的出现虽然有其历史和社会的深层因素,但是行政监督不到位,或者虽然监督到位,但惩处力度不足,对腐败分子不

具有威慑力或者威慑力不足更是导致腐败现象发展蔓延的直接原因。这种情况在一定程度上损害了行政监督部门的威信和威慑力,阻碍了我国行政监督的有效进行。

法者国之重器,是国家以强制力为后盾为个人和团体划下的一道红色高压线,应该具备很强的威慑力。量刑过轻容易让人轻慢之心渐生,进而蔑视国家和政府的威严,影响整个行政效率。"治乱用重典"是我国历史上反复证明的一条法则,可以说适合当前反腐倡廉的形势,能有效提升行政监督的效力和质量。

### 关键术语

行政监督;行政监督体制;行政监督系统。

### 思考题

1. 简述行政监督的含义和特点。
2. 简述行政监督的作用和意义。
3. 试述我国行政监督系统。
4. 试述我国行政监督体制存在的问题及改进措施。

# 第十二章 行政绩效

**本章要点**

提高行政机关的行政绩效是行政管理工作的出发点和归宿。行政绩效是行政管理的核心问题。由行政效率到行政绩效反映了社会对行政管理工作认识的提高。当前,适应社会需求变化,改革和创新政府治理,提高治理能力,改善行政绩效,是实现我国经济社会协调发展、建设和谐社会的关键。本章重点掌握:行政绩效的含义、内容及研究行政绩效的意义,行政绩效评估及行政绩效管理等。

## 第一节 行政绩效概述

### 一、行政效率、行政效能与行政绩效

效率,在机械工程中,是表示能量之间转换的概念,指所输出的能量与所输入的能量之间的比值。后来,效率这一概念被引入社会科学,用以考察和反映社会活动的效果。这时,效率这个概念是指社会活动所取得的效果与所消耗的劳动量或社会资源之间的比值。把效率概念引入行政管理活动就形成行政效率,它是指行政管理活动的效果与所投入的工作量或所消耗的人、财、物、时间之间的比值。这时的效率,不仅具有机械效率的意义,而且是产出与投入之间的比值,同时还包括政府运作成本与服务效果、社会效果之间的比值。

效能,是指实际取得的成果与预期效果之间、实际达成的程度与原定目标之间相比较的结果。行政效能包括行政目标达成的程度、为公众服务的质量、政府服务对象对政府服务的满意程度、行政管理所取得的社会效益等。

效能与效率的区别主要在于：效能侧重于强调政府施政和行政管理的隐性效果和无形效果，这些效果难以进行直接的量化测量；效率侧重于强调政府施政和行政管理的显性效果和有形效果，这些效果能够进行直接的量化测量。

绩效，是效率和效能的总和。其中，效率就是投入与产出的比率，是政府运作成本与服务效果、社会效果之间的比值；效能则是将实际成果与原定的预期成果进行比较。效率适用于能将投入和产出、成本与效果可量化的场合，效能则可用于那些收益无法用货币来计量的场合。

行政绩效，即政府绩效，是指政府行政机关实施行政管理、向公众提供有效服务所耗费的社会资源与获得的组织效果和社会效果之间的比率。它包含了效率和效能这两个概念中的所有变量，是数量与质量的统一，手段与目标的统一，是政府行政机关的业务开展、资源利用、内外沟通、管理创新等所取得的业绩，表现为政府能力及运用这种能力施政的综合成果，包括服务数量、服务质量、服务态度等。具体来说，行政绩效的概念包含以下三个方面的内容：

### 1. 行政的成本

行政成本指的是行政活动中消耗的人力、物力、财力、信息、空间、时间、权威、信誉等各种有形与无形资源的总称。与其他资源一样，行政资源也具有稀缺性，因此，行政绩效一定程度上会受到成本的限定和约束。

行政成本由有效成本和无效成本构成。有效成本是指在行政过程中能够转变为行政绩效的那部分成本。它有可以量化的成本，如工作人员的工资、办公物品的折旧消耗费用、调研和决策执行费用等，都是以货币计量的有效成本；也有不可量化成本，如政府部门在各项决策中必须承担的风险，是无法以货币计量的有效成本。而无效成本是指在行政过程中不能够转变为行政绩效的那部分成本，如"三公消费"、铺张浪费，或因政府直接参与市场竞争而引发的寻租腐败等无益于提高政府绩效的支出就是一种无效成本。

### 2. 行政的产出与效益

产出指公共行政活动所形成的结果。它可能是有形的，如一些公共设施、国防建设等；也可能是无形的，如社会精神文明建设、诚信教育等。

效益是指政府部门的产出对社会所产生的影响。如某项政策是政府部门的产出，那么该项政策所引起的公民、社会、法人、组织等的观念和行为上的变化就是行政的效益。

由于政府行政行为的特殊性，其行政效益也比较复杂，有近期效益、远期效益，也有经济效益、政治效益和社会效益，还有显性效益和隐性效益。

**3. 行政成本与收益的比较**

行政绩效是将行政的收益与成本相比而得到的结果。一般而言，行政的效率与效能越高，政府的绩效就越好。

## 二、行政绩效的内容和层次

（一）行政绩效的内容

行政绩效是运用政府能力施政的成果。而政府施政涉及政治、经济、文化、社会和生态五个方面，因此行政绩效亦包括政治绩效、经济绩效、文化绩效、社会绩效和生态绩效五个方面。

**1. 政治绩效**

在社会主义市场经济条件下，政治绩效主要体现在政府政治产品的生产和供给，表现为制度安排、制度创新和政治动员力。市场经济的规则或社会秩序的供应是一种政府制度安排。这是政府核心能力之一。此外，如政府对行政法规、行政规章和公共政策的制定与贯彻，政府在国家管理中各种制度的建立，政府对人民群众参政议政、参与国家管理和社会管理的组织和指挥等，都是制度供给。政府制度安排的能力越强，政治绩效就越容易体现。

**2. 经济绩效**

经济绩效表现在经济持续发展上，国民经济不仅仅是在量上扩张，而且在结构合理的前提下有质的提升，良好的经济绩效还包括经济可持续发展程度较高、政府能供应推进经济与社会协调发展的宏观经济政策。其中，生产力布局、产业结构是否合理，市场经济秩序是否良好，以及各种经济指标的增长率、通货膨胀率、失业率等，都是衡量政府经济绩效的重要参数。在经济新常态下，政府对宏观经济的把控、政府对市场作用的发挥程度的影响更是重要的绩效表现。

**3. 文化绩效**

文化绩效是政府在文化的繁荣与整合的成果。其主要指政府对科学、文化、教育的普及率和发展程度，公民的道德水平、文化素质提高的程度，主流文化与大众文化的互补与渗透等。目前，在全面深化改革的背景下，国家实施的文化振兴战略推动了文化走出去和文化下基层的发展，推动了人民群众对社会主义核心价值观的坚信，是文化繁荣与整合的具体举措。文化的繁荣和振兴是实现中国梦的重要参数。

**4. 社会绩效**

社会绩效是经济发展基础上的社会全面进步，是社会的稳定与发展的作用。其中，政府对社会秩序的维护和整顿、政府对社会治安的综合治理、政府对社会保障体系建立的推动、政府对民生问题的解决，都是社会绩效的表征。其社会绩效反映在公民的健康状况、公民身体素质提高的程度、社会生活的安全系数与稳定系数、犯罪率、公平与正义、社会福利水平、贫困率等指标上。

**5. 生态绩效**

生态绩效是指政府在一定时期内生态环境管理活动中所取得的成绩、效果。生态绩效，一方面反映了人与自然的和谐，人在适应中发挥主动性改造自然，创造更适合人类生存与发展的环境；另一方面也反映了生态的和谐，即维护生态平衡或生态系统的完整与稳定，促进生态系统的共生共荣。其中，政府生态环境计划管理、生态环境质量管理、生态环境技术管理是重要的参数。如产业布局政策、资源开发政策、制定环境保护的法规和标准、大气与水的质量、污染物的排放量、河流与湖泊的整治、水土流失等。

**（二）行政绩效的层次**

行政管理活动一般有高层的组织领导、中层的管理落实和基层的具体执行三个层次，其效果则表现为组织效果、管理效果和执行效果。因此，行政绩效的层次也相应地分为组织绩效、管理绩效和执行绩效三个层次。

**1. 组织绩效**

组织绩效是指领导机关或决策层的工作绩效。这一层次的绩效通过领导者规划和决策的科学、人事安排的合理、沟通协调的充分、组织指挥的正确等全局性工作业绩表现出来。其绩效的大小与行政领导者或行政首长的素质能力、领导方法和行政组织内部的团队意识等密切相关。组织绩效直接影响到国家的繁荣和社会的发展，在行政管理全局中处于关键地位。

**2. 管理绩效**

管理绩效是指中层管理的工作绩效。这一层次的绩效通过人才的合理使用、良好的组织沟通和有效的控制、明确的责权划分、恰当的分工合作、有力的内外监督等体现出来。其绩效的大小与管理制度、管理方法和管理人员的才能、学识等密切相关。这一层次的绩效受到组织绩效的影响，其本身影响着执行绩效，在行政管理全局中处于承上启下的地位。

**3. 执行绩效**

执行绩效是指基层工作人员的工作绩效。这一层次的绩效通过工作人员从事专业性、操作性工作的熟练程度和效果、非正式组织沟通的有效性、人际关系的和谐、对设备的利用率和成效等体现出来。其绩效的大小与工作人员的士气、素质、技能、工作条件等密切相关。它强调以最低的消耗和最少的身体活动（机械活动）在最短的时间内取得最大的工作效果，在行政管理全局中处于基础性地位。

组织绩效、管理绩效和执行绩效是互相关联、互相影响的，形成完整的行政绩效。任何一个层次的绩效都不能代表整个行政绩效，只有三个层次的绩效实现最大化，整个行政系统的绩效才能实现最大化。

## 四、研究行政绩效的意义

行政绩效不仅客观地反映了政府的行为及其后果，而且全面地反映了整个行政管理过程的成就与不足。通过对行政绩效的评价能够促使行政管理不断优化、不断创新，因此研究行政绩效具有十分重要的意义。

### （一）行政绩效是行政管理追求的目标

行政绩效是行政管理的出发点和落脚点，是行政管理活动追求的最终目标。管理的首要问题就是确定目标，即通过什么途径、什么方式取得什么成果。行政管理自始至终就是为了取得行政绩效、提高行政绩效而展开的。行政机关在组织人力、物力、财力等资源实现行政目标时，总要力求以最小的消耗、最快的速度保质保量地完成任务。可见，行政绩效在行政管理中起着目标定位和导向作用，没有绩效指标或标准的行政管理，必然没有目标的管理，而没有目标的管理，只能是劳民伤财的盲动行为。

### （二）行政绩效是政府执政能力的标志

政府是否能够很好地承担起管理国家和管理社会这样复杂、繁重的任务，很大程度上取决于政府执政能力的大小，而政府执政能力的大小又主要通过行政绩效反映出来。政府执政能力的强弱，就是看在运作中的资源消耗与社会供给的关系。能够以最小的运作成本去处理大量的国家事务和社会事务，为公众提供更多、更优质的服务，达到行政管理的最大目标，就说明政府的执政能力强；反之，就说明政府的施政能力弱。因此，要衡量一个政府的执政能力，关键是看这个政府有没有行政绩效。

### (三) 行政绩效是发挥社会主义制度优越性的重要保证

追求效率,能促进社会发展;追求公平,能保障社会稳定,人民安居乐业。西方国家在致力于实现经济进步和社会发展的过程中,各国政府普遍受到效率与公平的悖论问题困扰。究其根源是社会制度的问题。我们是社会主义国家,人民当家做主,共享社会发展成果,实现中华民族的伟大复兴,一直是我们的追求。社会主义制度的优越性主要表现在:经济发展上,它可以创造出更高的劳动生产率,保障人民的物质文化生活水平更快地提高;社会分配上,能保证全体人民共享发展成果,人民是国家的主人。政府机关的高效率是社会主义民主政治进步性的体现。因此,没有高效率的行政管理,就不能很好地体现社会主义政治制度的优越性。

### (四) 行政绩效是检验行政改革成果的客观尺度

行政改革的目标,就是要通过政府机构改革、职能的转变建立起办事高效、运转协调、行为规范的行政管理体制。各项行政改革如组织机构、人事制度、奖罚制度、领导体制、财政体制等的改革,归根结底都是为了提高行政绩效。所以,能否提高行政绩效,是检验行政改革成效的主要标准。

## 第二节 行政绩效评估

行政管理的目标是追求更高的行政绩效,而追求行政绩效的过程就是不断总结经验和教训、发现问题和缺陷、不断改善和优化行政管理的过程,也就是定期地对行政绩效进行评估的过程。

### 一、行政绩效评估的含义和意义

行政绩效评估是对政府行政管理的业绩、政府行为的有效性及政府施政能力进行测量、评价,以提高政府运作绩效的活动。这是对政府综合治理能力的测评,是行政管理活动中不可缺少的一环,也是现代国家行政改革的一项重要内容。行政绩效评估之所以受到当代各国的重视,是因为它无论是对政府行政管理本身,还是对政治文明的发展,都有着十分重要的意义。

一是行政绩效评估能够促进行政管理的优化和完善。要使政府行政管理实现优化和完善,提高政府的施政能力,就必须首先了解当前政府的绩效水平究竟达到了什么程度,了解行政管理活动和政府施政取得了什么成效,还存在什么问题;其次必须了解政府的服务对象——社会公众对政府服务的满意程度如何,还有什么意见。为此,就必须对行政绩效进行评估,通过评估,肯定政府行政管理及施政的成绩,坚定政府努力的信心和正确方向,不断纠正政府管理与施政过程中在宗旨和行为方面的偏差,从而不断提高行政管理的水平和政府施政的水准。

二是行政绩效评估能够推进民主政治建设。在民主政治取代了专制政治的今天,人民群众不再被动地接受和容忍单方面的政府行为,而是有权对政府行为、行政管理全过程实施制约和监督。要实施制约和监督,就必须对政府各方面工作的效率和效果有全面、准确的了解,就必须参与对行政绩效的评估。因此,行政绩效评估是人民群众参与国家事务管理和社会公共事务管理的有效方式,是人民当家做主的具体表现。它既是民主政治发展的产物,又是民主政治继续发展的动力。政治民主化的程度越高,政府政务公开的程度也就越高,人民群众对政府行政管理的具体过程就越了解,参与行政绩效评估的愿望和要求就越迫切;人民群众对行政绩效评估的参与越经常化、制度化,对行政管理活动和政府行为的约束就越到位,民主政治就越能得到良性发展。

## 二、行政绩效评估的主体和体制

### (一)行政绩效评估的主体

在我国,行政绩效评估的主体是广大人民群众和社会公众。

在行政绩效评估的实践中,最初只局限在政府系统内,由各部门作自我评估,或者上下级机关、部门之间互相评估。如被称为"思明模式"的实践和被称为"青岛模式"的实践,都是为服务于"绩效型政府"建设而提出的政府部门内部的业务测评和干部考核。后来发展出"甘肃模式"的"第三方评价",即社会评价。关于行政绩效到底由谁来评估,必须考虑两大因素:

一是谁掌握评估的权力。在我国,人民是国家权力的主体,是国家的主人,《中华人民共和国宪法》规定,人民有权参与国家事务和社会事务的管理,有权对一切国家机关包括政府行政机关执行公务的行为实施监督。因此,行政绩效评估的权力掌握在人民手里,人民通过各种组织和各种方式对行政绩效实施评估。

二是政府为谁服务。政府的行政管理以提供公共服务为主旨,政府的服务对象是社会团体(包括企业与事业单位)和社会公众。政府的服务只有满足了社会团体和公众的需求,才能实现自身的价值。因此,行政绩效如何,只能由社会团体和社会公众来评价。在我国,政府的服务对象是人民群众以及代表着人民群众的各种组织、团体,因此行政绩效评估也应由人民群众以及这些组织和团体来实施。

(二)行政绩效评估的体制

人民群众或社会公众作为行政绩效评估的主体,是具体的、分散的,所以,他们对行政绩效的评估一般都通过各种组织形式进行。在我国,这些组织形式有:包括立法机关、行政机关、司法机关在内的各种国家机关,包括执政党和非执政党在内的政党组织,包括工会、共青团、妇联在内的各种群众组织和城镇的居民委员会、社区管理委员会、农村的村民委员会等基层群众自治组织,包括各种协会、学会、研究会、联合会、基金会、联谊会、商会在内的人民团体,包括广播、电视、报纸、刊物在内的传播媒体。因此,我国的行政绩效评估体制是一个多重评估的体制。这个体制包括权力机关的评估,党组织的评估,政协和民主党派的评估,社会组织和社会团体的评估,社会舆论的评估,政府服务对象的评估,专家评估,等等。当然,这个体制也包括政府行政机关、部门的自我评估和上下级之间的评估。

## 三、行政绩效评估的类型、指标和方法

(一)行政绩效评估的类型

行政绩效评估是对政府施政和行政管理业绩的全面评价,因此,必须从不同的层次、不同的侧面和在不同的时间进行,这样就形成了不同类型的行政绩效评估。

**1. 按照评估的层次划分,可分为宏观评估、中观评估和微观评估**

宏观评估是对政府施政和行政管理是否合理合法的综合性、整体性评估,评估对象主要是政府管辖范围内的经济和社会发展的状况;中观评估是对政府各职能部门工作绩效的评估,评估对象是各职能部门法定职责的履行情况和任务的完成情况;微观评估是对政府施政和行政管理活动中具体事件、个别人员的评估,评估对象是政府实施的某个公共工程、具体服务项目的绩效,以及公务员个体的绩效。

**2. 按照评估的侧面划分,可分为经济绩效评估、政治绩效评估、文化绩效评估、社会效益评估和生态绩效评估**

经济绩效评估是对政府施政和行政管理所取得的经济成果的评估,评估对象是政府的财政收支状况和本辖区内经济发展的状况;政治绩效评估是对政府施政和行政管理造成的政治影响和形成的政治功效的评估,评估对象是本辖区内民主政治建设的状况,人民群众参政议政的程度,法制建设和法律法规的执行情况;文化绩效评估是对政府在文化的繁荣与整合成果的评估,评估对象主要是政府对科学、文化、教育的普及率和发展程度,公民的道德水平、文化素质提高的程度,主流

文化与大众文化的互补与渗透等；社会绩效评估是对政府施政和行政管理所取得的社会效果的评估，评估对象是社会发育的程度，社会自我管理的状况，社会稳定的程度；生态绩效评估是对政府生态环境计划管理、生态环境质量管理、生态环境技术管理等结果的评估，评估对象是生态平衡或生态系统的完整与稳定的程度。

**3. 按照评估的时间划分，可分为近期评估、中期评估和远期评估**

近期评估是对政府在过去较短一段时间内（一般为1年左右）的施政行为和行政管理绩效的评估，评估对象多为短期内可以完结并显现结果的事件或项目；中期评估是对政府在一定时期内（一般为3～5年）的施政行为和行政管理绩效的评估，评估对象多为本辖区经济和社会发展规划的完成情况；远期评估是对一定历史时期内政府施政和行政管理绩效的评估，评估对象多为需要很长时间才能显露效果或后果的事件或项目，如环境保护、生态平衡、计划生育等。

行政绩效评估还可以根据评估的对象、内容等作其他的分类，但主要的和常用的是上述三大类型。

### （二）行政绩效评估的指标

行政绩效评估的指标是行政绩效评估的参数体系。不同类型的行政绩效评估应有不同的测评指标，但从行政绩效构成要素的角度可以归纳出共同的指标。

**1. 行政效率测评的指标**

行政效率测评的指标包括人、财、物、时间、信息的投入量，预算成本的控制，产出公共物品和公共服务的量与质，公共资源有效利用的程度，公务员工作满足感的高低等。

**2. 行政效能测评的指标**

行政效能测评的指标包括行政目标达成的程度，公众对政府的支持率，公众对政府服务的投诉率，公众对政府行为的认同率，公众的幸福指数、对社会生活的安全指数和对社会义务的负担指数等。

**3. 行政绩效评估的标准**

行政绩效评估的标准是指政府施政和行政管理在数量和质量方面应达到的程度，主要包括三个方面：一是凡是能够以最少的行政投入获得最大的行政产出者，就是有绩效，投入产出比越大，行政绩效就越大；二是凡是能够完全实现原定计划、达到预定目标者，就是有绩效，超额完成计划越多，达到目标所用的时间越少，行政绩效就越大；三是凡是能够适应社会环境的变化、不断获得社会效益者，就是有绩效，对环境适应程度越高，社会效益越大，行政绩效就越大。当然，对行政绩效各个方面的评估,都有具体的、不同的标准,但这些具体标准都是上述三个方面标准的具体化。

(三) 行政绩效的测评方法

决定行政绩效的客观指标是多元的,测定其质和量的标准也是多种多样的。要根据不同行政机关管理活动的实际情况,采用不同的方法测量其行政绩效。

**1. 行政效率测定的技术性方法**

(1) 行政费用测量法

这是依行政经费的开支和使用的合理性及其效果为依据来测量行政效率的。完成同一项行政工作,行政开支越少,则行政效率越高;反之,则越低。完成同类行政工作,在行政开支相同的情况下,完成的任务量多,则行政效率就高;反之,则低。行政费用测量法主要包括单位费用法、人均费用法和事均费用法等。

单位费用法,即将行政费用分解为一定的单位平均数,并以此单位平均数为基准,计算出行政工作的实际费用,然后以此为依据来比较其效率的高低。

人均费用法,即先算出本地区行政费用总数,然后按人口平摊算出平均数,以此为基准,进一步测算出各部门、各单位的人均行政费用,比较其效率的高低。在其他条件相同的情况下,人均费用多,则效率就低;反之,则高。

事均费用法,即通过同类行政工作中每个人的工作量与其工资额的对比,测算出每项工作的平均行政费用,并以此为基准,测量行政人员的工作效率。

(2) 行政功能测量法

行政功能测量法即对行政机关及行政人员能否有效地实现行政目标和行政决策、出色地完成行政任务等方面进行衡量。任何行政管理活动都是为了达到某种目的、完成某种功能,但结果与预期却未必完全一致,有的达到了理想的目标,有的达到了主要目标,有的只达到了次要目标。因此,应该规定每种行政功能的各项目标,每项目标分理想的和必须达到的标准,分别确定最高和最低分数线,同时确定主要目标和次要目标的权数。按照实际情况计算每种行政功能实得的分数,以此来比较行政效率的高低。

(3) 标准比较法

标准比较法即用公认的或权威部门规定的标准与行政效果作比较,看其是否达到标准,以此来衡量行政效率的高低。各项行政活动都有一定的要求或标准。这些标准,有的是公认的,有的是经专家研究由有关部门规定的,都反映社会和人民对行政活动的要求。这些标准的设定,也要分等级确定分数,并确定一定标准分。凡达到或超过标准分的为效益优良,凡低于标准分的为效益差。把行政效益的得分与行政费用情况加以比较,便可对其效率做出评定。

以上各种测量行政效率的方法,都只是一些一般的原则,具体运用这些方法成功与否,主要取决于各种定性、定量标准设定得是否科学合理、简便易行。

**2. 行政绩效的社会性评价方法**

要对行政绩效进行社会性评价,就要看行政管理活动是否符合预定的行政目标、是否能提高社会和公众福利。对行政绩效的社会性评价不像技术性测量那样有许多量的界定,它更多的是侧重于质的把握。把行政管理活动放在整个社会政治系统中考察,着重分析和评价以下几个方面的内容:

其一,行政目标和行政决策本身的正确性,看其是否能够代表国家意志和人民群众的利益。这是实现行政管理高效率的前提。如果行政目标和行政决策不能体现社会主义的国家意志和人民群众的利益,偏离了正确的方向,那么任何提高行政效率的努力都只能是给社会主义事业带来更大的危害。

其二,行政实施过程中的方向性偏差,看其是否偏离预定行政目标所确立的方向。在行政执行中,常常会由于突发性事件发生而修正预定的行政目标和决策,还会出现由于各种原因所造成的行政执行走样的情况。这些方向性偏差,将使行政管理活动给社会带来严重的影响。

其三,行政管理中的长远利益与眼前利益、整体利益与局部利益的关系,看其是否统筹兼顾、有机结合。对行政效率的社会性评价,要求在长远利益和整体利益的基础上谋求眼前利益和局部利益,任何丢弃长远利益或损害整体利益的行为都不能真正达到行政管理的高效。

## 第三节 我国政府绩效管理

政府绩效即行政绩效。政府绩效管理作为一种重要的改革工具,伴随着公共管理运动的兴起而成为大多数西方国家公共治理领域中的制度创新活动。在西方国家成功经验的启示、国内行政管理体制改革内生需求的驱动下,这种管理制度被逐步引入我国,与我国实践有机结合,被列入中央和地方各级政府的重要政策议程,成为行政管理领域十分活跃、令人瞩目的创新实践,与行政审批制度改革、行政问责制同时成为重要的改革工具[①],并且正在成为一种新的行政管理模式。

---

① 高小平,盛明科,刘杰. 中国绩效管理的实践与理论[J]. 中国社会科学,2011(6):4-14.

## 一、政府绩效管理的含义

关于政府绩效管理的理解,有广义和狭义之分。广义的政府绩效管理意味着为提高政府绩效而实施的管理,即为提高政府绩效而做的系统化努力,是提升政府绩效的管理机制和管理方式。狭义的政府绩效管理是美国国家绩效评估中的绩效衡量小组下过的一个被人们普遍认可的定义:所谓绩效管理,是"利用绩效信息协助设定同意的绩效目标,进行资源配置与优先顺序的安排,以告知管理者维持或改变既定目标计划,并且报告成功符合目标的管理过程"[①],是一个由多种环节和要素构成的过程,包括"部门绩效的战略规划,年度绩效计划,持续性绩效管理,绩效评估、报告和信息利用"[②]。据此,狭义的绩效管理就是对政府公共服务或计划目标进行设定与实现,并对实现结果进行系统评估的过程,是针对政府履行职能、完成工作任务、实现政府目标的过程和对效果所进行的综合性评价、控制与改进的过程。狭义的行政绩效管理,作为新公共管理改革运动的重要措施,从20世纪80年代开始,先在英国、新西兰、美国发展起来,后逐步被荷兰、澳大利亚、丹麦、芬兰、挪威以及其他国家采用。

我国政府绩效管理与西方国家政府绩效管理有着截然不同的历史背景和社会基础。从20世纪70年代开始,西方国家政府财政危机频发,社会福利政策难以为继,政府机构日趋庞大、臃肿,效率低下,曾经主导西方公共行政领域近一个世纪之久的被誉为最行之有效的传统公共行政遭到了前所未有的严峻挑战,"政府失败"论开始占上风。在这样的历史背景下,伴随着新公共管理运动,行政绩效管理在80年代的英、美两国应运而生,并迅速扩展到西方各国,发展成为一种世界潮流。进一步的研究表明,西方国家政府绩效管理还有着其特殊的制度基础与实践逻辑,拥有来自管理主义改革所奠定的制度和文化基础:一是"顾客至上",二是"结果导向",三是"分权管理"。

对比之下,中国自20世纪70年代末以来,从建立目标管理制度到绩效评估制度,所处的社会背景和管理环境是从农业社会向工业社会转变、从计划经济向社会主义市场经济转变,从经验型、人治型、粗放型行政管理向科学型、法治型、精细型行政管理转变,并开始建设服务型政府。与此同时,制度基础正在逐步建设和完善中,行政管理体制改革与政府职能转变正逐步深入,政府间的关系因目标导向控制

---

[①] Holzer M. Performance Measurement and Improvement in the Public Sector[J]. Chinese Public Administration,2000(3).

[②] 周志忍. 发达国家政府绩效管理[M]. 北京:北京图书馆出版社,2005:211-212.

过度常出现"政绩"比拼和竞争。在这个时期,党中央适时地提出了贯彻和落实科学发展观和正确的政绩观,要求地方行政更加注重以人为本,全面推进经济、政治、文化、社会和生态文明五大建设,在搞好经济调控与市场监管的同时更加注重社会管理和公共服务。目前中国实施绩效管理,其目的是要建立适应社会主义市场经济体制的行政管理体制,建立体现科学发展观和正确政绩观的绩效评估体系,助推政府职能转变和公共产品、服务质量的提升,完善理性制度精神和行政问责制度,推进政府管理规范化和现代化,构建服务型政府。

相比而言,如果说西方国家政府绩效管理是在政治与行政二元结构性分离范式下,运用商业化管理手段解决传统官僚制的弊端,期待重塑政府形象与重建政府合法性的过程,其行政绩效管理具有工具性、执行性、面向公众等特点,那么中国绩效管理则体现着我国基本政治制度最本质的要求和内容,着眼于推进经济社会科学发展与行政体制改革所生成的一种体制性、机制性、面向政府自身的综合治理体系。

因此,在我国,政府绩效管理属于创造绩效一类的相对综合型管理方法,即政府绩效管理是通过政府系统的自上而下的权威推动、主观动员、资源配置、层级管理,旨在推进经济发展、社会秩序、公共服务、人民福祉,而采取的各种管理活动及其结果。

## 二、政府绩效管理的基本内容

我国政府绩效管理的核心和关键是"改革创新",通过创新,创造绩效。作为一种综合型管理方法,其主要内容应从体制、机制、功能及其他辅助方面等多层次把握,同时还应包括对这些行为的评价与管理,从而实现行政管理的高效化。

(一)体制管理

体制管理主要通过行政体制和制度来明确社会利益关系、优化资源配置、提高资源配置效率来促进经济社会持续发展。传统计划体制下,中国行政资源配置绩效低下,社会经济发展缓慢。伴随着经济体制、政治体制特别是行政体制改革的逐步深入,传统行政权力对经营性环节的控制放开,国有企业垄断局面逐步被打破,中央与地方财税分权改革激发了地方的活力,政府条块管理逐步得以调整,行政审批制度改革进一步加快,政府层级和部门间关系以及公共服务供给体系进一步完善,推进了地方政府体制创新的不断提升。在我国,基于经济社会体制和行政体制基础(具体在经济发展、社会进步、民生改善、公共服务供给等方面)所形成的绩效,是政府绩效评估与管理的重要方面。基于绩效结果而开展的绩效改进与体制改革,是政府绩效管理的重要方式。对这种体制管理创新的评估,不同于一般对政府管理的资源、投入、管理、产出、效果、影响等系统运作过程要素的考评,而主要是通过测评政治管理、政治与行政调节体制变革等要素作用于经济社会发展的长远效果来实现的。

### (二)机制管理

机制主要是指各构成要素之间相互联系和作用的关系及其功能。传统的行政系统运行主要依靠强制性的行政动员、指令性的行政任务、普遍性的行政命令等方式,伴随这些运行方式的是集权导向的决策机制、压力型目标推进机制、创新进取的孵化机制。随着时代环境的变迁和民主治理变革的推进,在政府职能转变加快、行政问责积极推行、行政实施方式日益多样的背景下,中国传统行政机制赖以存在的利益结构和体制逐步消解,政府运行越来越依赖公正、公开的法治机制、科学有效的过程管理机制、公务员职业化与伦理自律机制等。这些机制在政府系统内部成为创造绩效的源头,主要是依托政府及其部门效能监察、行风评议、各种党风廉政制度对勤政、廉政与优政的倡导。在政府绩效管理实践中,不仅注重对管理制度、岗位责任制度等刚性机制的评估,而且也重视对工作作风、工作态度、工作技能等柔性机制的评估。

### (三)功能管理

从总体上说,政府功能管理是指政府在一定时间内在绩效方面期待实现的可考核的结果,一般来说体现在绩效的不同维度或结果上。政府行为有的表现为政府部门目标的达成,即体现结果导向;有的表现为工作作风的改进,即注重过程的态度;有的还体现为政府行为回应性的增强,即谋求政府行为有效。从目标达成的功能来说,政府主要是通过追求行政活动功能的高绩效,实现经济快速发展、社会管理秩序井然,其核心是建设绩效型政府。从政府作风改进的功能来说,政府主要是通过建立适应市场经济体制的政府作风与形象,营造有利于经济社会发展的政务环境来推进经济社会发展,其本质是实现服务型政府的建设。从增强政府行为的回应性来说,主要是要求政府对公众的需求和问题具有敏感性,能对其及时做出反应并满足公众的合理要求,及时而又公正地解决公众提出的问题,这体现为通过承诺制、公示制、政务公开制度、听证制度和保密制度等方面的改革来获取的政绩合法性。

### (四)辅助性管理

辅助性管理主要是指政府通过体制、机制等管理方式以外的监督、监察方式进行的,主要是以事后性、补充性、监督性为特征的一种管理途径,具体体现在效能监察、行政督察与行政问责这三种形式当中。辅助性管理包括中央政府以及各级地方政府行政监察部门开展的效能监察、行风评议,一些地方政府综合部门当中的督察部门开展的执行性督察督导,同时还有以行政问责形式开展的负强化建设。辅助性管理的考评主要是通过"党风廉政建设责任制"一票否决等评估指标来实现的。

## 三、我国政府绩效管理的实践

改革开放以来,随着社会的转型、经济的发展和政府行政改革的不断深入,我国许多地方政府部门开始学习和借鉴西方发达国家政府绩效管理的经验,进行了政府绩效管理改革的实践探索。回顾我国政府绩效管理实践的历程,我们可以将其概括为探索阶段、拓展阶段、发展阶段和规范化阶段四个阶段。

(一)探索阶段(1994~1999年)

这一阶段是以提高政府机构工作效率为目的的政府绩效管理实践。1994年,山西省运城地区行署办公室的"新效率工作法"标志着政府绩效管理从微观意义上的工作人员考核和中观层面的部门作风建设转向政府绩效管理。1994年6月,烟台市针对广大市民反映强烈的城市社会服务质量差的问题,借鉴英国和中国香港地区社会管理部门的做法,率先在市城乡建设委员会(简称市建委)试行"社会服务承诺制"。1997年,福建省漳州市为解决吃、拿、卡、要等"老大难"问题,启动机关效能建设试点工程。1998年,沈阳市率先实施"市民评议政府"活动。1999年,珠海市启动"万人评政府"活动,用无记名方式对被测评单位做出"满意"或"不满意"的评价[①]。之后,珠海市又不断增加评估内容,并连续大规模地开展这种活动,形成了"珠海模式"。这种绩效管理实践形式引起了社会的强烈反响,各地纷纷效仿跟进,随后有南京万人评、扬州万人评、哈密万人评、江门万人评、乌鲁木齐万人评等。

(二)拓展阶段(2000~2003年)

这一阶段的绩效管理实践是从以改善政府及行业服务质量、提高公民满意度为目的的,拓展到了以建设效能政府、全面提高政府管理质量和能力为目的的政府绩效管理实践。1999年后,为了打造高绩效的政府组织,推进各项重大决策的科学化和落实,不断提升城市的核心竞争力,青岛市委、市政府从战略管理的高度开

---

① 张愈升.珠海万人评政府[N].人民日报:海外版,2002-01-11.

展督查考核工作,把抓落实工作摆到了与制定决策同等重要的位置,创造性地把督查工作与目标绩效管理相结合、考绩与评人相结合,形成了"青岛模式"。青岛模式是把督促检查和政绩考核结合起来的新的督查模式。这一模式变传统单一型的督查为复合型的督查,变传统的封闭式的"决策—执行"为开放式的"民主决策—督促检查—考绩评人"模式,做到督事、评绩、考人、查纪"四位一体",对我国各地的督查和考评工作有着重要的指导和借鉴意义。从2001年开始,厦门市思明区对公平政府、责任政府、服务政府等多种实现形式进行反复的探索、实践、分析和比较,最终以确立打造一个"事要办好、钱要花少、人民还要满意"的绩效型政府为目标,进行公共管理体制和运作模式的多方面创新。其中,创新了政府绩效评价方式,建立了一个适应地方政府实际情况的公共部门绩效评估体系,形成了"思明模式"。与此同时,2000年,邯郸市的"市民评议政府及部门问卷调查活动"、广州市的"市民评政府形象"活动;2001年,辽源市的"万名市民评议政府活动";2002年,温州市市民对"48个市级机关部门满意度测评调查"、邵阳市的"优化环境综合测评";2003年,北京市的"市民评议政府"活动;2004年年底,西安市的"网民热议西安发展十大教训"活动等。这些绩效管理实践活动的开展,促使着政府部门把关注点向公众转移,对于政府转变工作作风、改变服务态度、提高服务质量具有重要的作用。

(三)发展阶段(2004~2010年)

在实践中,地方政府绩效管理出现了新的形式。2004年年底至2005年年初,兰州大学中国地方政府绩效评价中心受甘肃省人民政府的委托对全省所辖14个市(州)政府和省政府39个职能部门的绩效进行了评价,并向社会发布了《甘肃省非公有制企业评价政府绩效结果报告》。这一举措被媒体称作"兰州试验"或"甘肃模式",开创了我国第三方评价政府绩效管理的先河[①]。2007年11月,华南理工大学公共管理学院课题组对外发布《2007广东省市、县两级政府整体绩效评价指数研究红皮书》,也是第三方开展绩效评价的一次探索[②]。这表明政府绩效评价开始由政府自己组织实施向由政府以外的学术机构、调查咨询公司等组织实施的方向发展。

与此同时,中央政府开始推动政府绩效管理的发展。2004年3月22日,国务院颁布的《全面推进依法行政实施纲要》中指出:"要积极探索行政执法绩效评估和

---

① 包国宪,等.绩效评价:推动地方政府职能转变的科学工具[J].中国行政管理,2005(7):89-91.

② 郑方辉,张文方,等.中国地方政府整体绩效评价:理论方法与"广东试验"[M].北京:中国经济出版社,2008.

奖惩办法"。这是中央政府官方文件中第一次使用"绩效评估"概念,虽范围仅限于行政执法领域,但在绩效管理实践上意义重大。2005年3月30日,国务院常务会议讨论并通过了《国务院2005年工作要点》,其中指出,要"探索建立科学的政府绩效评估体系和经济社会发展综合评价体系"。这意味着政府绩效管理已经成为中央政府关注的问题,表明国务院开始在中央政府层面推行政府绩效管理。2007年,党的十七大报告中写到"要提高政府效能,完善政府绩效管理体系;建立以公共服务为取向的政府业绩评价体系,建立政府绩效评估机制"。这标志着政府绩效管理也引起了党中央的重视。2008年2月27日通过的《关于深化行政管理体制改革的意见》明确指出:"推行政府绩效管理和行政问责制度,建立科学合理的政府绩效评估指标体系和评估机制"。这一意见的实施,为政府绩效管理研究和实践在中国的发展确定了一个基本方向。

(四)规范化阶段(2011年至今)

2011年6月10日,国家监察部印发了《关于开展政府绩效管理试点工作的意见》(以下简称《意见》)。根据《意见》,在现有工作的基础上,选择部分国务院部门和地方开展绩效管理工作试点,明确了试点工作分两个层面进行:第一个层面是国务院部门,探索部门推行政府绩效管理的新路子,为此选择了在国土资源部、农业部、质检总局开展机关工作绩效管理试点;在发展改革委、环境保护部和财政部分别开展节能减排政策落实情况和财政预算支出专项绩效管理试点;第二个层面是地方政府,重点围绕建立和健全领导体制和工作机制、完善绩效考评指标体系、创新评估手段、强化结果运用等进行实践探索。为提高地方政府绩效管理水平积累经验,为此选择了工作基础比较好的北京市、吉林省、福建省、广西壮族自治区、四川省、新疆维吾尔自治区以及杭州市、深圳市,开展地方政府绩效管理试点。同年6月28日,政府绩效管理工作部际联席会议在北京召开政府绩效管理试点工作动员会,正式拉开了我国政府绩效管理试点工作的帷幕。至此,我国政府绩效管理工作开始走向制度化、规范化发展的轨道。

## 四、我国政府绩效管理取得的进展

尽管我国政府绩效管理还在探索中,有些问题还要进一步研究,但试点单位已取得初步的成果。

(一)建立了政府绩效管理领导体制、工作机制和组织体系

为了有序推进政府绩效管理工作,使之既能在统一的领导下进行,又能灵活地

协调各方面关系高效运作,便搭建了政府绩效管理的领导体制、工作机制和组织体系。

地方政府绩效管理组织体系主要包括以下层次:一是地方政府党组领导下的绩效管理委员会(或领导小组)是政府绩效管理工作的领导决策机构,地方党委组织部、纪委监察、编办、政府办公厅、发展改革和财政等相关部门主要领导为成员;二是政府绩效管理办公室具体负责政府绩效管理日常工作,该机构除北京市设在市政府办公厅以外,其他省市都设在纪委监察部门;三是绩效管理专家咨询委员会或第三方评估机构。这样,基本形成了党委政府统一领导,绩效管理委员会或领导小组具体负责,绩效办组织协调,有关部门各司其职,人民群众和社会力量有序参与,内部评估与外部评估相结合、上下联动、协调配合、整体推进的绩效管理领导体制、工作机制和组织体系。

部门绩效管理组织体系与地方政府绩效管理组织体系类似,也分为三个层次:一是由部门首长担任组长、部门党组领导下的绩效管理领导小组;二是绩效管理日常机构——绩效管理办公室;三是绩效管理专家咨询小组或第三方机构,形成了党组领导下的绩效管理试点工作领导小组负责、组织和纪检协作、其他内设机构参与的组织体系。

### (二)逐步建立了政府绩效管理的相关规则制度

通过几年的实践,地方与部门在原有工作的基础上,强化了领导体制,对绩效管理工作进行部署,广泛宣传发动,加大工作力度,结合本地方、本部门实际制定了绩效管理工作实施意见和工作方案,全面推动试点工作不断深入。试点地方政府通过省、市人民政府办公厅印发了《关于做好政府绩效管理试点工作的意见》《政府绩效管理试点工作方案》《关于进一步深化政府绩效管理工作的意见》等,试点部门也提出了《绩效管理试点实施方案》。这些《意见》和《方案》,明确了政府绩效管理试点工作的指导思想、基本原则、总体目标、试点内容或重点工作、实施方法和步骤、保障措施和工作要求。这些规章制度规定了绩效管理的范围、内容、评估指标体系、方法、程序、要求,规定了部门的职责分工和绩效管理的基本途径,明确了政府绩效管理特别是政府绩效评估及其评估结果的使用效力。这些规章制度进一步规范了政府绩效管理行为,初步形成了以绩效目标、绩效责任、绩效运行、绩效评估、绩效提升为基本框架的政府绩效管理制度。

### (三)探索和形成了政府绩效管理运行机制和方式方法

试点地方与部门在指标考核、公众评议、察访核验、整合考评资源、探索新的评估方式等方面对政府绩效管理和评估的方式方法及其改进进行了探索,逐步形成了政府绩效管理运行机制和方式方法,提高了政府绩效管理科学化、精细化、规范化水平。例如,吉林省结合本省实际,从组织机制、指标体系、察访核验、绩效考评、信息技术、制度建设六个方面入手,构建了"六位一体"、省市县"三级联动"的绩效管理运行机制。福建省政府绩效管理工作已实现省、市、县、乡四级全覆盖,在四级政府及其部门中全面实施,在深化绩效评估的基础上初步建立起以绩效目标、绩效责任、绩效运行、绩效评估、绩效提升为基本框架的政府绩效管理制度,构建具有福建特色的政府绩效管理模式。

### (四)探索构建了政府绩效管理的评估指标体系

**1. 对评估的内容进行了探索**

围绕中心工作,把中央重大决策部署"十二五"规划纲要确定的目标任务,以及省(市)委省(市)政府确定的重点工作细化为评估绩效指标,综合评价地方经济社会发展水平、发展效益、发展代价,引导和促进地方政府转变施政理念和行政管理方式。例如,北京市按照"履职效率、管理效能、服务效果、创新创优"("三效一创")构建评估指标体系。广西壮族自治区设置经济建设、社会建设、生态建设、特色工作、临时性重大工作、党的建设和效能建设等七项一级指标。四川省强化对结构优化、民生改善、资源节约、环境保护、基本公共服务、依法行政和社会管理等方面的考核评价,体现分类指导的要求,反映不同区域的差异,等等。

**2. 探索实施分类评估**

根据试点省市间、试点部门间、试点省市的各地区间的不同,构建了共性指标与个性指标相结合的评估指标体系:一是将政府绩效管理试点工作的绩效评估区分为地方政府绩效评估、部门绩效评估、专项工作评估;二是不同省市根据本省市的实际情况采用了有别于其他省市的评估指标设置。如江苏、广东等地围绕加快转变经济发展方式,在结构调整、科技创新等指标设计上赋予更多权重,引导各地优化产业结构,推进自主创新,提高经济发展质量;湖南、广西等地设置"为民办实事"指标,引导各级各部门着力保障和改善民生,切实解决涉及群众切身利益的突出问题;发展改革委、环境保护部按照"十二五"规划的要求,完善节能减排绩效考评的指标体系和考核办法,引导和督促各地区、各部门及中央企业在重视发展速度的同时,更加注重发展质量和效益,更加注重结构优化、资源节约和环境保护;三是同一个省市的各个地区,根据功能划分的不同,设置为不同的评估指标;四是根据行使职责的不同将部门区分为经济调节与经济管理类部门、社会管理与政务管理类部门、市场监管与执法监督类部门,分别设置评估指标。实施分类评估,极大地提高了评估工作的针对性。

### 3. 探索定量评估与定性评估相结合的评估方式

试点地方与部门在进行评估指标体系设置时,都积极探索定量评估与定性评估相结合,以定量评估为主的评估模式,量化指标达到了 70% 左右。在设置权重时,不仅将评估指标区分为不同的权重,对不同的评估主体也区分为不同的权重。同时,在评估指标体系中,还特别设置了加分项和减分项指标。

**关键术语**

行政绩效;行政绩效评估;政府绩效管理。

**思考题**

1. 简述行政绩效的内容和层次。
2. 简述行政绩效的含义及意义。
3. 简述行政绩效评估的含义及一般的指标体系。
4. 简述政府绩效管理的含义及主要内容。
5. 试述我国政府绩效管理取得的进展。

# 第十三章　行政改革与发展

**本章要点**

行政总是在不断变化的环境中进行的,为了适应这种不断变化的新情况,行政改革和发展就成了各国普遍关注的问题,也是行政管理学研究的重大课题。研究行政改革和探讨行政发展的基本趋势,对"坚持完善和发展中国特色社会主义制度,推进国家治理体系和治理能力现代化"有重要意义。本章重点掌握:行政改革的含义、类型和基本内容,行政发展的含义、特征及其与行政改革的关系,我国行政机构改革的实践和迈向治理现代化的意义。

## 第一节　行政改革与发展概述

### 一、行政改革

#### (一) 行政改革的含义

何谓行政改革?许多学者对其内涵曾给出不同的解释。

美国学者蒙哥马利认为:行政改革是一个政治过程,是指调整行政机构与社会其他因素之间的关系或者行政机构内部的关系的过程,强调的是行政与政治的关系。改革的目标也随政治情势的不同而不同。赫伯特·考夫曼则认为:行政改革就是"大规模地创立新行政机构,将旧机构重新组合,废弃过时机构并将其职能分配给其他机构,对现存机构的自主程度加以改变,以及诸如此类的结构方面的改革"①。F. C. 莫舍持类似的观点。他认为行政改革是使行政机构与周围环境相适应的一种努力,是克服机构过时的一种努力,以及使机构回到"正常平衡"的一种尝试,是每间隔一段时间就会重复发生的改组行为②。

我国学者对此也进行了探讨,有的学者认为,行政改革一般是指在政府行政管理范围内,为提高行政效率,改变旧的和建立新的行政制度和方式的行政行为③。夏书章认为:行政改革则是指国家行政机关为适应内外环境的变化,对行政管理的诸方面因素进行的调整和变革。它包括行政责权的划分、行政职能、行政组织、人事制度、领导制度、行政方式和行政运行机制等多方面的改革④。

尽管这些解释是从不同的角度展开的,但我们可以看出,对行政改革有两种基本的认识:一种是狭义的行政改革,仅指政府机构的改革,即结构的调整;二是广义的行政改革,认为行政改革是政府为了适应变化的行政管理外部生态环境的需要,而有意识地对行政管理从结构、功能、过程到行为方式等诸方面进行变革的活动。行政改革是行政主体适应社会政治、经济、文化环境的变迁而进行的自我调整、变革的过程,是政府对环境的一种适应过程。

我们认为广义的解释更符合现实。一段时间我们对行政改革的认识是从狭义上来理解的,导致行政体制改革出现了"精简—膨胀—再精简—再膨胀"的怪圈,实际上这是认识上的不足,把行政改革仅仅看作是政府机构的改革。没有认识到行政改革是行政系统为了适应外部生态环境的变化,以及内部构成要素的变化,为使其组织体系结构、整体功能和行政人员的行为方式适应这种变化而做出的调整和改变,以使行政系统内外部环境保持平衡的过程。所以,行政改革是指国家行政机关为适应内外环境的变化,对行政管理从结构、功能、过程到行为方式等诸方面进行调整和变革的过程,实质上是行政权力的调整以及行政关系的改变。

为了更好地把握这一含义,应当明确以下几个方面:

**1. 行政改革是为了行政系统内外部的动态平衡**

由行政管理与行政环境的辩证关系我们已经知道,行政管理和行政环境要在

---

① [美]赫伯特·考夫曼. 对行政改组的一些看法[M].//公共行政学:下册. 北京:中国社会科学出版社,1989:183.
② [美]莫舍 F C. 政府改组:案例与评注[M].//公共行政学:下册. 北京:中国社会科学出版社,1989:180.
③ 黄达强,刘怡昌. 行政学[M]. 北京:中国人民大学出版社,1988:381.
④ 夏书章. 行政管理学[M]. 4版. 北京:高等教育出版社,2008:483.

动态中保持平衡。行政系统总是在特定的环境之下运行的,而这种环境是处于不断变化之中的,行政系统就必须不断变革自己来维持其与外界环境之间的相互依存关系。行政系统正是在这种先接受外界变化信息,然后进行内部调整,最后将变革结果再反馈给外部环境的过程中,实现这种协调均衡的。如果回应消极或不回应,势必会造成行政系统发展的停滞、倒退甚至衰败。

### 2. 行政改革是行政系统内的职能和结构的调整

按照行政系统的内在规律和客观环境的要求,行政改革就是行政系统职能的转换和重新定位,也是组织结构中的机构设置、职权划分、权责关系的综合体现。在不同的社会环境中,政府职能是存在差异的,这是由于政治与经济体制以及社会结构形式的差别造成的。行政系统为适应外部环境的变化,必然引起政府职能范围、侧重点及其实现方式的转换。在不同的政府体制中,政府的组织结构是截然不同的,组织结构设置是否合理直接影响了政府的权力架构、部门设置以及行政系统整体框架的稳定,因此政府必须为应对外界的变化来科学地进行政府结构的改革和再造。

### 3. 行政改革是有明确目标和计划的过程

行政改革的目标是为了加强行政系统的活力,促进行政系统整体效能的提高,实现行政管理的科学化、法制化和现代化,使政府成为促进社会发展的强有力工具。它的变革不是一蹴而就的,而是一个漫长、曲折的过程。在明确目标之后,政府会制定相应的计划,按照行政系统发展的客观规律,分步骤、分阶段地制定短期或长期计划,循序渐进地进行变革。

## (二) 行政改革的类型

行政改革是每个国家根据自身的状况而实施的一种变革活动,由于历史发展进程的不断变迁,以及世界各国的国情和社会的发展程度不同,每个国家在每个历史阶段所采取的改革模式都不尽相同,但基本上有以下几种具有代表性的类型:

### 1. 内涵型改革与外延型改革

内涵型改革是指以调整行政管理职能、调整行政权力结构以及由此而引起的行政管理体制变化为主要内容的行政改革。这种改革所涉及的是行政系统内部重要环节的调整和变革。它从本质上抓住了不适应外界环境变化的内部因素,实行从内到外的改革与完善。这样的行政改革可以从源头上解决问题,可以更为有效地进行变革并最终实现目标。

外延型改革是指以改变政府行政机构的外部规模为主要内容的改革,如行政机构的撤销、合并,行政单位的增减,人员的增减等。这是一种宏观的、表面上的变革,可以迅速地在行政系统内部实行,但它所解决的只是政府总体上的机构设置或是人员调配上的问题,忽略了行政系统内部的细节问题,不可能解决根本问题。

**2. 调适型改革与转轨型改革**

调适型改革是指发达国家在原有政治、经济框架范围内进行的适应性的改革。转轨型改革是指实行计划经济体制的国家向市场经济体制的转变中进行的行政变革①。

**3. 渐变式改革与突变式改革**

渐变式变革是指用较长时间对行政体制的各方面进行逐步的、阶段性的调整和变革的一种模式。这种改革是在长时期内进行的。它是有计划地针对系统的方方面面进行全面而细致的变革。渐变式变革使系统内部的行政人员更容易接受,使变革进行得更为具体和有效。它是行政组织进行变革时最常使用的变革方式。

突变式改革是指在较短的时期内对整个行政体制进行大幅度的调整和变革。其过程短暂,能够迅速建立起新的行政管理体系,使行政改革得以实现。它是对行政系统所做出的突然而迅速的大变革。由于时间短促,它不可能分阶段、分时间来进行,所以其效果常常会是非常积极抑或是非常消极的。它遇到的阻力与风险较大,常常会伴随着社会震荡甚至社会动乱。

### (三) 行政改革的内容

一般来说,行政改革的基本内容有三大方面:功能调整、结构重组和行为变革。

**1. 功能调整**

功能调整即政府职能的转变,是对政府在整个社会系统中所扮演的角色的重新定位。政府职能与一定的社会形态和社会环境相对应。当社会发展、经济体制转型、国家政治意志和行政文化发生变化时,必然引起政府职能的调整和变化。这种调整主要包括政府职能范围的转变、政府职能重心的转变以及政府职能实现方式的调整等。当前,政府职能转变的目的就是要把全能政府转变成有限政府,把管制型政府转变为服务型政府,把政府从大量的社会事务中解脱出来,将这些职能交给或归还给社会,由社会经济组织或中介组织去承担。政府则以宏观调控、政策规划、协调监督和服务保障等内容作为政府管理社会公共事务的主要职能。

**2. 结构重组**

结构重组主要是指行政权力结构、行政组织结构和人事管理制度的变革。中

---

① 夏书章.行政管理学[M].4版.北京:高等教育出版社,2008:483.

央与地方之间、地方各级政府之间、同级政府各部门之间的行政关系的变更、行政权限的重新划分、行政区划的调整以及机构改革等,都属于结构重组的内容。权力结构的调整既包括行政体系内部各层级之间行政权力的重新分配和权限的再划分,也包括政府与市场、企业、社会其他组织等行政外部系统之间权力的再调整。在行政系统内部,权力结构调整的重点是处理中央与地方之间的集权与分权的关系。行政组织结构的变革主要是行政机构改革,包括组织的设立与重组、人员的增减与调整等。行政组织结构的变革必须根据职能的变化来进行。人事管理制度的变革主要是为了优化政府组成人员的结构,完善行政人员的录用、考核、晋升、奖惩、培训、退休等制度。

**3. 行为变革**

行为变革主要是指行政规章制度、工作程序、行政人员的工作态度和行为方式等方面的改造和更新。其主要针对行政体制运行过程的各个环节进行变革,如完善决策机制,实现决策的科学化、民主化,加强行政协调机制,引入包括全面质量管理、成本管理、电子政府等现代化的管理技术,完善行政监督机制等。长期以来,行政改革对功能调整和结构重组关注较多,如强调政府职能的转变,强调中央与地方关系的变更,强调行政机构的撤销、合并和重建等,对行为变革重视不够。现实中的"门难进、脸难看、事难办"实则是行政行为引发的问题,建设服务型政府,提高治理能力,就要从行为上进行变革。

## 二、行政发展

### (一)行政发展的内涵

发展是个体事物由简单到复杂、由低级到高级的一种动态变化过程。这一过程常常带有目标性并会运用到一些方法和策略。行政行为是与行政体系的内外部环境发展相适应的,对于整个行政系统而言,它自身所维持的稳定性是相对的,它需要不断地调节自身的系统运行来与外部环境的变动保持平衡,因此行政体系就需要向前推动发展,并与社会的发展形成互动的趋势。在行政体系的发展中,如果政府本身能顺应政治和经济发展的潮流,不断改革和完善自身,必将推动经济和社会的全面发展。因此,行政发展对于全社会的稳定和持续发展是至关重要的。

行政发展是指行政系统为了适应行政环境的变化和提高行政绩效,按照行政管理的客观规律,采用科学方法,健全行政体系,改善行政活动方式,以改善生存状态,提升行政能力,更好地执行国家政治意志,促进社会协调发展的过程。

从这个定义可以看出,行政发展旨在通过一定的方式改变既存的行政系统及其活动方式,使其过渡到一种新的状态,以期行政系统能够更好地与社会环境取得动态平衡,从而发挥更大的作用。显然,行政发展是一个强调行政体系在行政环境的作用下进行变革,并与行政环境取得再次动态平衡的过程。

具体说来,它包括以下几点:

**1. 行政发展的动因是为了与外部环境保持平衡**

行政体系作为一个系统是具有互动性和稳定性特征的。行政体系的稳定是相对的,它能保持稳定的前提就是要与外部环境保持互动。因为社会是在不断发展与变迁的,每一次变革都会带来新的进步。而行政系统并不是孤立存在的个体,如果运用进化论中"适者生存"的观点,那么行政系统为了自身的生存和发展,就必须改变和调节自身与外部环境不相适应的地方,以达到协调和平衡。这样才能保持其旺盛的生命力,并在这种互动调节之中更加完善和进步。

**2. 行政发展的目标是为了完善行政体系**

发展是一个过程,每一个事物的运动过程都是为了达到自身所需要的目的,而行政发展也有其自身达到的目标,这就是行政体系的完善。良好的行政发展趋势可以增强行政系统的活力,促进行政系统整体效能的提高,使政府成为加快国家建设和发展的强有力工具。同时,行政体系中政府行政能力的增强也是完善行政体系的一个重要方面,行政人员只有具备了较高的业务水平和处理公务的能力,才能巩固行政体系,才能更好、更迅速地实现行政发展的目标。

**3. 行政发展要运用一定的方法和策略**

行政发展必须遵循行政系统发展的客观规律,遵循行政体系及其运转的内在规定性,剔除主观随意性,用科学的方法和策略来促进其发展。现代社会正处在科学技术高度发展的时期,行政系统应该运用各种科学的方法和技术来进行自身的改革,从而使行政体系良好发展。

行政发展在国家发展的战略中占有重要地位。行政发展既是经济发展的结果和动力,又是政治发展的重点所在。因此,对行政发展的研究成为当前具有重大现实意义的课题。

**(二) 行政发展的特征**

当代社会的行政发展具有以下基本特征:

**1. 行政发展的客观性**

行政发展是在客观必然的条件下发生的。由于发展是整个人类社会进程的必然趋势,这就决定了行政的发展也必然发生。它不以任何人的主观意志为转移,更不是有了简单的发展目标与方案,就可以推进行政系统的发展。行政系统会遵循客观的发展规律,按照符合它发展的趋势,选择适当的方法进行自我完善,以实现行政发展目标并取得良好效果。如果违背其发展的正常规律,只能得到事与愿违的结果。

**2. 行政发展的积极性**

任何事物的发展都是为了突破自己,以实现更高的目标,都是积极向上的发展,没有消极和倒退的发展。按照发展的自身规律来讲,它本身就是积极的、进步的。即使偶尔遇到曲折与停滞,也会及时进行自我调整并尽快回到正常的发展轨道上来。因此,行政发展也会为了实现行政体系的发展目标而采取各种积极的措施和方法来保证其发展的轨道和态势。

**3. 行政发展的目标性**

行政发展是一个有意识和有目的的过程,它需要先确定适当的发展目标系统,否则行政发展就会缺乏动力支撑,变得盲目和具有随意性。行政发展目标的确定是十分重要的,目标不能够太高,否则行政系统无法达到;它也不能够过低,否则不能对行政系统形成压力,不能调动其积极性,使其不能适应行政环境外部变化对行政系统提出的改进要求。当确定了符合发展趋势的目标后,行政系统必然会运用各种方法和措施去实现目标。科学的方法和技术起了催化剂的作用,它会加速行政系统的发展,并使其减少走弯路的可能性。

**4. 行政发展的连续性**

发展本身是一个连续的过程,它不是停滞的或是分开进行的,因此行政发展也带有这一明显的特性。由于社会是不断变迁和发展的,行政系统的外部环境一直处于发展之中,行政系统必须要调节自身以适应外界环境并达到平衡。行政发展是一个长期的过程,当环境继续发生变化时,行政系统又会与外部环境产生新的不平衡状态,这时就会发生新一阶段的行政系统与外部的互动协调过程,也就形成了行政发展的连续性特征。

(三)行政发展的模式

行政发展是一个国家根据自己的状况而实施的一种活动。由于国情不同,因而每个国家采用的行政发展模式也不同。纵观全球的行政发展,通常可以看到以下四种不同的行政发展模式。

**1. 市场化模式**

这种模式的基本主张是利用私营部门的管理理念、管理技术来重塑政府,即企业家政府,其核心在于大力推进政府职能的市场化,以带动行政功能、内部机构和行为方式的全面改革。在改革发展中贯穿着目的性原则和经济节约原则。它的主要特征可概括为:调控替代了直接提供公共服务,程序的简化与灵活化,节约资金以开展革新实践,分散化的决策与执行机构相分离,以客观事实、既定结果和"顾客"为导向。其问题是市场化可能有损公共利益。

**2. 管理化模式**

这一模式反映了一种长期的现代化进程,不打乱各行政机构的运作,而只是使它们服从更严格的管理监控,以管理作为改革的主导。它的主要措施有:调整公共事业,压缩人事开支,转变组织结构。

**3. "结合式"发展模式**

"结合式"发展模式指的是行政发展进程中将本国、本地区的文化传统同市场经济的特殊要求有机地结合起来,充分调动社会的积极性和创造性。这一模式具有以下特点:其一,政府始终将自身的改革与生存紧密地联系起来,危机意识比较强。其二,政府同民间特别是私人企业间保持着良好的关系,以此来发挥管理经济的职能。行政权力机构更多地强调其服务职能,即利用其信息优势制定相关的产业政策,指导和扶持私人企业发展,为私营企业的发展服务。其三,将传统行政文化和现代文官制度有机地结合起来,使公务员始终保持着较高素质。

**4. "引进式"发展模式**

"引进式"发展模式的特点是:其一,行政改革与发展的起点很低,是以比较落后的社会经济条件为基础的。其二,行政改革是在外力强迫下的"自我手术",因缺乏改革与发展的自发性,大多套用西方模式或苏联模式,严重缺乏社会中介组织或中介组织,发育不良。其三,动荡不安的社会局面造成了行政改革与发展的极大障碍,政府缺乏权威,体制不健全,机构涣散,效率低下。

很难说以上哪一种模式最优,因为不同的社会文化传统、不同的国情会产生不同的发展模式。不过有一点可以肯定,那种既反映人类共同的价值观念和追求,又体现本国特征的发展模式将会成为各国的首选。

## 三、行政改革与行政发展的关系

政府作为国家事务和社会公共事务的管理者,在改革和发展中具有极为重要的作用。行政改革和行政发展对于全社会的稳定和持续发展是至关重要的。行政环境的变化和发展是政府不断适应行政环境而进行的制度创新的过程。

行政改革是行政发展的途径和动力,行政发展是行政改革的直接目标。两者既有区别,又有联系,相辅相成,相伴而生。行政改革是政治体制和经济体制改革的突破口,行政发展是政治发展与经济发展的重要组成部分,既是经济发展的结果和动力,又是政治发展的重点。通过行政改革与行政发展来推动政治和经济的改革与发展,已越来越成为学术界和政治界关注的焦点问题。

目前世界各国行政改革与行政发展的丰富实践表明,思想理论的突破是政策实践突破的前提。行政改革与行政发展是一门科学,必须十分慎重,必须有厚实的理论基础,必须遵循其自身的客观规律,必须进行系统、缜密的学术研究和深入的理论思考。只有制定出科学、合理的改革方案,才能促进行政改革的顺利实施,推动行政发展目标的实现。

## 第二节 我国行政改革的实践

为了便于陈述和分析,我们这里还是从狭义的行政机构改革实践和历程入手,兼顾改革历程,重点放在当下。纵观新中国成立以来的我国行政改革实践,可以分为:改革开放前30年、改革开放的30年和全面深化改革三个阶段①。

### 一、改革开放前的 30 年(1949~1977 年)

在这一阶段里,中国共产党建立了国家政权,领导了从新民主主义到社会主义的过渡,进行了对资本主义私有制的改造,建立了社会主义经济、政治、文化等制度。行政机构改革围绕着计划经济和国家安全,在精兵简政的同时加强了中央集权,行政机构变化幅度较大。

(一)1951~1953 年机构改革

1951 年 12 月,政务院做出《关于调整机构紧缩编制的决定(草案)》,进行了新中国成立以来第一次行政改革。其主要任务是精兵简政,以加强中央集权为中心内容。其主要内容有:调整紧缩上层,合理充实下层;合并分工不清和性质相近的机构;精简机构,减少层次;明确规定干部与勤杂人员的比例;要求划清企业、事业

---

① 有学者按职能重心划分为:国家统治的阶段、国家管理的阶段和国家治理的新阶段。(许耀桐.习近平的国家治理现代化思想论析[J].上海行政学院学报,2014(7):17-22.)

机构和行政机构的编制和开支;严格编制纪律。到1953年年底,政务院工作部门增加到了42个。

### (二) 1954～1956年机构改革

1954年年底开始,随着中央和地方的组织机构的确定,我国行政机构改革开始了又一次精简。中央一级机关的精简包括:在划清业务范围的基础上,精简了机构,减少了层次;各级机关根据业务需要紧缩了编制,明确了新的编制方案;妥善安置精简下来的干部。地方各级机关也进行了精简,专员公署和区公所分别是省、县政府的派出机关,精简比例较大。随后,依法成立的国务院开始增设机构,到1956年机构总数达81个。

### (三) 1960～1965年机构改革

1960年到1965年,为了贯彻国民经济调整的方针,我国的行政机构又进行了新中国成立后的第三次较大机构改革。

一是先后在中央和地方各级机关进行了两次比较集中的干部精简运动。第一次是1960年7月至1961年9月,主要集中在中央一级机关。这次干部精简以事业单位为重点,对行政部门和事业单位同时进行精简。经过一年多的努力,在机构方面,中央各部门司局级机关减少15%,事业单位减少26%;行政机关精简1.6万余人,事业单位精简6.5万余人。第二次精简从1962年2月至1964年,其范围包括中央和地方各级机关。经过近两年时间的努力,中央国家机关在1961年精简的基础上又精简了1万人。全国共精简81万人。精简下来的干部大多数充实到基层和生产第一线。

二是中央收回20世纪50年代后期下放给地方的权力并恢复被撤销的机构,到1965年年底,国务院的机构数达到79个。

## 二、改革开放的30年(1978～2008年)

随着党的十一届三中全会的召开,中国迎来了改革开放的新时期。在这一阶段里,实现了党的工作重心的转移,经济建设成为中心工作。行政机构改革逐步推进,顺应了由计划经济向社会主义市场经济的转变,废除了领导职务终身制,实现了由机构精简到职能转变、理顺关系的转变,进行了政府管理层级的调整,实施了大部门制。

### (一) 1982年机构改革

党的十一届三中全会以后,中国进入了一个新的发展时期,开始了经济体制改革和实行对外开放。与此相适应,从 1982 年开始,我国实行了从国务院开始的自上而下的机构改革。这次改革主要解决三个问题:第一,党和国家的工作重心发生了转移,工作重点转到社会主义现代化建设上。第二,国务院机构庞大、臃肿问题。第三,干部人事问题。这次改革不仅以精兵简政为原则,还注意到了经济体制改革的进一步发展可能对政府机构设置提出的新要求,力求使机构调整能为经济体制改革的深化提供有利条件。

这次改革,在领导班子方面,明确规定了各级各部的职数、年龄和文化结构,减少了副职,废除了领导职务终身制,加快了干部队伍的年轻化,提高了素质。推行"市管县"体制改革和开始了事业单位改革。在精简机构方面,国务院各部委、直属机构、办事机构从 100 个减为 61 个,省、自治区政府工作部门从 50~60 个减为 30~40 个;直辖市政府机构稍多于省政府工作部门;城市政府机构从 50~60 个减为 45 个左右。行署办事机构从 40 个左右减为 30 个左右,县政府部门从 40 多个减为 25 个左右。在人员编制方面,国务院各部门从原来的 5.1 万余人减为 3 万余人;省、自治区、直辖市党政机关人员从 18 万余人减为 12 万余人,市县机关工作人员约减 20%。相比之下,地区机关精简幅度更大一些。领导班子平均年龄也有所下降,部委平均年龄由 64 岁降到 60 岁,局级平均年龄由 58 岁降到 54 岁。

但是,由于当时经济体制改革的重点在农村,对于行政管理没有提出全面变革的要求,所以政府机构和人员并没有真正减下来。

(二) 1988 年机构改革

1988 年前后,中国经济体制改革的重心已经由农村转向了城市。1984 年,党中央指出社会主义经济是在公有制基础上的有计划的商品经济。经济体制改革的进一步深化和政治体制改革的明确提出,要求相应地转变政府机构的职能和管理方式,调整机构设置的总体格局及其职责权限。1988 年的改革以转变政府职能为中心,结合进行政府内部的制度化建设。

这次改革最大的特点是明确提出了政府职能转变这个关键性问题,改变了以往的就机构论机构的做法。这标志着我国的政府机构改革,开始突破只注重数量增减、单一的组织结构调整的局限,开始关注转变政府职能这一行政体制改革的关键因素。当时提出的转变职能包括五个方面的内容,即由微观管理转向宏观管理、由直接管理转向间接管理、由部门管理转向全行业管理、由"管"字当头转向服务监督、由机关办社会转向机关后勤服务工作社会化。

通过改革,国务院部委由原有的 45 个减为 41 个(包括:外交部、国防部、国家计划委员会、国家经济体制改革委员会、国家教育委员会、国家科学技术委员会、国防科学技术工业委员会、国家民族事务委员会、公安部、国家安全部、监察部、民政部、司法部、财政部、人事部、劳动部、地质矿产部、建设部、能源部、铁道部、交通部、机械电子工业部、航空航天工业部、冶金工业部、化学工业部、轻工业部、纺织工业部、邮电部、水利部、农业部、林业部、商业部、对外经济贸易部、物资部、文化部、广播电影电视部、卫生部、国家体育运动委员会、国家计划生育委员会、中国人民银行、审计署），直属机构从22个减为19个，非常设机构从75个减到44个，部委内司局机构减少20%。在国务院66个部、委、局中，有32个部门共减少1.5万多人，有30个部门共增加5 300多人，增减相抵，机构改革后的国务院人员编制比原来减少了9 700多人。但是，由于经济过热，这次精简的机构很快又膨胀起来。

原定1989年起进行的省级向下的地方政府机构改革，因中国的经济形势和政治形势发生了大的变化，地方改革的议题因而被暂时搁置。

(三) 1993年机构改革

1992年，中共十四大提出了建立社会主义市场经济体制的宏伟目标，并要求积极推进行政管理体制和机构改革，建立适应社会主义市场经济需要的组织机构。

1993年，机构改革的原则是转变职能、理顺关系、精兵简政、提高效率。改革的任务是精简机构、进一步转变职能、理顺关系。改革的重点是转变政府职能，加强宏观调控和监督部门，强化社会管理部门，将一部分专业经济部门转变为行业管理机构或经济实体，减少具体审批事务和对企业的直接管理，宏观上管好，微观上放开。

这次机构改革的特点是：一是把适应社会主义市场经济发展的要求作为行政管理体制改革的目标。二是从1994年起先后对传统的计划、财税、金融、流通体制进行改革，探索构建政府宏观经济调控体系。三是实行精兵简政，缓解财政困难，减轻财政负担。四是这次改革的视野非常开阔，涉及机构职能的调整和重新配置，涉及党的机构、政府机构、人大、政协、法院、检察院、群众团体和后勤服务机构、事业机构、驻外机构，涉及人事、工资、财务、法规等一系列与行政管理体制有关的方面。五是全国各级党政机关普遍进行了"三定"工作，并在分类、定编制、机构设置规范化等方面进行了有益的探索，使机构编制管理进一步科学化。六是改革与推行国家公务员制度紧密衔接。

1993年3月22日，第八届全国人大一次会议审议通过了《关于国务院机构改革方案的决定》。根据这一方案改革后，国务院组成部门设置41个，加上直属机构、办事机构18个，共59个，比原有的86个减少了27个。改革后的综合经济部门中保留国家计委、财政部、中国人民银行等部门。专业经济部门的改革分为三类：改为经济实体的有航空航天工业部；航空航天工业部撤销后，分别组建航空工业总公司、航天工业总公司；改为行业总会的有轻工业部与纺织工业部。

1993年4月19日，国务院决定将国务院的直属机构由19个调整为13个，将办事机构由9个调整为5个。国务院不再设置部委归口管理的国家局，国务院直属事业单位调整为8个。此外，国务院还设置了国务院台湾事务办公室与国务院新闻办公室。

这次改革，中央要求国务院各部门精简20％的人员，地方各级政府机构在实有人数的基础上精简25％的机关人员。当时各级政府共有近1 000万名机关工作人员，应裁员的有200多万名。在改革结束时，上述裁员目标已基本实现，但其中有相当数量的机关人员被"裁"进了"事业单位"。这次改革取得了一定的成绩，并积累了一定的经验。但是由于受历史条件的制约和宏观环境的限制，这次改革仍没有很好地解决政府机构的诸多弊端，带有很强的过渡性。

（四）1998年机构改革

1997年中国共产党第十五次全国代表大会报告再一次提出要"推进机构改革"，认为当时"机构庞大，人员冗杂，政企不分，官僚主义严重，直接阻碍改革的深入和经济的发展，影响党和群众的关系"。1998年3月10日，第九届全国人大一次会议审议通过了《关于国务院机构改革方案的决定》。此次改革的目标是：建立办事高效、运转协调、行为规范的政府行政管理体系，完善国家公务员制度，建设高素质的专业化行政管理队伍，逐步建立适应社会主义市场经济体制的有中国特色的政府行政管理体制。

根据改革方案，国务院不再保留的有15个部、委，新组建的有4个部、委，更名的有3个部、委，保留的有22个部、委、行、署。改革后，除国务院办公厅外，国务院组成部门由原有的40个减少到29个，包括国家政务部门12个，专业经济管理部门8个，教育科技文化、社会保障和资源管理部门5个。

1999年1月，中共中央、国务院发出了《关于地方政府机构改革的意见》。同年7月，召开全国地方机构改革工作会议，明确了地方机构改革的指导思想、目标任务和方针政策。2000年，国务院又发出了《关于市县乡人员编制精简的意见》，提出了编制精简的指导思想和原则、配套政策与措施，明确了市县乡各级精简的重点和具体要求。

2001年2月，召开了全国市县乡机构改革工作会议，部署市县乡机构改革工作，研究贯彻落实措施，全面展开全国市县乡机构改革工作。改革的要点有：精简行政编制;清理现有行政审批事项,简化和规范行政审批程序;清理整顿行政执法队伍,实行集中综合执法;坚决清退超编人员和各类临时聘用人员;切实做好人员分流工作,鼓励和支持分流人员自谋职业、自主创业。

到 2002 年 6 月,经过四年半的机构改革,全国各级党政群机关共精简行政编制人员 115 万名,市县乡在机构改革中还清退超编人员约 43 万人。经过改革,国务院组成部门由 40 个减少到 29 个,部门内设司局机构减少 200 多个。省级政府机构设置平均由 55 个左右减到 40 个左右,市(地)级政府机构由平均 45 个左右减少到 35 个左右,县级政府机构由平均 28 个左右减少到 18 个左右。在人员编制方面,党中央及省级党委各部门精简 20%,国务院各部门精简 47.5%,省级政府精简 48.2%,市县乡各级党政群机关精简 19.4%。

(五) 2003 年机构改革

进入新世纪,形势有很大变化。在这样的形势下,2003 年开始的行政管理体制和机构改革,以科学发展观为指导,更加注重政府职能的转变,更加注重促进经济社会和人的全面发展,更加注重为构建和谐社会和全面建设小康社会提供体制保障。

2003 年 3 月 6 日,第十届全国人大一次会议审议通过了《国务院关于提请审议国务院机构改革方案的方案》。根据这一方案,本次机构改革的重点是:深化国有资产管理体制改革,完善宏观调控体系,健全金融监管体制,继续推进流通管理体制改革,加强食品安全和安全生产监管体制建设。

机构改革将涉及七个方面:深化国有资产管理体制改革,设立国务院国有资产监督管理委员会;完善宏观调控体系,将国家发展计划委员会改组为国家发展和改革委员会;健全金融监管体制,设立中国银行业监督管理委员会;继续推进流通管理体制改革,组建商务部;加强食品安全和安全生产监管体制建设,在国家药品监督管理局基础上组建国家食品药品监督管理局,将国家经济贸易委员会管理的国家安全生产监督管理局改为国务院直属机构;将国家计划生育委员会更名为国家人口和计划生育委员会;不再保留国家经济贸易委员会、对外贸易经济合作部。根据国务院机构改革方案,除国务院办公厅外,国务院组成部门共有 28 个。

随着我国政府管理模式开始由管制型向服务型转变,各级地方政府在这方面进行了许多新的探索。其主要表现在如下几个方面:地方政府在政府管理创新方面取得了许多积极成果,如服务型政府建设、政府绩效评估体系建立、责任政府建设、政府信用体系建设等;行政审批程序和方式发生变革与创新,许多部门和地方都建立了行政审批中心,推行行政许可集中办理制度,规范了行政审批程序,减少了行政审批环节,提高了行政审批工作的透明度和效率;注重科学决策、行政问责、公民参与、政务公开,对与群众切身利益密切相关的重大决策事项实行社会公示和听证,广泛听取群众意见。

(六) 2008年大部制改革

2008年2月,中国共产党十七届二中全会审议通过了《关于深化行政管理体制改革的意见》和《国务院机构改革方案》,同意把《国务院机构改革方案》提请十一届全国人大一次会议审议。全会强调,要"在加大机构整合力度、探索职能有机统一的大部门体制等方面迈出重要步伐"。这次国务院改革涉及调整变动的机构共15个,改革后正部级机构减少4个。

根据中共十七大和十七届二中全会精神,这次国务院机构改革的主要任务是围绕转变政府职能和理顺管理部门职责关系,探索建立职能有机统一的大部门体制,并合理配置宏观调控部门职能,加强能源环境管理机构,整合完善工业和信息化、交通运输行业管理体制,以改善民生为重点加强与整合社会管理和公共服务部门。

此次改革的主要内容包括:① 合理配置宏观调控部门职能,形成科学、权威、高效的宏观调控体系。国家发改委、财政部、中国人民银行等部门要建立和健全协调机制,各司其职,相互配合。② 加强能源管理机构,设立高层次的议事协调机构国家能源委员会,负责研究并拟定国家能源发展战略,审议能源安全和能源发展中的重大问题。同时,组建国家能源局。③ 组建工业和信息化部。④ 组建交通运输部。将交通部、中国民航总局的职责以及建设部的指导城市客运职责,整合划入交通运输部。组建国家民用航空局,由交通运输部管理。国家邮政局改由该部管理。保留铁道部,继续推进改革。⑤ 组建人力资源和社会保障部。组建国家公务员局,由该部管理。⑥ 组建环境保护部。⑦ 组建住房和城乡建设部。⑧ 国家食品药品监管局改由卫生部管理。

与此同时,地方政府也进行了部门调整的改革,在国务院实施大部制改革之前,地方政府已根据中央的改革精神进行了一些探索。先后涌现出了随州的"合并同类项模式"、深圳的"行政三分模式"、成都的"城乡统筹管理模式"、富阳的"专委会制度"和顺德的"党政机构联动"模式。这些探索为中央机构改革提供了有益的借鉴。在国务院大部制改革完成以后,各省级地方政府又相继推动了地方层面的大部制改革,并开始了"省直管县"的实践。

大部制改革对于我国行政体制改革具有极为重要的意义。它走出了以"精简部门"为特征的浅层改革模式,使我国的行政体制改革开始步入深水区。这是一场涉及组织结构和运行机制的深层次变革。大部门制改革的价值在于它创造了一种新的行政运行机制,实现了行政决策权、执行权与监督权的适度分离,对于提高行政决策的公共性、提高行政执行效率及防止公权力滥用都具有重要作用。

## 三、全面深化改革时期(2013年至今)

2012年年底召开的十八大提出了"全面建成小康社会和全面深化改革开放"的目标,其中就深化行政体制改革,提出了"要按照建立中国特色行政体制目标,深入推进政企分开、政资分开、政事分开、政社分开,建设职能科学、结构优化、廉洁高效、人民满意的服务型政府"。2013年在全面深化改革的背景下,又开始了新一轮的行政机构改革。改革的重点是:紧紧围绕转变职能和理顺职责关系,稳步推进大部门制改革。这次国务院改革后保留了25个部门,实行铁路政企分开,整合加强卫生和计划生育、食品药品、新闻出版和广播电影电视、海洋、能源管理机构。

这次行政体制改革是以国务院机构职能转变为核心的。其主要体现在:① 是按照政府职能向创造良好发展环境、提供优质公共服务、维护社会公平正义转变的要求,适应加强市场监管、提供基本社会保障的需要展开的;② 推进职能转移,着力解决政府与市场、政府与社会的关系问题,充分发挥市场在资源配置中的基础性作用,更好地发挥社会力量在管理社会事务中的作用;③ 推进职能下放,着力解决国务院部门管得过多、过细问题,充分发挥中央和地方两个积极性;④ 推进职能整合,着力解决职责交叉、推诿扯皮问题,提高行政效能;⑤ 推进职能加强,着力解决国务院部门抓大事、管宏观不够问题,改善和加强宏观管理,注重完善制度机制。

通过推动职能转变,加快形成权界清晰、分工合理、权责一致、运转高效、法治保障的国务院机构职能体系,真正做到该管的管住、管好,不该管的不管、不干预,切实提高政府管理科学化水平。

2013年,十八届三中全会通过的《中共中央关于全面深化改革若干重大问题的决定》(以下简称《决定》),确立了全面深化改革的目标之一就是"推进国家治理体系和治理能力现代化"。《决定》多次提到治理,主要涉及国家治理、政府治理、社会治理、小区治理、治理体系、治理能力、治理体制、治理结构、治理方式、系统治理、依法治理、综合治理、源头治理、第三方治理等提法。由此开启了当代中国国家治理的全新阶段。

## 四、我国行政改革实践的启示

回顾行政改革的历程,可以看出,我国的行政体制改革始终是服从和服务于经济社会发展全局,始终与经济体制改革以及其他各方面的改革相协调,与经济社会转型同步进行的。实践表明,行政体制改革与经济体制改革、社会管理改进等方面的改革相辅相成,协同推进,促进了中国特色社会主义体制的建立和完善,推动了社会的全面发展和进步。

新中国成立后,为了尽快恢复国民经济,进行大规模社会主义建设,我们借鉴了苏联的经验,建立了高度集中的计划经济体制及其行政体制。在当时的情况下,这种行政管理体制对经济社会的发展产生了积极的作用。为了调动中央和地方"两个积极性",党中央以调整中央和地方政府行政管理权限为内容,曾多次在计划经济体制框架内对行政体制进行改革。虽然当时的改革没有也不可能达到预期的效果,但这种努力和尝试为后来的改革积累了必要的经验和教训。

进入了改革开放的新时期,在党中央的统一领导下,我国的行政体制改革稳步推进。从改革开放之初提出精简机构,到后来实行政企分开,再到后来建立法治政府,直到十七大又提出建设服务型政府和十八届三中全会的"国家治理现代化",不断在调整机构、转变职能、创新管理方式和加强自身建设等方面取得新进展,基本实现了从计划经济管理向市场经济管理的划时代转变。而且,随着改革开放的不断深入,我们对行政体制改革的规律的认识不断深化,在行政理念、行政机制、行政方式和行政管理等方面的改革创新也取得了一系列的重大理论成果,逐步走出了一条中国特色社会主义行政体制改革道路。改革的实践给我们的启示是:行政改革的实质是行政职能的转换和重新定位,政府职能规定着政府管理的基本方向和主要内容,推动政府职能转变始终是行政体制改革的核心和主线;行政改革的目标是加强行政系统的活力。行政改革不是一蹴而就的,而会是一个漫长曲折的过程。在明确目标之后,政府会制定相应的计划,按照行政系统发展的客观规律,分步骤、分阶段地制定短期或长期计划,循序渐进地进行变革。

## 第三节　迈向国家治理现代化

虽然国家治理理论在 20 世纪 90 年代中期就已经进入国内学术话语体系之中,但研究热潮的掀起是在党的十八届三中全会之后。

党的十八届三中全会提出了"全面深化改革的总目标是完善和发展中国特色社会主义制度,推进国家治理体系和治理能力现代化"的崭新的重大命题。这一命题,回答了推进各领域改革最终是为了什么、要取得什么样的整体效果这个问题,体现了中国行政改革和发展的新理念,预示着中国的行政改革和行政发展将迈向国家治理的现代化。对于中国的政治发展,乃至整个中国的社会主义现代化事业来说,具有重大而深远的理论意义和现实意义。

## 一、国家治理现代化的意义

### (一) 国家治理现代化是适应形势发展和挑战的重大举措

国家治理现代化是适应国内外形势发展的需要,是应对新时期、新挑战的重大举措。从国际层面来看,全球化已成为当今世界的一大显著特征。一方面,它使得治理的空间多样化、治理的主体多元化、治理问题复杂化和风险化;另一方面,使得国家治理体系面临着能力上的局限性、技术上的单一化、合法地位动摇三重危机[1],尤其是21世纪以来,伴随着金融危机、气候变化、恐怖主义、跨国犯罪、疾病传播等非传统安全问题的不断凸显,国际问题和国内问题相互交织,界限日益模糊,这对国家治理的模式和方式、能力和魄力提出了更高的要求。

从国内层面来看,中国已经进入一个改革的深水区、社会转型的关键期。当前中国经济、政治、社会三重转型叠加,利益多元分化。这些转型具体包括:从控制型社会向自主型社会转变、从分割静态的社会向流动的社会转变、从整体性社会向多元化社会转变、从封闭孤立的社会向全面开放的社会转变、从生产的社会向消费的社会转变、从国家财富的社会向个人财富的社会转变、从经济不断增长型社会向社会可持续发展型社会转变、从低风险社会向高风险社会转变[2]。在此背景下,传统治理模式的局限性逐渐显现,国家亟须调整自身与市场、社会以及社会与市场之间的关系,弥补政治层面、市场层面、社会层面、文化层面和生态层面国家治理的现代性欠缺,打造有为政府、有效市场、有机社会[3]。

### (二) 国家治理现代化是行政改革和行政发展的新阶段

从新中国成立以来的我国行政改革实践可以看到,国家治理现代化的提出是中国特色社会主义发展的必然要求。国家治理现代化的实质是制度现代化,推进国家治理现代化的前提和实质就是不断完善中国特色的社会主义制度[4]。在第一

---

[1] 杨雪冬. 论国家治理现代化的全球背景与中国路径[J]. 国家行政学院学报,2014(4):15-21.
[2] 杨雪冬. 论国家治理现代化的全球背景与中国路径[J]. 国家行政学院学报,2014(4):15-21.
[3] 范逢春. 国家治理现代化:逻辑意蕴、价值维度与实践向度[J]. 四川大学学报:哲学社会科学版,2014(4):86-94.
[4] 包心鉴. 国家治理现代化与中国特色社会主义新发展[J]. 中共福建省委党校学报,2015(2):41-51.

个阶段,中国共产党建立了国家政权,完成了从新民主主义到社会主义的过渡,建立了社会主义经济、政治、文化等制度,实施计划经济,在精兵简政的同时加强了中央集权,党和国家主导一切;进入第二个阶段后,经过反思摸索,立足我国国情,开创了一条中国特色的社会主义道路,实现了由计划经济向社会主义市场经济的转变,实现了由机构精简到职能转变、理顺关系的转变,进入完善发展阶段;十八届三中全会提出的总目标,体现了我国从国家统治向国家管理,再向国家治理转变的历史演进,就如何解决"怎样治理社会主义社会这样一个全新的社会形态"[①]问题展开,它标志着我国的现代化迈进了一个全新的历史阶段。

### (三) 国家治理现代化是对中国现代化认识的新成果

国家治理体系和治理能力现代化的形成和提出,是中国共产党高度重视现代化,不断求解现代化的结果,是实现社会主义现代化的必然要求,也是中国共产党认识现代化的最新成果。近代以来,中华民族对于现代化的追求已超过百年,中国共产党人对于现代化的探索也已横跨了半个多世纪。自新中国成立以来,实现社会主义现代化始终是我国政府和人们孜孜以求的一大命题。在20世纪中期前后,中国共产党逐步形成了"工业、农业、国防和科学技术的现代化"即"四个现代化"的认识。与此同时,从新中国成立后我国就开始了社会主义革命和建设,并且探索建立了社会主义制度体系。进入改革开放新时期后,更加重视"四化"建设问题,把"四个现代化"建设与建设社会主义现代化国家联系在一起。我们坚持和拓展中国特色的社会主义道路,并且找到了符合中国国情的,不同于西方模式的社会主义现代化道路,经济、政治、文化、社会等各领域的建设取得突飞猛进的成就,我们比历史上任何时候都更接近现代化的目标。2013年中国共产党十八届三中全会在《决定》中明确地提出要"全面深化改革的总目标是完善和发展中国特色社会主义制度,推进国家治理体系和治理能力现代化",这是继"四化"之后提出的"第五化",同时,也将"治理现代化"与"完善和发展中国特色社会主义制度"联系起来,意味着将制度现代化与建设社会主义现代化国家联系在一起。就"五个现代化"与"建设富强民主文明和谐的社会主义现代化国家"的关系来看,社会主义现代化国家和社会主义现代化建设居于总体性、目标性的层面上,具有统摄、引领的作用,而"五个现代化"居于工具性、手段性、方式途径的层面上,是为现代化国家和现代化建设的目标服务的。从"四个现代化"到"五个现代化"实现了由硬指标的物质层面的现代化到软指标的制度层面发展,认识更加全面、深刻,它"将中国特色的社会主义现代化

---

① 江必新.国家治理现代化基本问题研究[J].中南大学学报:社会科学版,2014(3):139-148.

提升到更加科学而全面的高度"①。

## 二、国家治理现代化的内涵界定

学者们基本上都认可和认同国家治理现代化是"国家治理体系和治理能力现代化"的简约化表述,但具体如何界定国家治理现代化的内涵,还尚未达成共识。对"国家治理体系和治理能力现代化"相关概念及两者的相互关系,习近平总书记曾在《切实把思想统一到党的十八届三中全会精神上来》的讲话中做过这样的表述:"国家治理体系和治理能力是一个国家制度和制度执行能力的集中体现","国家治理体系是在党领导下管理国家的制度体系,包括经济、政治、文化、社会、生态文明和党的建设等各领域体制机制、法律法规安排","国家治理能力则是运用国家制度管理社会各方面事务的能力","国家治理体系和治理能力是一个有机整体,相辅相成,有了好的国家治理体系才能提高治理能力,提高国家治理能力才能充分发挥国家治理体系的效能"。② 在此基础上,学者们大都从各自的研究视域出发进行探讨,对其进行了解释性阐述和扩充性补充,对于如何界定国家治理现代化的内涵,概括起来,可以分为四种视角的研究:

一是从整体性上把握国家治理现代化的内涵。国家治理现代化是全面深化改革的总目标之一,推进国家治理体系的现代化与增强国家的治理能力同属一个政治过程。

一方面,国家治理现代化是全面深化改革的总目标之一,而非全部。总目标的完整表述是"完善和发展中国特色社会主义制度,推进国家治理体系和治理能力现代化"。两个目标相互关联,内在统一,不可分割。推进国家治理体系和治理能力现代化,必须以完善和发展中国特色社会主义制度为基础;离开中国特色社会主义制度,国家治理体系与治理能力现代化就可能变成空话③。"国家治理体系和治理能力现代化"要在完善和发展中国特色社会主义制度的前提下,在中国共产党的领导下,优化和创新国家治理的主体格局、体制机制和流程环节,提升治国理政能力④。

另一方面,国家治理现代化包含两个部分:国家治理体系和国家治理能力的现

---

① 吴玉敏. 从"四个现代化"到国家治理现代化[J]. 人民论坛,2014(28):27-28.
② 习近平. 切实把思想统一到党的十八届三中全会精神上来[N]. 人民日报,2014-01-01.
③ 辛向阳. 推进国家治理体系和治理能力现代化的三个基本问题[J]. 理论探讨,2014(2):29-33.
④ 王浦劬. 全面准确深入把握全面深化改革的总目标[J]. 中国高校社会科学,2014(1)4-18.

代化。两者彼此支撑,不可偏废其一。推进国家治理体系的现代化与增强国家的治理能力同属一个政治过程①。

二是从制度和治理方式上理解国家治理现代化的内涵。国家治理现代化就是制度现代化,是将现代政治手段运用到国家治理中。

一方面,国家治理现代化就是制度现代化,是从传统式国家治理向现代式国家治理转变。我国国家治理现代化的核心就是中国特色社会主义制度的现代化,其核心要素是法治化、民主化和网络化②,强调应当从传统式国家治理与现代式国家治理的差异和区别中来把握国家治理现代化的具体内涵③。现代式国家治理的主要特征是在社会多元化和市场经济的基础上,以制度的现代化为具体依托,以服务社会的进步和经济的发展为指向的国家治理。

另一方面,国家治理现代化就是政治现代化,是将现代政治手段运用到国家治理中。国家治理现代化就是从前现代国家和社会向现代国家和社会的转型,即建构政治现代性和实现政治现代化,其核心内容是实现现代意义上的法治与民主④。国家治理的现代化是指在维持国家政体和国家的基本制度性框架不变的前提之下,将现代政治和行政生活中的诸多新技术、新机制和新程序引入到国家治理的具体结构、具体过程和具体行为中去,使国家治理的理念、模式、方式、技术、工具实现现代化,与此同时,实现国家治理主体的现代化⑤。

三是从主体及其角色的关系上理解国家治理现代化的内涵。国家治理现代化是一元主导、多方协同、交互作用的治理结构。

一方面,要理清"国家统治""国家管理"和"国家治理"的关系。其核心是主体的不同。"国家治理"主体多元,强调"共治",这是相对"国家统治"和"国家管理"的概念而言的。国家统治是国家政权依靠国家暴力运用强制、压制、控制等专政的方式来维护公共秩序;国家管理强调国家的公共性,它是国家政权在处理社会公共事务过程中对各种投入要素的优化组合和高效利用,以实现国家利益和国民利益等社会公共利益的最大化;国家治理是国家政权的所有者、管理者和利益相关者等多元行动者在一个国家的范围内对社会公共事务的合作共治,其目的是增进公共利

---

① 俞可平.国家治理体系的内涵本质[J].理论导报,2014(4):17-18.
② 郭强.关于国家治理现代化若干问题的思考[J].科学社会主义,2014(1).
③ 包心鉴.国家治理现代化与中国特色社会主义新发展[J].中共福建省委党校学报,2015(2):41-51.
④ 胡伟.如何推进我国的国家治理现代化[J].探索与争鸣,2014(7).
⑤ 何增科.国家治理及其现代化探微[J].行政管理改革,2014(9):36-39.

益,维护公共秩序①。简而论之,国家统治和国家管理的主体比较单一,是执政者和国家机关;而国家治理的主体则涉及相关各方,它要实现一种政府、市场、社会"共治"的局面。

另一方面,"国家治理"各主体即执政党、政府、社会团体、经济组织和个人在治理中的关系要明确。中国共产党是国家治理现代化的核心和领导力量②,是中国共产党总揽全局、统筹各方的国家治理,是党委领导、政府负责、社会协同、公众参与、法治保障的社会治理格局。这一治理结构遵循的是"一元主导、多方协同、交互作用"③。

四是从中国现代化模式选择上把握国家治理现代化的内涵。对于现代化的追求,是很多发展中国家的共同愿望,甚至在第二次世界大战后就形成了现代化浪潮,西方现代化理论也于此时兴起。

一方面,从世界范围来看,现代化的模式基本上可以分为四种类型:欧美西方模式、亚非拉模式、东亚模式和中国模式。根据德国学者伯恩斯坦的定义,现代化是一个社会由传统向现代转化的总体过程,其中以经济发展作为前提与主要驱动力,并推动社会各个领域的全面发展,以达到现代性的总体要求为最终目标。但实际上,对现代化的定义有很多种,对现代化的标准也说法不一④。早期的现代化理论曾机械地遵循"传统与现代"二分法原则,且僵化地坚持西化的发展道路。但是,这样一种完全照搬西方所谓自由民主模式的现代化理论,在20世纪五六十年代运用于第三世界国家时遭遇了巨大失败。在政治上,从非洲到拉丁美洲,从南亚到东南亚,采用议会民主制的政府接二连三地倒台,政变、战争和腐败到处侵蚀着第三世界国家的肌体。在经济上,许多试图建立自由市场经济的国家都发生了通货膨胀、分配不均的危机。这种"亚非拉模式"现代化的缕缕受挫,使西方现代化理论不得不进行全面的自我反思与批判。与此同时,东亚地区的崛起引起了世界瞩目。在东亚国家中,即使是亲近西方的日本和韩国也没有完全照搬西方模式,而是由政府在推动经济发展方面扮演重要角色,被称为"发展型国家"或"东亚模式"。

另一方面,从国内对现代化的认识来看,如前文所述,从"四个现代化"到"五个现代化",是对现代化认识的新成果,是在毛泽东思想、中国特色社会主义理论指导下的现代化,是中国特色社会主义道路的现代化,是中国特色社会主义制度的现代

---

① 何增科.理解国家治理及其现代化[J].马克思主义与现实,2014(1):11-15.
② 唐皇凤.中国国家治理现代化的实践探索与基本特征[J].湖北社会科学,2015(2):29-36.
③ 王浦劬.全面准确深入把握全面深化改革的总目标[J].中国高校社会科学,2014(1)4-18.
④ 钱乘旦,陈意新.走向现代国家之路[M].成都:四川人民出版社,1987:23.

化;从"四个现代化"到"五个现代化",是中国共产党领导下的现代化。所以,今天我国提出全面深化改革总目标和推进国家治理体系和治理能力现代化,是中国特色社会主义理论体系的最新发展,是中国特色社会主义现代化理论的最新成果。它既不是对西方治理理论的套用,也不是对西方现代化理论的延伸,而是基于中国特色社会主义理论体系的方法、框架和内容提出来的。其前提是完善和发展中国特色社会主义制度。实际上,实现中国梦的"五个现代化"是理论自信、道路自信和制度自信的具体体现。

综上所述,大家虽然研究的视角不同、提法不同,但共同的几点是:治理主体的多元化;制度的现代化;方式的法治化、民主化;要理清"政府、市场和社会"的关系等。因此,我们认为国家治理现代化的内涵可以概括为:国家治理现代化就是国家在经济、政治、文化、社会、生态文明和党的建设等各领域中,理顺执政党、政府、市场和社会的关系,在建立和完善制度现代化的基础上,实现治理的法治化、民主化、科学化的过程。这一界定包涵了国家治理现代化的主体是多元的,主要涉及执政党、政府、社会、公众,形成党委领导、政府负责、社会协同、公众参与、法治保障的社会"共治、善治"格局;国家治理现代化的客体是经济、政治、文化、社会、生态文明和党的建设等,实现"五位一体"的发展格局;国家治理现代化的内容是国家-政府关系、政府-市场关系、政府-社会关系,形成政府、市场、社会相互补充的新型协同互动关系;国家治理现代化的实质是制度现代化建设,在社会主义基本制度框架内,形成一整套紧密相连、相互协调的国家制度;国家治理现代化的实现方式是法治化、民主化、科学化。

## 三、国家治理现代化的特点

习近平同志强调,一个国家选择什么样的治理体系,是由这个国家的历史传承、文化传统、经济社会发展水平决定的,是由这个国家的人民决定的。中国今天的国家治理现代化,是在中国历史传承、文化传统、经济社会发展的基础上长期发展、渐进改进、内生性演化的结果。与一般国家相比,中国的国家治理现代化有四大突出特点[①]:一是党的治理;二是社会主义国家治理;三是社会主义社会治理;四是治理目标明确。

### (一)党的治理

这是指中国共产党作为执政党的治理。这不同于其他国家政党政治的治理,

---

① 胡鞍钢认为有三个突出特点,但在其文中实际上包含了目标,因此我们这里列出四个特点。(胡鞍钢.中国国家治理现代化的特征与方向[J].国家行政学院学报,2014(3):4-10.)

包括执政党治理和在野党治理。在两党制或多党制的国家中,虽有政党的组织制度和执政理念,但其实际最主要的任务是取得执政地位。而我国经过长期的现代化的选择,我们选择了中国共产党领导下的多党合作制。作为执政的中国共产党,在长期的领导中国现代化进程中,建立了一整套的组织制度,发展出一整套执政党的治理制度体系。与此同时,各民主党派也在民主监督、参政议政和政治协商的过程中形成了一套参与治理的制度体系。

### (二) 社会主义国家治理

这是不同于资本主义国家治理的。国家基本制度是根本不同的,国家治理体系也不同,国家治理手段也不同,因而国家治理能力和国家治理绩效也不同。中国的国家治理现代化内涵了社会主义要素,特别是社会主义的制度要素,反映的是社会主义的民主政治制度,包括选举民主的人民代表大会和协商民主的政治协商制度。

### (三) 社会主义社会治理

中国不只是一般意义上的现代公民社会(基于《宪法》所赋予的各种权利),还是十分典型的中国意义下的人民社会,因此它的社会治理就超越了西方社会治理的含义,是以人民为主体的社会治理,人民是社会的主人,由人民当家做主,人民要依法参与社区管理、基层管理、地方管理(如地方人大)、国家管理(如全国人大)。

### (四) 治理目标明确

我国的国家治理现代化的目标是实现中华民族的伟大复兴的中国梦。国家治理的基本目标决定了国家治理的影响范围,也间接决定了国家治理的最终方向。西方国家的治理是没有明确的长期目标的,无论是在宪法或施政纲领中,对其都没有明确的表述。中国则大为不同,在《宪法》和中国共产党的《党章》中对其都有明确的表述,虽各个时期的表述有所不同,但基本指向是一致的,是"为党和国家事业发展、为人民幸福安康、为社会和谐稳定、为国家长治久安",是把我国建设成为富强、民主、文明、和谐的社会主义国家,是实现中华民族的伟大复兴的中国梦。

## 四、国家治理现代化的推进路径

按党的十八届三中全会的部署,到 2020 年要全面建成小康社会,要在重要领域和关键环节改革上取得决定性成果,形成系统完备、科学规范、运行有效的制度体系,使各方面制度更加成熟、更加定型。为了实现这一要求,必须坚持党的领导和国家主导的力量,坚持社会主义的方向和道路,坚持国家制度建设,充分调动和运用法制的力量、市场的力量、社会的力量、人民的力量,实现各项事务治理的制度化、法治化、民主化,体现中国特色社会主义的优越性,实现中华民族的伟大复兴。我们应当从四个方面推进国家治理的现代化。

（一）以提高党的执政能力为重点,深化党的建设制度改革,推进政党治理现代化

我们党是执政党,与国家权力紧密联系,国家治理现代化水平在很大程度上取决于政党建设和政党领导现代化水平。推进党的建设现代化,推进政党治理体系和治理能力现代化,关键在于处理好党和国家、党和政府、党和人民的关系,实行党政分开、党社分开,消除党政不分、党社不分、党委包揽一切的弊端。其根本要求是积极发展党内民主,以党内民主带动人民民主；保持党的先进性和纯洁性,坚决消除党内腐败现象；完善党的领导体制和执政方式,提高科学执政、民主执政、依法执政水平；着力建设学习型、服务型、创新型政党,为推进政府治理和社会治理、确保人民当家做主权利提供正确的政治导向和坚强的政治保证。

（二）以政府职能转变为核心,深化行政体制改革,推进政府治理现代化

政府治理是国家治理的主要载体和集中体现,国家治理现代化水平突出表现在政府治理现代化水平上。推进政府治理现代化,关键在于处理好政府和市场的关系、政府和社会组织的关系、政府和人民大众的关系,深入推进政企分开、政资分开、政事分开、政社分开。其根本要求是切实转变政府职能,为充分发挥市场在资源配置中的决定性作用发挥宏观调控和行政监督作用；创新行政管理方式,加强和优化公共服务,为社会成员提供更多更好的公共产品,寓管理于服务之中,着力建设服务型政府；增强政府公信力、执行力和法治化水平,着力建设廉洁政府和法治政府；努力消除社会差距,保障公平竞争,弥补市场失灵,实现共同富裕,建设职能科学、结构优化、廉洁高效、人民满意的服务型政府。

（三）以鼓励和支持社会参与为重点,深化社会体制改革,推进社会治理现代化

建立现代化的社会治理体系,是现代国家治理的重要组成部分。推进国家治理现代化,说到底就是调整好国家与社会的关系,革除国家权力过分集中的弊端,促进国家职能和权力向社会回归,为社会发育和发展提供更加有利的政治条件和制度环境。现代社会,经济发展与社会分工细化不仅带来社会财富规模的扩大,也使社会结构和人们之间的利益关系日益复杂,社会矛盾增多,协调难度加大,单纯

依靠政府进行社会管理显然难以取得令人满意的效果,必须发挥多个治理主体的协同作用。因此,创新社会治理,提升社会治理现代化水平,既是国家治理现代化的重要基础,又是重要目的,同时还是一项不可或缺的内容。推进社会治理现代化,关键在于正确处理好社会组织和党政机构的关系、社会组织和大众参与的关系,着力增强社会活力,调动人民群众有序参与的积极性。其根本要求是改进社会治理方式,坚持系统治理、依法治理、综合治理和源头治理,切实发挥党委、政府、社会组织、公民个人在社会治理中的多元化作用;激发社会组织活力,加快实施政社分开,大力发育发展各类社会组织,努力推进社会组织明确权责、依法自治,充分发挥社会组织在密切党委政府同人民群众关系中的桥梁纽带作用,在推进大众有序政治参与中的协调聚合作用;创新化解社会矛盾体制,建立畅通有序的诉求表达、心理干预、矛盾调处、权益保障机制,使人民群众的问题能够得到及时反映,矛盾能得到及时化解、权益能得到有效保障;健全公共安全体系,健全依法治理网络,提升依法治理水平,努力建设法治社会。

(四)以全面落实依法治国基本方略为抓手,加快法制建设和司法改革,推进法治中国建设

法治是现代社会治理的标志与基石,是公平正义的根本保障,也是评判是否能实现国家治理现代化的一条根本依据。我们党高度重视社会主义法治国家建设,曾明确提出依法治国是党领导人民治理国家的基本方略。在推进国家治理现代化的新要求下,一个根本举措就是推进法治中国建设。

法治对经济社会发展、人的现代化与国家治理现代化具有特殊的作用力。这种作用力区别于道德、宗教、政策的作用力,是推动经济社会发展、促进人的现代化与国家治理现代化的最优选择。法治具有规范力,通过设置法律义务,要求人民做出或抑制一定行为,使社会成员明确自己必须从事或不得从事的行为界限。法治具有确定力,既表现在法律具有明确性、一致性、稳定性,又表现在人们能准确预料某一行为的法律后果。法治具有国家强制力,通过国家强制力保障来实施,这是法律区别于道德、宗教等其他社会规范的重要特征。法治具有普遍约束力,在法律面前,没有特殊的社会成员,一切社会成员平等地享有法律规定的权利,履行法律规定的义务,承担法律规定的责任。法治具有社会凝聚力,法治国家的法是民主政治的产物,能最大限度地反映社会共识,形成最大社会公约数,产生强大社会凝聚力。[①] 党的领导、人民当家做主、依法治国的有机统一,显示出社会主义法治的巨

---

① 杜飞进.论法治力[J].社会科学研究,2014(3).

大优越性。深化司法体制改革,加快建设公正、高效、权威的社会主义司法制度,维护人民权益,让人民群众在每一个司法案件中都感受到公平正义。应当建立权责统一、权威高效的行政执法体制,整合执法主体,相对集中执法权,推进综合执法,着力解决权责交叉、多头执法问题。健全司法权力运行机制,优化司法职权配置,健全司法权力分工负责、互相配合、互相制约机制,加强和规范对司法活动的法律监督和社会监督。

**关键术语**

行政改革;行政发展;国家治理现代化。

**思考题**

1. 简述行政改革的含义、类型。
2. 简述行政改革的基本内容。
3. 简述行政发展的含义、特征。
4. 简述行政改革与行政发展的关系。
5. 试述国家治理现代化的含义、特点及意义。

# 参考文献

[1] 王乐夫,许文惠.行政管理学[M].北京:高等教育出版社,2000.
[2] 宋光周.行政管理学[M].上海:东华大学出版社,2011.
[3] 安仲文,高丹.行政学原理[M].大连:东北财经大学出版社,2013.
[4] 金太军.公共行政管理学新编[M].上海:华东师范大学出版社,2006.
[5] 孙荣,徐红.行政学原理[M].上海:复旦大学出版社,2001.
[6] 朱光磊.当代中国政府过程[M].天津:天津人民出版社,2002.
[7] 朱立言.行政领导学[M].北京:中国人民大学出版社,2002.
[8] 曲福田,盛邦跃.行政管理学[M].南京:南京大学出版社,2004.
[9] 丁涛.行政管理学[M].安徽:合肥工业大学出版社,2005.
[10] 李青山.行政管理学教程[M].北京:知识产权出版社,2006.
[11] 李世英.行政管理学新编[M].修订版.北京:中国人民公安大学出版社,2005.
[12] 李绥州,袁忠.行政管理学教程[M].广州:暨南大学出版社,2005.
[13] 荣仕星.实用行政管理学[M].北京:人民出版社,2004.
[14] 竺乾威.公共行政导论[M].3版.上海:复旦大学出版社,2008.
[15] 竺乾威.公共行政学[M].上海:复旦大学出版社,2000.
[16] 吴江.行政管理学[M].北京:中国农业出版社,2007.
[17] 沈亚平,吴春华.公共行政学[M].天津:天津大学出版社,2005.
[18] 周庆行.公共行政导论[M].重庆:重庆大学出版社,2004.
[19] 张永桃.行政管理学[M].北京:高等教育出版社,2005.
[20] 张兴杰,吴江,许祥云.行政管理学[M].北京:中国农业大学出版社,2004.
[21] 张成福,党秀云.公共管理学[M].北京:中国人民大学出版社,2001.
[22] 张国庆.行政管理学[M].北京:北京大学出版社,2000.

[23] 张建新,陆新文.行政管理学[M].北京:中国农业大学出版社,2010.

[24] 张康之.公共行政学[M].北京:中国科技出版社,2002.

[25] 张康之,李传军,张璋.公共行政学[M].北京:经济科学出版社,2002.

[26] 陈振明.公共管理学[M].北京:中国人民大学出版社,2005.

[27] 陈振明.政策科学:公共政策分析导论[M].北京:中国人民大学出版社,2003.

[28] 周志忍.发达国家政府绩效管理[M].北京:北京图书馆出版社,2005.

[29] 唐兴霖.公共行政学:历史与思想[M].广州:中山大学出版社,2000.

[30] 黄达强,刘怡昌.行政学[M].北京:中国人民大学出版社,1988.

[31] 钱乘旦,陈意新.走向现代国家之路[M].成都:四川人民出版社,1987.

[32] 娄成武.行政管理学[M].北京:高等教育出版社,2010.

[33] 郭小聪.行政管理学[M].北京:中国人民大学出版社,2008.

[34] 夏书章.行政管理学[M].北京:高等教育出版社、中山大学出版社,2008.

[35] 徐双敏.行政管理学[M].北京:科学出版社,2011.

[36] 彭国甫.中国行政管理新探[M].长沙:湖南人民出版社,2006.

[37] 彭和平.公共行政管理[M].北京:中国人民大学出版社,2004.

[38] 舒放,王克良.国家公务员制度教程[M].北京:中国人民大学出版社,2006.

[39] 陶学荣.公共行政管理学导论[M].北京:清华大学出版社,2005.

[40] 郭济.政府权力运筹学[M].北京:人民出版社,2003.

[41] 郭济.中国公共行政学[M].北京:中国人民大学出版社,2003.

[42] 程祥国.国际新公共管理浪潮与行政改革[M].北京:人民出版社,2005.

[43] 国务院学位委员会办公室.行政学[M].北京:中国人民大学出版上,2000.

[44] 谢庆奎.当代中国政府与政治[M].北京:高等教育出版社,2001.

[45] 谢明.公共政策导论[M].北京:中国人民大学出版社,2004.

[46] 谢斌.行政管理学[M].北京:中国政法大学出版社,2006.

[47] 薛冰,梁仲明,程亚冰.行政学原理[M].北京:清华大学出版社,2005.

[48] 魏娜,吴爱明.当代中国政府与行政[M].北京:中国人民大学出版上,2002.

[49] 卢梭.社会契约论[M].北京:商务印书馆,1982.

[50] 洛克.政府论[M].北京:商务印书馆,1964.

[51] 孟德斯鸠.论法的精神[M].张雁深,译.北京:商务印书馆,1961.

[52] 休斯 O E.公共管理导论[M].2版.北京:中国人民大学出版社,2001.

[53] 威廉·邓恩.公共政策导论[M].北京:中国人民大学出版社,2002.

[54] 斯蒂尔曼 R J.公共行政学[M].北京:中国社会科学出版社,1988.

[55] 查尔斯·沃尔夫.市场或政府:权衡两种不完善的选择[M].谢旭,译.北京:中国发展出版社,1994.

[56] 罗森布鲁姆 D H,克拉夫丘克 R S.公共行政学[M].北京:中国人民大学出版社,2002.

[57] 戴维·奥斯本,彼得·普拉斯特里克.摒弃官僚制:政府再造的五项战略[M].北京:中国人民大学出版社,2002.

[58] 戴维·奥斯本,特德·盖布勒.改革政府[M].上海编译组,译.上海:上海译文出版社,1996.

[59] 亚当·斯密.国民财富的性质和原因的研究[M].郭在力,王亚南,译.北京:商务印书馆,1994.

[60] 约翰·罗尔斯.正义论[M].谢延光,译.上海:上海译文出版社,1991.

[61] 布坎南 J M.自由、市场和国家:80 年代的政治经济学[M].平新乔,莫扶民,译.上海:上海三联书店,1989.

[62] 萨尔瓦托雷·斯基亚沃·坎波,丹尼尔·托马西.公共支出管理[M].北京:中国财政经济出版社,2001.

[63] [澳]休斯 O E.公共管理导论[M].彭和平,等,译.北京:中国人民大学出版社,2001.

[64] [美]斯蒂尔曼 R J.公共行政学[M].李方,等,译.北京:中国社会科学出版社,1989.

[65] [美]奥兰·扬.全球治理:迈向一种分权的世界秩序的理论[M].俞可平.北京:社会科学文献出版社,2003.

[66] [美]彼得斯.政府未来的治理模式[M].北京:中国人民大学出版社,2001.

[67] [美]米切尔·黑尧.现代国家的政策过程[M].北京:中国青年出版社,2004.

[68] [美]费斯勒 J W,凯特尔 D F.行政过程的政治:公共行政学新论[M].北京:中国人民大学出版社,2002.

[69] 叶常林,金太军.公共管理学[M].北京:北京大学出版社,2005.